读客经典文库

100个书单丰富你的灵魂

欢迎你从《羊脂球》进入读客经典文库!

浩瀚的经典文学史,
就是全人类共同的精神成长史,
大师们从各个角度探索、解析、塑造并丰富着
人类的精神世界。
读客从个人成长的角度出发,
为你重新梳理浩若烟海的文学经典,
汲取大师与巨匠淬炼的精神力量:

爱
天真、孤独
自由、尊严、恐惧
好奇、欲望、理性、幽默
乐观、勇气、幻想、善恶、信仰
……

追随读客经典文库的100个书单,
了解人类精神成长的脉络,
完成你自己的精神成长。

读客经典文库
100个书单丰富你的灵魂

> 经典不厌百回读,读客立足于国人的精神需求,提供有质量、有价值、有体系的经典文库,希望更多的读者从中获得乐趣,获得进益。
>
> 文洁若
>
> 二〇一八年二月二十日

文洁若

著名翻译家,是中国翻译日文作品最多的人。很多日本作家如川端康成、三岛由纪夫的作品,都是经由她首次介绍给中国读者。与丈夫萧乾合译《尤利西斯》,造就了一段文坛佳话。
2002年获日本政府颁发的"勋四等瑞宝章",2012年获"翻译文化终身成就奖"。

人之所以为万物的灵长，宇宙的精华，就因为他会读，他爱读，爱读经典，常读经典，万代不衰。

柳鸣九 2018年8月10日
怕全森手书

柳鸣九

中国社会科学院研究员、教授。
在法国文学史，西方文学思潮，文学理论与美文作评、文学名著翻译以及学者散文写作方面均有丰厚劳绩，有"著作等身""学术胆识卓越"的美誉。
其论著与译作已汇集为《柳鸣九文集》（15卷），共约600万字。
2006年被评选为中国社会科学院最高学术称号"终身荣誉学部委员"。

> 祝"读客经典文库"成为
> 用人类创造的全部知识财富
> 来丰富读者头脑的精神
> 宝藏！
>
> 郭家申
> 2018年2月25日
> 于北京中国社科院
> 外国文学研究所

郭家申

俄语翻译家，毕业于莫斯科大学文学语言系。
历任中国社会科学院外国文学研究所副所长、编审。
长达60年的翻译经验，累计翻译字数约500万字，翻译作品达30部。
译著有：《外国当代戏剧选》《艺术创造的本性》《高尔基自传三部曲》《一个沉思默想的女人》《迷惘的微笑》等。话剧译本《华沙曲》获辽宁省翻译奖。

题读客经典文库

阅读经典,就是立足于高起点,
含英咀华,淑奋精神,行健致远。

罗新璋

罗新璋

1957年毕业于北大西语系。
1963年转入国家外文局《中国文学》杂志社从事中译法文学翻译工作,
1980年调入中国社会科学院外国文学研究所,从事法国文学创作。
曾花四年时间手抄200多万字的傅雷译文,在翻译时更是字斟句酌,力求精益求精,享有"傅译传人"的美誉。
主要译有《红与黑》《特利斯当与伊瑟》《列那狐的故事》《猫球商店》等。

寄语"读家文库"

普及世界文学经典
广播人类文明的果实

巴蜀译翁（杨武能）
二〇一八年春于广西北海

巴蜀译翁（杨武能）

1938年生于重庆，师从叶逢植、张威廉、冯至等先生，国家社科基金重大研究项目"歌德及其汉译研究"首席专家。
先后荣获联邦德国总统颁授的德国"国家功勋奖章"、联邦德国终身成就奖性质的洪堡学术奖金，以及国际歌德研究领域的最高奖歌德金质奖章。
著作译作数量众多，影响较大的包括《浮士德》《少年维特的烦恼》《格林童话全集》《魔山》等。

名著是人类的精品食粮，提供给人立足世上的能量。我自称"心口后"，是最大的受益者，读好书和译好书。从1980年至今，每天都收集我的快乐时光，组成不断升值的人生。

读者自有精神成长路线图，希望更多读者按图索骥，从中受益。

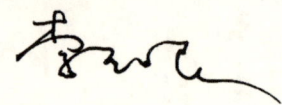

李玉民

从事纯文学翻译近40年，出版作品上百部，总计翻译字数达2500万字。主要译作有：《巴黎圣母院》《悲惨世界》《缪塞戏剧选》《艾吕雅诗选》等；主编《纪德文集》（5卷）、《加缪文集》（3卷）。
在李玉民的译作中，有半数作品是他首次向中国读者介绍的。

周克希

复旦大学数学系毕业后,在华东师大数学系任教二十八年,又在译文出版社当过十年编辑。译有普鲁斯特、福楼拜、圣埃克絮佩里、大仲马和萨勒纳弗等人的小说。著有随笔集《译边草》《译之痕》《草色遥看集》。

我们说一本书是经典,就意味着我们一生中绝了能会不止一次地阅读它,好几次读写留下我们带来更多的经典佳作。

周克希

> 每一部经典文学作品，都是人类的重要精神巷园。读客用经典文学陪伴如精神成长蓝图，希望孤峭让更多的读者通过文字认识世界，找到自己灵魂的归属。
>
> 谭晶华

谭晶华

文学博士，教授，博士生导师。原上海外国语大学常务副校长，现任该校学术委员会主任。中国日本文学研究会会长、上海翻译家协会会长。出版众多著作、论文、辞典和教材、文学名著译作120多部（篇），350余万字。

> 读客经典文库将人类精神文明的精华做了系统的梳理，让经典更直接地与个体成长结合起来，是一种独到的做法。
>
> 黄宜思
> 2018. 2. 23.

黄宜思

中国政法大学教授，著名翻译家黄雨石之子。译有《罗马帝国衰亡史》《澡盆故事》《远航》《六便士之家》《罗马史》等。于2008年和2009年两度担任中国翻译协会主办的全国"韩素音青年翻译奖"竞赛评委。

> 与好书为友,拥抱每个能陶冶你心性的机会;
> 携经典作伴,在读客经典中找到你下一本书。
>
> ——曹明伦

曹明伦

  四川大学教授、博士生导师,中国作家协会会员,中国翻译协会理事、成都翻译协会会长,国务院政府特殊津贴专家。译有《爱伦·坡集》《弗罗斯特集》《培根随笔集》《莎士比亚十四行诗集》等多种英美文学经典。

> 希望读客经典为读者提供经典的精神享受。
>
> ——姚锦清

姚锦清

  上海外国语大学高级翻译学院教授,上海市语委英译专家。参编《20世纪欧美文学史》《外国文学名著赏析辞典》及《外国抒情诗赏析辞典》。主要译作有《布赖顿硬糖》《心灵的激情——弗洛伊德传记小说》等。

> 愿读客经典使青年朋友们
> 快快成长，成年人永远年轻！
>
> 王之光
> 2018.2.22

王之光

　　浙江大学教师，长期从事文学和文化翻译教学与实践，已经出版的有《发条橙》《索多玛的120天》《小妇人》《圣经故事》《法国电影》等，还有汉译英作品如《台湾简史》《中美关系史》等。

> 阅读经典，丰实人生。
> 愿读客经典走进千万读者中。
>
> 陆求实
> 二〇一八年二月

陆求实

　　中国翻译协会专家会员、上海翻译家协会理事，致力于日本文学译介多年，译有夏目漱石、谷崎润一郎、吉川英治、渡边淳一、村上春树、岛田雅彦等人作品，曾获"上海翻译新人奖""上海优秀中青年文艺家""上海文艺家荣誉奖"，2011年荣获日本"野间文艺翻译奖"。

> 玩读书经典
>
> 读经典，提升人生境界，
> 汲取文化精华。
>
> 吴刚

吴刚

上海外国语大学高翻学院副院长、教授，英美文学博士，上海市翻译家协会理事。出版有《霍比特人》《美与孽》《莎乐美》等翻译作品30多部。

> 在这个文库里，总能找到一本要读的书：有你读过但值得重读的书，有你听说过正打算读的书，也有可能发现并有可能影响你一生的书。

姚向辉

青年译者，译作有《教父》《七杀简史》《漫长的告别》《马耳他之鹰》等。

> 愿我的孩子，我孩子的孩子，都能看着读客经典，进入世界文学的瑰奇殿堂。
>
> 汪洋

汪洋

　　毕业于北京大学，翻译家，外国文学资深编辑。从事英、日文文学翻译、编辑工作十余年，已出版译著有《D之复合》《人类灭绝》《鹰翼行动》《百年法》《亲爱的提奥——梵高传》《红字》等，涵盖推理、科幻、军事、惊悚、艺术史及经典文学等领域。

> 品经典之作，读经典译文，祝读客经典多出精品。愿更多读者在阅读经典中找到自我，收获未来！
>
> 刘勇军

刘勇军

　　知名青年翻译家，译风简练而深邃。译有《月亮与六便士》《刀锋》《不安之书》《生命不息：归来》《日出酒店》《遗失的时光》等经典作品。

羊 脂 球
莫泊桑短篇小说选

[法]莫泊桑 著
柳鸣九 译

文汇出版社

Boule de Suif

Guy de Maupassant

译 序

  莫泊桑是十九世纪后期自然主义文学潮流中仅次于左拉的大作家。他继承了法国现实主义文学的传统，又接受了左拉的影响，带有明显的自然主义倾向。他在相当短暂的一生里，取得了令人瞩目的文学成就。他既是一系列著名长篇小说的作者，更是短篇小说创作的巨匠。他数量巨大的短篇小说所达到的艺术水平，不仅在法国文学中，而且在世界文坛上，都是卓越超群的，具有某种典范的意义，所以人称"短篇小说之王"。

  莫泊桑（1850—1893）1850年8月5日诞生于诺曼底省，名为贵族后裔，实际上其祖父只是复辟时期的一个税务官，父亲则是一个游手好闲、没有固定职业的浪荡子。莫泊桑在诺曼底的乡间与城镇度过了他的童年，1859至1860年随父母到巴黎小住，就读于拿破仑中学，后因父亲无行、双亲离异，随母又回到诺曼底。故乡的生活与优美的大自然给莫泊桑的影响很深，成为他日后文学创作的一个重要源泉。

  莫泊桑的母亲洛尔·勒·普阿特文具有深厚的文学修养，莫泊桑从小就深受她的熏陶。洛尔的哥哥阿尔弗莱德颇有文名，青年时期曾是福楼拜以及帕纳斯派诗人路易·布耶的同窗。莫泊桑在鲁昂城高乃依中学念书时就结识了舅舅的这两位老友。这时，他早已是一个喜爱文学并已开始习作诗歌的青年。他从这两位前辈那里听到了"简明的教诲"，获得了"对于技巧的深刻认识"与"不断尝试的力量"。可惜的是，路易·布耶于1869年就去世了。同年，莫泊桑来到巴黎大学改修法律，不久普法战争爆发，莫泊桑被征入伍，在军队里担任过文书与通讯工作。在这场灾难中，他耳闻目睹了法军可耻的溃败、当权者与有产者的卑劣以及普通人民的爱国主义热情与英勇抗敌的事例，感触很深，所有这些日后都成为他文学创作的又一个重要源泉。

战后退伍，由于家庭经济拮据，莫泊桑于1872年3月开始在海军部任小职员。七年之后，又转入公共教育部，直到1881年完全退职。在小职员空虚无聊的生活中，莫泊桑不幸染上了恶习，私生活放荡，这种下了他过早身亡的祸根。但另一方面，他勤奋写作，拜福楼拜为师，在他的具体指导下刻苦磨砺，长期不息。在此期间，他于1876年又结识了阿莱克斯、瑟阿尔、厄尼克、于斯曼等青年作家，他们都以左拉为崇拜对象，经常在巴黎郊区左拉的梅塘别墅聚会，号称"梅塘集团"。1880年，"梅塘集团"六作家以普法战争为题材的合集《梅塘之夜》问世，其中以莫泊桑的《羊脂球》最为出色。这个短篇的辉煌成功，使莫泊桑一夜之间蜚声巴黎文坛。

《羊脂球》写于1879年，是莫泊桑经过长期写作锻炼之后达到完全成熟的标志，紧接着这个中篇，是如喷泉一样涌出的一大批中短篇小说。从1880年到1891年因病停笔，十年期间，他共创作发表了三百余篇中短篇小说,几乎每年都有数量可观的精彩之作问世,特别是在前三四年,佳品更是以极大的密集程度出现,1881年有《一家人》《在一个春天的夜晚》《戴丽叶春楼》,1882年有《菲菲小姐》《一个儿子》《修软椅的女人》《小狗皮埃罗》《一个诺曼底佬》《月光》《遗嘱》,1883年有《骑马》《在海上》《两个朋友》《珠宝》《米隆老爹》《我的叔叔于勒》《勋章到手了》《绳子》,1884年有《烧伞记》《项链》《幸福》《遗产》《壁柜》,等等。1885年,莫泊桑短篇小说创作中名篇的数量有所下降,但仍不乏出色之作,如《珍珠小姐》(1886)、《流浪汉》(1887)、《港口》(1889)、《橄榄园》(1890)等。

早在以短篇小说成名之前,莫泊桑就开始了长篇小说的创作,他的第一部长篇《一生》经过几年的耕耘,于1881年完成,1883年问世。自此,他逐渐由短篇转向长篇,在几年之内相继发表与出版了几部著名的作品:1885年,《漂亮朋友》;1886年,《温泉》;1888年,《皮埃尔与让》;1889年,《如死一般强》;1890年,《我们的心》。

莫泊桑早就有神经痛的征兆,他长期与病魔斗争,坚持写作。巨大的劳动强度与未曾收敛的放荡生活,使他逐渐病入膏肓,到1891年,他已不能再进行写作,在遭受疾病残酷的折磨之后,终于在1893年7月6日去世,年仅四十三岁。

莫泊桑是法国文学史上短篇小说创作数量最大、成就最高的作家,三百余篇短篇小说的巨大创作量在十九世纪文学中是绝无仅有的;他的短篇所描绘的生活面极为广泛,实际上构成了十九世纪下半期法国社会一幅全面的风俗画；更重要的是，他把现实主义短篇小说的艺术提高到了一个前所未有的水平，他在文学史上的重要地位主要就是由他短篇小说的成就所奠定的。

莫泊桑短篇小说的题材是丰富多彩的，在他的作品里，形形色色的社会生活，如战争的溃败、上流社会的喜庆游乐、资产者沙龙里的聚会、官僚机构里的例行公事、小资产阶级家庭的日常生活、外省小镇上的情景、农民的劳动与生活、宗教仪式与典礼、酒馆妓院里的喧闹，等等，都有形象的描绘；社会各阶级各阶层的人物，从上层的贵族、官僚、企业家到中间阶层的公务员、自由职业者、小业主，到下层的工人、农民、流浪汉以至乞丐、妓女，都得到了鲜明的勾画；法国广阔天地里，从巴黎闹市到外省城镇以及偏远乡村与蛮荒山野的风貌人情，也都有生动的写照。在广阔的艺术视野与广阔的取材面上，莫泊桑的短篇显然超过了过去的梅里美与同时代的都德，而在他广泛的描写中，又有着三个突出的重点，即普法战争、巴黎的小公务员生活与诺曼底地区乡镇的风光与逸事。

由于莫泊桑亲身参加过普法战争，他在当代作家中就成为这一历史事件最有资格的描述者。他对战争的所见所闻是那样丰富，而他的体验感受又是那么深切，因此，他在整个创作的历程中始终执着于普法战争的题材，写出了一批以战争为内容的短篇。毫无疑问，他是对这场战争描绘得最多的法国作家。可以说，这一历史事件由于有了莫泊桑才在法国文学中得到了充分的反映。莫泊桑关于普法战争的著名短篇有《羊脂球》《菲菲小姐》《女疯子》《两个朋友》《瓦尔特·施那夫斯奇遇记》《米隆老爹》《一场决斗》《索瓦热老婆婆》《俘虏》等。

在法国文学中，莫泊桑是公务员、小职员这一小资产阶层最出色的表现者，甚至可以说他是这个阶层在文学上的代表。他自己长期是这个阶层的一员，熟悉这个阶层的一切，他以一系列短篇对它的生活状况、生存条件、思想感情、精神状态做了多方面的描写。这方面出色的短篇有《一个巴黎市民的星期天》《一家人》《骑马》《珠宝》《我的叔叔于勒》《勋章到手了》《保护人》《烧伞记》《项链》《遗产》《散步》等。

在生活的描绘面上，莫泊桑对法国文学做出了开拓性的贡献，他在一定程度上改变了过去某些作家主要以巴黎生活为描写对象的倾向，而更多地把诺曼底地区城镇乡村五光十色的生活带进了法国文学。由于有了莫泊桑，法国北部这个海滨地区的自然风光、人情世态、风俗习惯，都得到了十分精彩的描绘。莫泊桑关于诺曼底题材的短篇为数甚多，重要的有《一个农庄女工的故事》《戴丽叶春楼》《瞎子》《真实的故事》《小狗皮埃罗》《一个诺曼底佬》《在乡下》《一次政变》《绳子》《老人》《洗礼》《穷鬼》《小酒桶》《归来》《图瓦》等。

莫泊桑在自己的短篇里，总是满足于叙述故事、呈现图景、刻画性格，而很少对生活进行深入的思考，很少通过形象描绘去追求作品丰富的思想性，而且，他也并不是一个以思想见长的作家。在现实生活里，他是一个思想境界并不高的公务员，对现实生活的认识并不深刻丰富，因此，他的短篇缺乏隽永的哲理或深蕴的含义，他在其中所要表现的思想往往是显露而浅明的。

莫泊桑在短篇小说中，几乎很少接触历史的、政治的问题，但他作为普法战争的参加者，却对这场民族灾难有严正的思考。他在短篇小说中所表现出来的爱国主义思想与带有民主主义色彩的和平主义思想，可算是他作品中最严肃、最认真的思想，是他创作中所发散出来的一束最炽热的精神火花。

莫泊桑短篇小说在思想性上另一值得肯定的价值，是对资产阶级上流社会的批判与讽刺。他揭露得较多的是资产者的道德沦丧、生活放荡；他还比较多地揭示了资产阶级家庭中的冷酷。这种冷酷有时表现为漠然与隔阂的关系，有时则演化为深刻的仇恨与尖锐的矛盾。

莫泊桑短篇小说思想性的另一颇具特色的内容，是对小人物、公务员、雇员的人道主义的同情。由于莫泊桑本人就是公务员行列中的一员，他对小公务员虽不乏讽刺与嘲笑，但基本上抱怜悯的态度。在他看来，这些公务员实际上过着一种监牢的生活。他从人的正常生活的观念出发，写出了行政牢房在人身上造成的扭曲与异化并寄予同情，使他的短篇具有了人道主义色彩。

整个说来，莫泊桑短篇小说的思想内容并不深刻，意境并不深远，在战争问题上，在社会现实问题上，他的思想并没有超过一个对普法战争有正常认识的爱国者的水平，一个具有常情常理的公务员的水平。当然，他对社会现实问题的思想又不可能是单纯的。这也反映在他的短篇中，一方面他对劳动人民有着同情，另一方面他又不止一次描写下层人物中的人性恶；一方面他对纯洁忠贞的爱情做过赞颂，另一方面他又乐于描写纵欲淫乱的故事；一方面他对资产阶级共和派、民主党有过辛辣的讽刺，另一方面他又不止一次在字里行间对社会主义者、巴黎公社加以丑化；一方面他在小说里表现了清晰的思想，另一方面他有的小说又有神秘主义情绪与精神变态的迹象。他短篇中所有这些消极因素，反映了莫泊桑本人的另一个方面，即他作为一个世俗的、染有放荡的恶习、精神不甚健康的公务员的那个方面。此外，有些短篇，因为莫泊桑在其中只满足于讲故事，又不免有客观主义的倾向。

莫泊桑在文学史上的首要贡献，在于把短篇小说艺术提高到一个空前的水平。

逼真自然，是莫泊桑在短篇小说创作中追求的首要目标，也是他现实主义小说艺术的重要标志，较之十九世纪前期巴尔扎克、斯丹达与梅里美，莫泊桑的短篇已经完全摆脱浪漫主义色彩，更抛弃了传奇小说的一切手法。在选材上，莫泊桑的短篇大都以日常生活的故事或图景为内容，平淡准确得像实际生活一样，没有人工的编排与臆造的戏剧性，不以惊心动魄的开端或令人拍案叫绝的收煞取胜，而是以一种真实自然的叙述艺术与描写艺术吸引人。在描述中，莫泊桑甚至不用情节作为短篇的支架与线路，更力戒曲折离奇的效果，他总以十分纤细、十分隐蔽、几乎看不见的线索将一些可信的小事巧妙地串联起来，聪明而不着痕迹地利用最恰当的结构，把主要者突出出来并导向结局。以他的名篇《一家人》而言，几乎没有什么特别的故事可言，所写的只是一个公务员家庭里从头一天晚上到第二天晚上所发生的事，唯一可称为情节的仅仅是老太太的休克，但小说却绝妙地表现了公务员家庭生活的情景与他们的精神状态。读者在这里看到的不是一个故事，而是一种生活现实，而且所有这些细节写得生动真切，富有情趣，具有可读性的艺术魅力。其他如《在一个春天的夜晚》《戴丽叶春楼》《水上》等，都属于这一类型。莫泊桑所有这些作品实际上已形成了情节淡化与生活图景自然化的倾向，现代小说艺术的一个特点在他这里已露端倪。

在对人物的描绘上，莫泊桑不追求色彩浓重的形象、表情夸张的面目、惊天动地的生平与难以置信的遭遇，而致力于描写"处于常态的感情、灵魂和理智的发展"（《论小说》），表现人物内心的真实与本性的自然，他的途径一般不是由他自己来做详尽的心理分析，也不是钻进人物的内心进行心理描述，而是通过人物在日常生活中的自然状态与在一定情势下必然有的最合情理的行动、举止、反应、表情，来揭示出其内在心理与性格的真实，他描写人物性格极为出色的一系列名篇如《一个诺曼底佬》《小狗皮埃罗》《羊脂球》等，无不具有这种特点，特别是《一个诺曼底佬》。如果说在其他一些短篇里都是围绕一定的故事情节来展示人物性格的话，那么在这个短篇中几乎无情节可言，只是通过一些日常的交谈、表情、举止，就把一个地方色彩深厚的乡下人的真实形象与性格活生生地展现了出来。在莫泊桑的短篇里，也曾出现过一些不平凡的、有英雄行为的人物，如米隆老爹、索瓦热老婆婆、莫里索先生与索瓦日先生、农妇贝蒂娜等，另外，还有一些具有高尚品格的人物，如《西蒙的爸爸》中的铁匠菲利普、《幸福》中为了爱情抛弃荣华富贵的苏姗娜等。在这些正面人物的描绘上，莫泊桑从不给他们加上神圣的光圈，从不赋予他们格外堂皇的形貌，而力图把他们描绘得像普通人一样平凡自然，有时还让他们在形貌上比一般人更不起眼，甚至更丑陋，有时又并不回避指出这些人物身上的可笑之处和缺点过错，因此呈现在读者面前的这些人物既像普通的人,又是并不多见、难能可贵的普通人;既像平凡的人,又是有着非凡特点的平凡人。莫泊桑短篇小说在人物描写上的现实主义艺术,总的来说,就是人物形象的自然化与英雄人物的平凡化。这两个特点使他不是与过去的小说艺术,而是与他之后的现代小说的写实艺术联系了起来。

莫泊桑力求逼真自然的写实方法是与他的现实主义典型化的艺术思想不可分的。他严格地把"逼真"和"真实"区分了开来。他摒弃照相式的真实,而致力于"把比现实本身更完全、更动人、更确切的图景表现出来",他善于在那些粗糙、混杂、零散、琐碎的日常生活现象中进行选择,舍去所有对他的主题无用的东西,采用其中最具特征性的细节,以"突出表现那些被迟钝的观察者所忽视的,然而对作品有重要意义和整体价值的一切"(《论小说》)。在这一方面,莫泊桑与自然主义的实录性的写作方法有所不同,从而避免了这种方法所必然带来的烦琐拖沓的文风。事实上,在他的短篇中,典型化的场面、图景与细节几乎处处可见,如在《两个朋友》中,莫泊桑所要表现的是巴黎被围并处于饥饿状态、战争的破坏与敌人的残暴以及普通巴黎市民的爱国主义精神等一系列重大的历史内容,如此丰富的一切,仅仅用了四个中心画面,即两个朋友在巴黎街头的相遇、战前垂钓之乐的回顾、战火下冒险的追求以及被俘后的就义,就完整而鲜明地传达给了读者,四个中心画面高度集中,蕴含着丰富的含义,显然是作者剪裁加工、进行了提炼与典型化的结果;再如,在《菲菲小姐》中,墙上的一幅名贵的油画,其中妇女画像傲慢地翘着两撇被人用木炭涂上的胡子这个细节,不仅把"菲菲小姐"这个普鲁士军官恣意作恶的坏蛋性格表现得很充分,而且本身就是被占领军任意糟蹋的法兰西的一个缩影,具有高度的典型性。

莫泊桑艺术描写的逼真自然与他作品中形象的鲜明,首先来自他观察的广泛、深刻与独具见地。他在长期的习艺过程里,从老师福楼拜那里接受了这样的教导:"对你所要表现的东西,要长时间聚精会神地观察它,以便能发现别人没有见过和没有写过的特点。任何事物里,都有未曾被发现的东西。为了要描写一堆篝火和平原上的一株树木,我们要面对着这堆火与这株树,一直到我们发现了它们和其他的树、其他的火不大相同的特点的时候。"(《论小说》)莫泊桑把这称为"作家获得独创性的方法"。正因为莫泊桑所认定的独创性"是思维、观察、理解和判断的一种独特的方式",并且他在福楼拜的指导下长期进行了这种锻炼与实践,培养了他以"一种自己所特有而又是从他深刻慎重的观察中综合得出来的方式来观察宇宙万物、事件和人"的才能,所以在他的短篇中,不论现实题材、形象图景、生活场面还是人物性格,都莫不别开生面,丰富多彩,各具特色,绝不雷同,更不落于俗套或陷于程式化,总之,如他自己所追求的那样,是"充满个性的人世假象"。同是以普法战争为题材,莫泊桑作为《梅塘之夜》的作者之一,他的《羊脂球》取材就比其他作家的作品有更多的独创性;在他自己的短篇里,同是对普鲁士人的描写,每一个都写得各具特点,既有侵略者粗暴的共性,又有各自独特的个性表现,同样,他笔下虽有一群爱慕虚荣的小公务员形象,但各自的情态嘴脸无一雷同。

在表现形式上,莫泊桑是炉火纯青的技艺的掌握者。他不拘成法,不恪守某种既定的规则,而是自由自在地运用各种方式与手法。在描述对象上,有时是一个完整的故事,有时是事件的某个片断,有时是某个图景,有时是一段心理活动与精神状态,既有故事性强的,也有情节淡化的,甚至根本没有情节的,既有人物众多的,也有人物单一的,甚至还有根本没有人物的;在描述的时序上,有顺序,有倒序,有插序,有目前与过去两重时间的交叉;在描述的角度上,有客观描述的,也有主观描述的,有时描述者与事件保持了时空的距离,有时描述者则又是事件的参加者,有时描述者有明确的身份,有时则又身份不明。在莫泊桑的短篇里,描述方法的多样化与富于变化,无疑是他以前的短篇小说作家所未具备的。他大大丰富了短篇小说的描述方式,提高了叙述艺术的水平,为后来的短篇小说创作开辟了更为广阔的道路。

如果说莫泊桑在技法上是不拘成法、绝对自由的话,那么,他在短篇小说创作的艺术规律面前,却是一个忠实的服从者。他深知短篇小说创作最基本的要求,是在短小的篇幅中表现尽可能丰富的生活内容。为此,他服从艺术规律而力求他的短篇以小见大,以一当十。要达到这个艺术境界,除了题材、图景与人物的典型化外,最重要的就是艺术上的锤炼,这正是莫泊桑长期在福楼拜指导下刻苦学习的一个重要内容。福楼拜曾向他提出过这样严格的要求:"只用一句话就让我知道马车站有一匹马和它前前后后五十来匹是不一样的。"莫泊桑终于掌握了这种高超的技艺,使他的短篇成为以小见大、言简意赅、高度精练的艺术典范。在他的小说里,以短小的篇幅、少量的文字,完整地、准确地、鲜明地表现一种现实、一个事件、一种性格、一种状态的范例,屡见不鲜,不胜枚举。

莫泊桑的简练并不等于粗略,善于以白描的笔法进行勾画是他的特长,而以丰富鲜明的色彩进行细致的描绘,亦是他才能之所在,当他需要的时候,他往往绘制出精细入微的图景。为了揭示那些有身份的上等人的馋嘴、自私与厚颜,他把羊脂球那一篮引起他们心动的食物描写得似乎能闻其香、能见其色、能知其味;为了给普鲁士人留下一幅讽刺性的画像,他如此细致地描写了军官嘴有两面撇典型的普鲁士式的胡子,甚至让读者看到了胡子"最尖端只剩下一根根极细的黄丝"。

莫泊桑是法国文学史中的语言大师之一,他摒弃华丽的辞藻,使用最规范的语言,追求"一个字适得其所的力量"。他的文学语言清晰、简洁、准确、生动,像一池透明的清水。他的语言不仅与他精练的叙述方式、简明的白描手法相得益彰,巧合天成,而且在写景状物、绘声绘色上也具有很强的表现力,正是以这种优美的语言,莫泊桑对诺曼底的山川平野、小镇情貌、田舍风光、渔家景象、巴黎街景以及朝暮晦明的自然景色,进行了卓越的描绘,留下了一幅幅构图清爽、色彩鲜明的画面,具有高度的艺术水平,如《月光》中对月光的描写,即为脍炙人口之一例。

总的来说,莫泊桑的短篇小说创作体现一整套完整的现实主义小说艺术,这既是对以往现实主义文学传统的继承,也是对它的补充与丰富。应该指出,莫泊桑虽然基本上恪守写真实的原则,但也并不放弃对非现实主义的艺术效果的追求,他有时在细节上加以浪漫主义的夸张，如在《珠宝》中，主人公丧妻后竟然那么失望，"以致不到一个月，头发全都变白了"；他有时着力渲染神秘主义的气氛，如《水上》中对人物在夜间无名恐怖心理的描写；他有时更追求怪诞的效果，如《他是谁》中的种种不可理解的细节。当然，莫泊桑的短篇小说较之传统的现实主义，还有一种更为引人注意的新成分，即自然主义的成分。尽管莫泊桑否认自己是自然主义作家，但由于他处于自然主义文学思潮兴盛的时代，出入自然主义文学的圈子，深受这种思潮的熏陶，他的写实艺术自然就带上了自然主义的特点。这种特点表现在他的短篇中，主要是他对人的生理本能、对人的"肉体"和"肉欲"的观察与表现。在《一次郊游》与《保尔的女人》里，推动人物行动的实际上是对肉欲的或隐秘或露骨的追求，作者把人物的行动与故事情节都建立在这种性的生理本能的基础上；同样，在《一个农庄女工的故事》中，不仅人物盲目的性本能是具体情节发生发展的原委与契机，而且构成整篇小说的基本矛盾，决定人物的情绪、感情以及人物之间关系变化的，是人对生育后代的本能渴求，女雇工与农庄主人的矛盾由此而来，矛盾的解决也取决于此。把生理的动因写得如此明显突出，这是自然主义给文学带来的一个变化，也正因为莫泊桑对"肉"有了某种关注并企图把它带进文学，所以，在他的风景描写中甚至出现了这样的文句："世界上有许多美丽的角落，给我们的眼睛带来的一种肉感美，使你不由得要用肉体的爱去爱它们。"（《索瓦热老婆婆》）莫泊桑短篇小说中的自然主义特点，在他的长篇小说里有更多的表现。

目 录

羊脂球	001
月光	049
幸福	056
戴奥菊尔·萨波的忏悔	066
在旅途上	078
项链	087
一个诺曼底佬	099
两个朋友	108
骑马	117
西蒙的爸爸	126
在一个春天的夜晚	137
戴丽叶春楼	143
小狗皮埃罗	177
瓦尔特·施那夫斯奇遇记	185
我的叔叔于勒	196

勋章到手了	208
绳　子	215
小 酒 桶	224
烧 伞 记	232
一 个 儿 子	244
莫兰这头公猪	258
一个农庄女工的故事	274
珠　宝	298
壁　柜	308
港　口	318
一 次 郊 游	330
爱　情	345
一 家 人	352
修软椅的女人	384

羊 脂 球

一连数日，败军残部乱哄哄地从城里穿过。这哪里还像军队，简直就是一群零乱不堪的散兵游勇。一个个胡子拉碴，脏乎乎的，军服破破烂烂，既无军旗，又无番号，拖着沉重的步子往前走。他们都显得垂头丧气，精疲力竭，而且脑子也麻木了，不能思维，没有主意，仅凭简单的惯性，机械地移动脚步，只要一停下来，就会因为太累而倒在地上。看起来，这些被征入伍的，大多数本来都是生性平和、与世无争、安分度日的年金领取者，而今一个个被枪支压得腰弯背驼；另外还有一些年轻力壮的国民别动队队员，他们容易激昂慷慨，也容易惊慌失措，随时准备冲锋陷阵，也随时准备仓皇逃命；行列中还零星夹杂着穿红色军裤的士兵，他们是不久前在一次大战役中被击垮的某师团的残余；也有一些穿深色军装的炮兵，同形形色色的步兵并列往前走；偶尔，还有个把头戴闪亮军盔的龙骑兵，拖着沉重的步子，跟着负荷较轻、走路较为轻快的步兵，显得格外吃力。

随后，一批批游击队员也穿城而过，每队都有一个英勇神武的称号，诸如"报仇雪耻军""公民掘墓团""英烈敢死队"，等等，但他们的神情作态却像是土匪。

这些游击队的长官，过去都是布商、粮商、油脂商、肥皂商之类的生意人，时势造英雄，凭着有钱或蓄了长长的唇髭，就被任命为军官。且看他们全身披着法兰绒军装，佩戴军衔，说起话来声音洪亮，老见他们在讨论作战方案，出言不凡，自称法兰西的胜败存亡全系于他们的肩上。但他们对自己的士兵却心存畏惧，这些兵痞本来就是偷鸡摸狗之徒，勇起来命都可豁出去，但抢掠奸淫，无所不为。

有传闻说，普鲁士军队很快就要占领鲁昂城了。

两个月以来，本地的国民自卫军一直在城郊附近的树林里，小心翼翼地侦察敌人的动静，有时还神经过敏地误击自己的哨兵，有时荆棘丛里有一只小兔稍动一下，他们就准备浴血奋战。可是，普军即将攻占的消息一传来，他们就纷纷逃回家了。他们的军服、枪械、装备，所有这些威风凛凛、杀气腾腾的行头，原来还用来吓唬方圆三法里之内的路碑，现在都不翼而飞，丢失不见了。

最后一批法国正规军总算渡过了塞纳河，准备从圣塞威尔与阿夏尔镇方向退守奥德梅桥。殿后的是一位将军，他由两名副将陪伴左右，也是徒步行走。他神情沮丧，率领着这支残兵，实在无力回天，一个善于征战、攻无不克的民族，竟然惨遭大败，全线崩溃，他本人陷身其中，岂能不沮丧懊恼。

法军既撤，随后城中便是一片沉寂，在静悄悄而又惶惶不安的气氛中，人们在等着将要降临的事。许多大腹便便的生意人，早已在商场上磨尽了男子汉的气概，正惴惴不安地等候占领者的来到，但一想到普鲁士人也许会把店里的烤肉铁扦与切菜刀误认为是武器，便胆战心惊了。

生活似乎停顿了。商店都关门停业，街上寂无人声。偶尔，有个把居民上街，也被这种沉寂吓了一跳，旋即沿墙根匆匆离去。

等待所引起的焦虑不安，反而使人盼望敌军早日进驻。

就在法军撤离后的第二天下午，不知从何处冒出来几个普鲁士轻骑兵，疾速穿城而过。没过多久，从圣卡特琳山坡上来了黑压压的一大片人马。与此同时，从通往达尔内塔尔与布瓦纪约姆的两条大道上，另有两大股侵略军潮水般地涌现出来。这三支大军的先头部队，恰好同时在市政府广场上会合。随后，德军大部队就开到，从周围的大街小巷里鱼贯而出，一营营排列整齐，迈着沉重而有节奏的步伐，踏得石板路面嘎嘎作响。

一种陌生而喉音很重的口令声，沿着那些看似空荡而死寂的房舍升起。其实，此时在那些紧闭着的百叶窗后，正有无数双眼睛紧盯着进驻的胜利者：他们成为了这座城市的主人，可以根据"战时法"任意处置全城人的生命财产。居民们躲在自家昏暗的房间里，惶恐不安，胆战心惊，如同遇到了洪水泛滥与强烈地震，任凭有什么智慧与能耐，都无能为力。诚然，每逢事物的秩序被打乱，安全不复存在，人类的法律与自然的法则所保护的一切，遭到某种疯狂凶残力量的摆布时，人们都会产生这种惶恐感、战栗感。大地震将一个地方所有的人都压死在倒塌的房屋之下，泛滥的洪水冲走了被淹死的农民与耕牛以及房屋的梁木；同样，打了胜仗的军队就要屠杀继续自卫的人，要押走俘虏，要以战刀的名义进行掠夺，要用大炮的轰鸣向上苍表示感恩。所有这些可怕的灾难埋葬了我们对永恒正义的信念，使我们不再像有人教导的那样，去信赖上天的保佑与人类的理性。

在每家每户的门口，都有人数不多的德军小分队在敲门，接着，他们就进入屋内。这就是入侵后的占领。战败者的义务由此开始，招待战胜者，当然必须和颜悦色，温良恭顺。

过了一段时间，入侵后的初期恐怖消失了，出现了一种新的平静气氛。在许多家庭里，普鲁士军官都与主人一家同桌吃饭。有的军官很有教养，出于礼貌，还对法兰西表示表示同情，说自己参加这场战争，并非自愿，心里实在是反感。普鲁士军官竟有这份情感，房主一家自然感谢不已，何况说不上什么时候，还得仰仗他的保护呢。再说，把他侍候好了，也许可以另外少给几个士兵供饭。既然好事坏事都取决于他，那又何必去冒犯他呢。真要去冒犯他，那就不是勇敢，而是鲁莽了。想当年，鲁昂城的市民确曾鲁莽过一次，英勇保卫了这座城市[1]，使它名扬四海，但物换星移，今非昔比，鲁昂人再也不会犯此种鲁莽的毛病了。从法兰西的处世智慧中，他们总结出这么一个至高无上的结论：只要不在公共场合跟敌对国士兵亲近热乎，在自己家里客气一些并不为过。于是，在外面，彼此装作不认识，但一到家里，就谈笑风生了。每天晚上，大家围炉而坐，德国人久久也不离去。

即使是这座城市本身，也渐渐恢复了和平时期的常态。法国人固然不大出门，但普鲁士士兵在大街小巷到处可见。况且，那些蓝色轻骑兵的军官虽佩带着又长又粗的杀人武器，在马路上大摇大摆，其实他们对普通老百姓的态度，并不比去年在那些咖啡馆里喝酒的法国轻装兵更为盛气凌人。

不过，空气中多了点儿什么东西，某种不可捉摸的、陌生的

---

1 指十五世纪，鲁昂人反抗英王亨利五世的统治。

东西,某种令人难以忍受的异样气息。这种气息扩散开来,无孔不入。它充斥于每家每户之中,广场街道之上,它改变了饮食的味道,使人仿佛觉得离家远行,来到了野蛮而可怕的部落。

战胜者索取钱财,贪得无厌。城里的市民无当如数缴纳,幸好他们确也殷实富足。不过,诺曼底商人越是有钱就愈加吝啬,越舍不得拔毛出血,只要看见自己的财富有一点儿落进他人手里,就特别心疼。

但是,出了城,沿河往下走两三法里,到克鲁瓦塞、迪耶普达尔或比萨尔一带,船长与渔民经常从水底打捞上来穿着军服的德国人的尸体,他们有的是被一刀砍死的,有的是被人踢死的,也有被石头砸死的,或是被人推下水淹死的,都已经被水泡得肿胀了起来。河底的淤泥掩藏着不少此类野蛮而合情合理的地下复仇行为,这些无名英雄不声不响地抗敌,比光天化日之下的战斗更要危险,但又得不到扬名天下的荣耀。

因为凡是对外敌的仇恨皆有无穷的感召力,总能激起一些英勇的义士,他们全都出于信念而视死如归。

虽然普鲁士人侵占了全城后实施了铁腕统治,但并没有干过任何一件传闻他们在进军中所犯的那类暴行。于是,城里的市民胆子壮起来了,当地商人重开买卖、招财进宝的欲望又蠢蠢而动。有几个商人原本在勒阿弗尔港有大笔投资,那个港口至今还在法军的手里,所以,他们打算从陆路先到迪耶普,然后再乘船去勒阿弗尔。

他们利用所认识的几名德国军官的关系,从占领军司令部获得了离城特许证。

于是,一辆四匹马拉的旅行大马车整装待发,有十位客人订了座位,他们决定星期二早晨天亮之前就动身,以免招路人围观。

几天以来,气候寒冷,地面也冻硬了。到了星期一下午三点钟光景,北风猛吹,刮来大片大片的乌云,大雪纷飞,从傍晚起一直下了一个整夜。

凌晨四点半,旅客们都聚集在诺曼底旅馆的院子里,他们要在这里上车。

一个个都睡眼惺忪,身上披着毛毯,却也冻得浑身发抖。在一片昏暗中,彼此看不清楚,身上又都穿着臃肿的冬装,看上去就像身着教士长袍的胖神父。有两个男人终究还是认出了对方,第三个人也凑上去,于是,他们就谈开了。一个说:"我这次带老婆一道走。"另一个说:"我也一样。"第三个说:"我也如此。"第一个又说:"我们再也不回鲁昂了,如果普鲁士军队再逼近勒阿弗尔,那我们就去英国。"三人的打算不约而同,如出一辙,实在是气味相投。

但是,迟迟不见有人前来套车。一个马夫手提一盏小灯,不时从一扇黑洞洞的门里走出来,又立即钻进另一个门洞。马厩的地上有垫草与肥料,马蹄磕地的声音就不响亮了,从屋里传出一个汉子骂骂咧咧在跟牲口说话的声音。一阵轻微的铃铛声表明有人在搬弄马具,这轻微的声音很快就变成了清脆、持续不断的颤音,节奏随着牲口的动作而有所变化,有时寂静无声,有时又突然猛响一阵,同时伴随着马蹄磕地的沉闷声。

那扇门猛然关上了。一时鸦雀无声。那些有钱人冻得发僵,也都沉默下来,直挺挺地待在那里。

绵绵不断的雪花织成了闪闪发亮的帷幕,徐徐向大地降落,它使万物模糊不清,给所有的东西都蒙上了一层像泡沫一样的雪花。

全城一片寂静，一切声响都被严冬埋葬了，只听见雪花落下时的窸窣之声，它微细不清，飘忽不定，与其说是声音，不如说是感觉，这细小轻微的动静，仿佛充塞了整个寰宇，覆盖了世界大地。

提风灯的那人又出现了，他牵来一匹垂头丧气、不愿受驱使的马，把它拉到车辕前，系上绳套，转悠了好些圈，总算把马具套好，因为他一手提着小灯，只有另一只手可以干活儿。正当他要去牵第二匹马时，他注意到旅客们全都站在那里不动，身上都飘满了雪花，便对他们说："你们怎么还不上车，车里至少可以避避雪。"

显然，他们都没有想到这一点，一听此话就一拥而上。那三个男人先把自己的妻子扶上车，随后也跟了上去。另外还有几个形貌模糊的人，也上车在空位子上就座，一言不发。

车厢的底板上铺了麦秸，旅客都把脚插了进去。坐在里头的那几位太太，带了烧炭暖手的小铜炉，她们点燃其中的化学碳，开始低声数说这种暖炉的优越性，其实她们如数家珍所说的种种，都是老生常谈，无人不晓的。

马车终于套好了，原定四匹马拉，考虑到路滑难拉，又加套了两匹。这时，有人在车外问道："人都上齐了吗？"车里有人应道："全上来了。"于是，马车就出发了。

马车慢吞吞地前进，一小步一小步地往前，轮子陷在积雪里，整个车厢咯吱咯吱作响，像是在呻吟哀鸣。拉车的马老是打滑，气喘吁吁，全身冒热气。车夫不断甩响他的大鞭，四面飞舞，颇像一条长蛇，时而蜷缩，时而伸展，突然一下，长鞭抽在一个滚圆的马屁股上，那马的臀部便往上一拱，用力拉车。

车里人不知不觉，外面天已经亮起来了。那漫天飞舞的大雪,刚才还被车里一位在鲁昂土生土长的旅客形容为棉花雨,现在已经停了。一道昏昏的光线从乌云层里透射出来,在厚重乌云的反衬下,雪野显得格外明亮耀眼,地面上时而闪现一排着霜衣的大树,时而出现一座戴雪帽的茅屋。

马车里,借着黎明这种清幽的光线,旅客们开始好奇地互相打量。

车厢里头最舒适的座位上,是大桥街一家葡萄酒批发商行的老板鸟先生及其太太,他们面对面坐着正在打瞌睡。

鸟先生从前给人当伙计,趁东家做生意失利破产,把店铺盘过来,从此就发了财。他经常以极低的价格,把劣质酒批发给农村的小贩,因而,在朋友与熟人的眼里,他是个狡猾刁钻的奸商,是个脸上笑嘻嘻、肚子里全是花花肠子的地道诺曼底佬。

他的奸商名声已经家喻户晓,以致成为了公开的笑料。兹有一例:在省政府某次晚会上,本地的骄子图奈尔先生,他文思敏捷,见地犀利,专爱编写寓言与歌谣,当时见与会的女士们无精打采,困意甚浓,就拿这位奸商开涮,他提议大家来玩"鸟飞"游戏;此一双关妙语[1]当即不胫而走,传遍了省府的每个客厅,很快就扩散到了全城,引得省内人士整整一个月笑得合不拢嘴。

鸟先生闻名遐迩,还另有一个原因:那就是他爱搞恶作剧,爱开各种各样的玩笑,有文雅的,也有粗鄙的;因此,任何人提及他,无不马上补充一句:"这只鸟,真是个无价的活宝。"

他身材矮小,挺着一个圆球似的大肚子,两片灰色的颊髯之间,夹着一张赤红赤红的脸。

---

[1] 在法文中,"飞"与"偷盗"都是"VoLer","鸟飞"一语在这里实指"鸟偷"。

他的老婆人高马大，神态凌厉，嗓门洪亮，处事果断，在自家店铺里体现了井井有条与精于算计的风范。她的老公则以自己嘻嘻哈哈的做派，来活跃店铺的气氛。

坐在这对夫妇旁边的，乃卡雷-拉马东先生，他出身于更高的阶层，是个了不起的人物，在棉纺业里颇有声望，举足轻重。他开了三个纺织厂，得过荣誉团骑士的称号，又是省议会的议员。在整个第二帝国时期，他一直是温和反对派的领袖。按照他本人的说法，他历来的行事方式不过是，先持反对立场，用钝器虚晃一招，然后再附和主流派，以求自己得到较高的身价。

卡雷-拉马东太太比先生年轻得多，鲁昂驻军中出身贵族的军官，经常从她那里得到安慰。她坐在自己丈夫的对面，娇小而漂亮，蜷缩在毛皮大衣里，正用沮丧的眼光，瞧着这寒碜破旧的车厢。

坐在她身旁的是于贝尔·德·布雷维尔伯爵与夫人，他们的姓氏要算是诺曼底最古老、最高贵的姓氏了。伯爵是个派头十足的老绅士，并且刻意修饰打扮，竭力突出他在相貌上与亨利四世国王的相似之处。根据他的家族引以自豪的一种传说，亨利四世曾使布雷维尔家族的一个妇女婚外而孕，那妇女的丈夫便因此受封为伯爵，并荣升为该省的总督。

在省议会里，于贝尔伯爵与卡雷-拉马东先生是同僚，不过，他在省里代表了奥尔良立宪君主派。他是怎么跟南特一个小船主的女儿结为夫妻的，这始终是个谜。不过他的夫人确也雍容华贵，她还善于交际，技压群芳。据传，她曾得到过路易·菲利普[1]

---

[1] 法国七月王朝（1830—1848）的国王。

的一名王子的爱恋,所以,整个贵族阶层都向她逢迎讨好,她的沙龙在当地要算首屈一指,是昔日风流情致犹存的唯一场所,一般人是难以进去的。

布雷维尔家所拥有的全是不动产,据说每年收入高达五十万法郎。

以上六位是马车上旅客的核心,他们是社会上经济收入稳定、生活安逸、有权有势的人士,是信奉宗教、讲究道德的正人君子。

巧得出奇,所有的女客都坐在同一条长椅上,伯爵夫人的旁边还坐着两个修女,她们手里拨着长串的念珠,嘴里在念《圣父经》与《圣母经》。一个是老修女,满脸麻坑,就像劈面挨过一片霰弹似的。另一个身体甚为瘦弱,脸蛋俏丽,但病容满面,胸脯瘪陷,显然她对宗教信仰已经痴迷入魔,使她情愿以身殉教并幻想超凡入圣,以致自己的躯体日渐羸弱消瘦。

在两个修女对面,有一男一女是车上旅客众目睽睽的焦点。

那男的颇有名气,人称民主专家科尔尼代,他是所有上流社会人士眼中的危险分子。二十年来,他泡在有民主气味的咖啡店里,不断用大杯大杯的啤酒滋润他那棕红色的大胡子。他父亲本是一个糖果商,给他留下了一份相当可观的财产,却被他与狐朋狗友吃得精光。于是,他就急不可待地盼着共和国早日再来,以获取他为革命喝了那么多啤酒之后应有的权位。九月四日[1]那天,也许有人故意捉弄他,他真的以为自己被任命为省长了,不料走马上任时,那些在办公室里掌了实权的杂役,却拒不承认他的资格,逼得他立即

---

[1] 1870年9月4日:巴黎爆发革命,推翻第二帝国,成立第三共和国。

打退堂鼓。好在他是个挺好说话的主儿，与世无争，乐于助人，于是，他又以无比的热情，全力组织抗敌守土的防务。他发动大家在平野上挖了一些坑，把附近林子里的小树全都砍倒，在每条大路上都设下陷阱，他对自己这些防御工事甚为得意，认为必奏奇效，所以待敌军一逼近时，他便急急忙忙撤退回城里去了。现在坐在马车上，他想，自己到勒阿弗尔去，要比待在鲁昂更有用，那里正遭普军威胁，很需要构筑新的防御工事。

那个女的呢，是一个被人们称为婊子的主儿；她由于过早发福而闻名，得了一个名副其实的绰号叫"羊脂球"。她个头儿矮胖，浑身圆滚滚的，肥得油脂流溢，连一根根手指也是肉鼓鼓的，只有每个骨节周围才细一圈，皮肤紧绷而发亮，像一串短香肠。她的胸脯丰满挺拔，在连衣裙里高高耸起。她皮肤细嫩，明艳照人，叫人看着就怦然心动，其顾客着实不少。她的脸蛋像一只红苹果，又像一朵含苞欲放的牡丹花，脸蛋上部，两只美丽而乌黑的眼睛闪闪发亮，四周围着一圈又长又浓的睫毛，而睫毛又倒映在眼波里；她脸蛋的下部则是一张媚人的小嘴，两排细牙洁白明亮，嘴唇柔美湿润，简直就是专为接吻而造设的。

据说，她还有许许多多难以言传的媚人妙处。

大家一旦认出了她，那几个正派女士便放肆地交头接耳，评点议论了起来，说什么"婊子"啦，"社会耻辱"啦，等等。虽然是窃窃私语，但声音很高，引得羊脂球不免抬起头来，她把同车的旅客扫视了一圈，目光大胆，并无惧色，且带有挑战的神情。那些人立即都不吱声，纷纷低下头，只有鸟先生，还在用不正经的眼光偷偷地看她。

但不一会儿，那三位女士又开始交谈，有这妓女在场，她们突然亲近起来，甚至可以说成为了亲密的朋友。面对这个无耻的卖淫女，她们似乎觉得必须拧成一股绳，以显示有夫之妇的尊严，因为合法的婚姻从来都鄙视淫行苟合。

那三个男人也同样如此，因为有科尔尼代在场，他们出于保守派的本能而互相亲近了，都以一种蔑视穷人的口气谈论各自的钱财。于贝尔伯爵历数普鲁士军队进攻已经给他带来的损失，还有牲畜被抢、庄稼歉收可能带来的亏空，他说起这些，口气满不在乎，就像亿万富翁那样自信，似乎这些损失只会给他造成一年半载的拮据。卡雷-拉马东先生的棉纺业损失惨重，但他早有防范，先将六十万法郎汇往美国，以备不时之需，以解燃眉之急。至于鸟先生，他也早做安排，将窖存的葡萄酒全部都推销给了法军的后勤部，因此，政府欠了他一大笔款子，这次他去勒阿弗尔就是去取款的。

这三位先生一边谈，一边频频交换友好的眼光。尽管他们的社会地位各不相同，但因为都有钱而感到彼此亲如兄弟，同属于大富豪行会，手一插进裤兜就弄得金币哗哗作响。

驿车行驶的速度极慢，到上午十点钟，还没有走出四法里。有三段爬坡的路，男乘客都是下车步行的。大家开始担心，原定到托特吃午饭，现在看来，天黑以前也难以赶到。每个人都望眼欲穿，但愿能在途中发现一家小饭铺，却不料马车又陷进了一堆积雪，好不容易花了两个小时才脱离困境。

大家都越来越饿，饿得心里发慌，却仍然看不到一家小饭铺或小酒店。要知道，一是因为普鲁士军队逼近，二是因为饿狼般的法军部队曾席卷此一地区，附近的店家早都吓得关门停业，逃之夭夭。

只要路旁有农舍，车上的男士都要跑去找充饥的东西，结果总是连面包也弄不到，因为农民生性多疑，早已把自家储存的食品都藏起来了，生怕路过的大兵饿红了眼，见到什么就抢什么。

将近下午一点钟，鸟先生公开宣称，他已经饥肠辘辘，支持不住了。大家也都跟他一样，饿得心里发慌，要命的饿劲越来越折磨人，他们也就没有半点儿兴致来说话聊天了。

时不时，有人打个哈欠，紧接着就有人跟着打，于是，大家就轮番打起来，有人张开嘴巴大声打，有人打得文雅些，还用手去捂住往外冒热气的嘴巴，性格、教养与社会地位各不相同，打法也因人而异。

羊脂球好几次弯下腰去，仿佛要在自己裙子底下找什么东西，但每次都犹疑一下，看看旁边的人，然后又若无其事地直起身来。每个人的脸都苍白无光，时有抽搐。鸟先生说他情愿付一千法郎买一只肘子，他老婆做了一个手势要表示反对，随即又平静下来。每当她听说要花钱破费，总是心如刀割，甚至把玩笑话也当真。伯爵说："的的确确，我是感到不舒服，我怎么没想到带些吃的东西上路呢？"他这么一说，大家都纷纷跟着责怪自己。

科尔尼代倒是带了满满一壶朗姆酒，他把这壶酒奉献出来，但大家都冷冷地谢绝了。只有鸟先生接受邀请喝了一点儿，递回酒壶时，他谢道："还真不错，可以暖和暖和身子，也可以解解饿。"两口酒下肚，他的兴致又上来了，就提议像歌谣里唱的坐小船那样，让大家把最胖的旅客分割吃掉。这话显然是影射羊脂球，对几位有教养的人士来说，这实在是不堪入耳。谁都不去应声附和，唯独科尔尼代笑了一笑。两个修女已经不再念经，双手插在肥大的袖口里，低垂着眼睛，一动也不动地坐在那里，肯定是在向上天表示她们的痛苦，以答上天赐苦之恩。

三点钟，马车驶到了一片一望无际的平原上，看不到任何村落的影子。这时，羊脂球突然弯下腰去，从长凳底下拉出一只蒙着白色餐巾的大提篮。

她先从提篮里取出一个陶瓷盆，一只小银杯，再取出一个大瓦罐，里面盛着两只已经切好了的鸡，周围满是结了冻的酱汁。大家看见篮子里还有一包包好吃的东西，馅饼啦，水果啦，甜食啦，等等，实在是丰富得很，足够在旅途中吃上三天，有了这些食品，三天之内就不必再沾旅馆厨房的任何油水。几大包食物之间，还露出四瓶酒的瓶颈。她拿出一个鸡翅膀，就着一个诺曼底地区叫"摄政"的小面包，细嚼慢咽地吃起来。

所有的目光都盯着她。接着，食物的香味散开了，刺激得大家的鼻孔张得大大的，嘴里流出了大量的涎水，耳朵下面的腮帮子也紧绷得发痛。几位夫人太太对这窑姐儿嫉恨到了无以复加的程度，简直就想把她宰了，或者把她扔下车去，连同她的酒杯、篮子与所有的食物，全都扔进雪地里。

然而，鸟先生的眼睛直冒欲火，盯着那只盛着鸡的瓦罐，他说道："妙得很，这位太太想得比我们周到。有的人总是事事有先见之明。"羊脂球听了，抬头看着他说："您，想来一点儿吗，先生？从早上一直饿到现在，可真叫人难受。"鸟先生点头致意，说："说老实话，我还真不能拒绝呢，我饿得实在挺不住了。战时就得说战时的话，是不是呀，太太？"说着，他向周围扫了一眼，接着又说："碰到眼前这种情况，有好心肠的人乐于助人，可真叫人高兴。"他正好有一张报纸，就把它摊在面前，以免弄脏裤子，然后从口袋里取出一把随身带的小刀，用刀尖挑起一块裹满了冻汁的鸡腿,用牙齿撕开,便津津有味地吃起来,他吃得那么心满意足,不顾身份,在车里引起了一大阵痛惜的叹气声。

不过,这时羊脂球又以谦恭柔和的声音,邀请两位修女也来分享她的便餐。这两人立即就接受了,她们结结巴巴说了两句感谢的话,眼皮也没抬就赶快吃起来了。科尔尼代同样也没有拒绝他这位芳邻的邀请,跟两位修女一道,把报纸摊在膝上,拼成一张临时饭桌。

这几张嘴不停地一张一闭,张张闭闭,大吃大嚼,大吞大咽。鸟先生在一个角落里闷头大吃,不遗余力,还低声劝他老婆跟着效仿。鸟太太抵制了好一阵子,后来饥肠辘辘,抽搐难当,只得屈从。于是,鸟先生十分委婉地问他们的这位"可爱的旅伴",能否允许他给自己的太太拿一小块鸡。羊脂球粲然一笑,答了一声"当然可以,先生"。说着就把瓦罐递了过去。

打开第一瓶红葡萄酒之后,出现了一个难题:只有一只酒杯。于是,大家只好把酒杯轮流传递下去,轮流喝。前一人喝后,把杯子抹一下,后一人再喝。只有科尔尼代与众不同,他偏要选择羊脂球唇迹未干的杯沿喝,显然是在大献殷勤。

至此,德·布雷维尔伯爵夫妇与卡雷-拉马东夫妇周围的人都在吃东西,食物散发出来的阵阵香味使他们透不过气来,他们忍受着那种以"坦塔罗斯"[1]命名的痛苦。突然,棉纺厂主的年轻太太长叹一声,大家转过头去一看,只见她脸色煞白得像车外的积雪,双目紧闭,耷拉着脑袋,已然不省人事。她的丈夫吓得六神无主,恳求大家帮忙救护。慌乱之中,人人束手无策。这时,

---

[1] 希腊神话中的国王,因得罪了宙斯,被宙斯惩罚站立在水中,但口渴时喝不到水,饥饿时,也吃不到头顶上果树的果子,被饥渴煎熬,故称坦塔罗斯之苦。

年纪较大的那个修女托起病人的头,将羊脂球的酒杯贴着她的嘴唇,灌进几滴葡萄酒。随即,美丽的太太动了动,睁开眼睛,露出了笑容,用微弱的声音对大家说她现在觉得好多了。但是,那修女怕她再晕过去,又逼她喝下满满一杯酒,接着说:"她是饿晕了,没有别的原因。"

一听这话,羊脂球的脸色顿时涨得通红,她看着那四位饿着肚子的旅客,颇为尴尬,结结巴巴想做点儿解释:"上帝啊,我不知道自己是否可以请这几位先生和太太来一道……"说到这里,她把话咽下去了,怕自讨没趣,招来一场侮辱。这时,鸟先生表态了:"哩,不言而喻,在目前这种情况下,大家都是兄弟姐妹,应当互相帮助。来吧,两位夫人,不用客气,去他妈的规矩!让吃就吃吧,今晚能不能找到一个地方过夜,还不知道呢!照现在这个走法,明天中午之前恐怕也到不了托特。"那几个放不下架子的贵客,仍在犹犹豫豫,谁都不敢说声"好吧",唯恐承担放弃了道德抵制的责任。

最后,还是伯爵当机立断,打破僵局,他转过头去,对着那怯生生的胖姐,摆出一副高不可攀的贵族派头,说道:"好吧,夫人,我们领情接受邀请。"

万事开头难。一旦跨过鲁比孔河[1],大家就无所顾忌,开怀大吃了。不一会儿,那篮子里的东西就吃得精光。篮里本来还有一罐鹅肝酱,一罐肥云雀酱,一块熏牛舌,几个克拉桑产的梨子,一块主教镇的蜜糖方面包,几块小点心以及满满一杯醋腌黄瓜与洋葱,羊脂球与所有的妇女一样,都最喜爱吃这些生冷蔬菜。

---

[1] 在古罗马时代,意大利与高卢以鲁比孔河为界。"跨过鲁比孔河"一语,是指下定决心采取果敢的行动。

吃了这个姐儿的东西,就不能不跟她讲话交谈了。于是,大家聊了起来,起初还有人端点儿架子,后来见她说话颇注意体统,大家也就比较放松自如了。德·布雷维尔夫人与卡雷-拉马东太太很善于交际,懂得如何和蔼可亲而又讲究分寸,尤其是伯爵夫人,特具高贵妇女的大家风范,礼贤下士,蔼然亲切,高洁而不可染,显得格外有亲和力。相反,那个又高又壮的鸟太太,脑子像宪兵一样不开窍,光闷头大吃,不屑于交谈,持不同流合污的态势。

大家自然而然就谈起战争,大谈普鲁士军队的残暴与法国军民的英勇抗敌。别看这些人自己逃跑得快,却大肆赞扬别人的勇敢。接着,大家又谈起各自的经历,羊脂球讲述她是如何离开鲁昂的,讲起来充满了真挚的感情,言辞甚为激烈,大凡妓女要发泄内心的愤慨,往往就会言辞过火:

"本来,我以为可以留在鲁昂,我在家里储存了很多食品,我宁可供养几个大兵也不愿意背井离乡,到处流浪。可是,我一看见他们,这些普鲁士猪,我就控制不住自己,他们简直把我的肺都气炸了。我感到受了奇耻大辱,哭了整整一天。哼,我如果是个男子汉就好了!我从窗口一直盯着他们这几头戴着尖顶头盔的猪猡,若不是女仆拉住了我的手,我真会把家具扔下去砸断他们的脊梁骨。后来,他们要住进我的家里,我扑向头一个走进来的家伙,掐住他的脖子,要掐死他们并不比掐死其他人更难,如果不是有人揪住我的头发把我拉开,那个家伙肯定被我干掉了。出了这事以后,我不得不躲起来。最后,我终于找机会逃了出来,上了这辆车。"

同车人都大大夸了她一顿。他们都不曾有过如此勇敢悲烈的行为，因而对她有了几分敬重。科尔尼代听她讲述时，脸上带着教士那种赞许与善意的微笑，就像一位神父在听教徒颂扬上帝。因为留大胡子的民主党人总是垄断爱国主义的专利，就像穿教袍的神父总是垄断宗教的专利一样。轮到他讲述时，他用了一种布道说教的口吻，还加了慷慨激昂的言辞，这种言辞都是他从每天张贴在街墙上的宣言声明中搬来的。最后，他还讲了一段雄辩风格的话，把"巴丹盖无赖"[1]狠狠骂了一顿。

不料，羊脂球听了此话，当即勃然大怒，因为她是拥护波拿巴的。她的脸涨得比樱桃还红，气得说起话来也结结巴巴：

"我倒要看看，你们这些人坐到他的位子上会怎么样。肯定会更糟糕！他这个人呀，就是被你们出卖的！如果换你们这样的瘪三无赖来统治，所有的人都只好离开法国啦！"

科尔尼代并不动火，脸上仍保持着那高傲优雅、不屑计较的微笑。不过，大家感到脏话就要出口了。幸好伯爵挺身而出，以权威的口气宣称，凡是坦诚的见解都应当受到尊重，好不容易才劝住了这位怒气冲冲的姐儿。伯爵夫人和棉纺厂主的太太，跟一切有身份的人一样，打心眼儿里就莫名其妙地憎恨共和国；还跟所有的妇女一样，本能地喜欢讲究奢华的专制政体，因此，不由自主地被这位充满正义感的妓女吸引，觉得她那一番感情倒是跟她们自己挺投合。

一篮子食物全吃光了。十张嘴巴，对付这些东西，毫不费劲，倒是颇为遗憾地觉得这篮子还不够大。东西吃完后，谈话还持续了一段时间，不过渐渐地冷了下来。

---

[1] 巴丹盖，原为法国一泥瓦匠，路易·波拿巴于1864年越狱逃跑时，借用了此人的名字。后来他当了皇帝，时人便以此作为他的绰号。

夜幕降临，黑暗变得越来越浓重。人在消化食物时往往特别怕冷，羊脂球虽说身体肥胖，也不免打起了寒战。德·布雷维尔夫人的小暖炉从早上到现在，炭已经加过好几次了，这时，她表示愿意借给羊脂球暖一暖。羊脂球立刻接过来，因为她觉得两只脚已经冻僵了。卡雷-拉马东夫人与鸟太太也把各自的小手炉借给两个修女。

车夫已经点上风灯。明亮的灯光照见辕马臀部汗流如洗时所冒出的腾腾热气，也照见大路两旁的堆堆积雪，在摇曳的灯光下向后迅速退去。

车厢里什么也看不清楚，突然，在羊脂球与科尔尼代之间，有点儿什么动静。鸟先生两眼极力在黑暗中搜索，觉得自己看出了那个大胡子急速往旁边一闪，似乎挨了人家狠狠的一闷拳。

大路前方，出现了星星点点的灯光，那就是托特镇。马车一共行驶了十一个小时，加上途中四次停车暂歇、给马喂料耽误两个小时，总共十三个小时。马车驶进市镇，在商会旅馆门前停下。

车门打开了，一种耳熟的声响令所有的旅客不由得大吃一惊，那是军刀刀鞘碰撞着地面的声音。随即，一个德国人在喊叫着什么。

马车虽然已经停稳，可是谁也没有下车，好像害怕一出车门就会遭屠杀似的。这时，车夫提着一盏马灯走过来，灯光照亮了整个车厢，但见张张面孔全都惊恐万状，嘴巴大张，眼睛直瞪。

在车夫身旁，有一名德国军官站在灯光里，他是个细长高挑的年轻人，身材非常瘦削，头发金黄，军服紧紧裹在身上，就像女人的束胸紧身衣。他头上歪戴着平顶鸭舌漆皮军帽，样子挺像英国旅馆的侍役。他的两撇唇髭长得出奇，一根根胡须又长又直，向两侧伸展,越来越稀,稀到最尖端只剩下一根根极细的黄丝,细得叫人无法看清末梢。这两撇胡子在脸部倒是举足轻重,压住了嘴角,显得两片脸颊往下坠,给嘴唇标出一道垂下的褶痕。

他用阿尔萨斯[1]人讲的法语,要旅客们下车,口气很生硬:"你们不远(愿)意瞎(下)来吗,先生们和代代(太太)们?"

那两个修女首先服从了命令,她们本乃圣洁女子,惯于百依百顺。伯爵与他的夫人也下了车。随后,是棉纺厂主及其太太。再后,是把自己高大的老婆推在前面的鸟先生。他脚一着地,便对那军官说了声"您好,先生",但与其说是礼貌,不如说是出于谨小慎微。那德国军官像有权有势的大人物一样傲慢,只看了他一眼,没有搭理。

羊脂球与科尔尼代虽然离车门最近,但最后才下车,他们要在敌人面前表现出大义凛然的气概。胖姐竭力控制自己,保持冷静;那位民主党人则不停地捋着棕红色的大胡子,手微微发抖,颇有悲壮意味。他们懂得,在此种场合下,每个人多多少少都代表着自己的国家,为此,他们就是要保持一点儿尊严,眼见旅伴们恭恭顺顺,他们都甚为反感。因此,羊脂球要尽力显得比同车的那几个正经女人更为高傲,而科尔尼代则感到自己应该做出表率,要以自己的态度表明,他仍在坚持抗战,就像当初他在大道上设置路障一样。

大家走进旅馆宽敞的厨房,德国军官要他们出示总司令部签发的离境证,那上面说明了每个旅客的姓名、面貌特征、职业。

---

[1] 法国东北部一省区,与德国接壤。1870年普法战争后,被割让给德国。

他仔细审视了每一个人,一一对照了证件。

接着,他突然说了一句"豪(好)啦",随即就走了。

旅伴们这才松了一口气。因为他们还感到饿,便吩咐旅馆准备晚餐,不过他们必须等上半小时。趁两个厨娘忙于准备之际,他们抽空去看看各自的客房。客房排列在一条长长的走廊里,走廊的尽头有一扇玻璃门,门上标明了是"厕所"。

终于,到了开饭的时候。大家正要入座,旅馆老板突然跑进来了。他从前是个马贩子,父亲传给他的姓氏是佛朗维。这个患气喘病的胖子,喉咙里老有痰,总发出咝咝声与呼噜声。

他问道:

"哪位是伊丽莎白·鲁塞尔小姐?"

羊脂球战栗了一下,回头应道:

"是我。"

"小姐,普鲁士军官要立即与您谈话。"

"跟我谈话?"

"没错,如果您就是伊丽莎白·鲁塞尔小姐的话。"

羊脂球不知所措,她想了一下,断然回答说:

"有可能是找我,但是我不去。"

她周围一阵骚动,大家议论纷纷,猜测普鲁士人下这道命令的缘由。伯爵走过来,劝说道:

"您这样做就错了,夫人,因为您一口回绝,不仅会给您自己带来很大的麻烦,而且也会连累我们这些同行者。要记住,永远不要抗拒最强大的人。您去跑一趟,绝不会有任何危险,很可能只是要补办什么手续。"

大家都附和伯爵的意见,纷纷恳求羊脂球,催她快点儿去,还开导了她一番,并终于说服了她。原本大家都怕她一意孤行,拒绝军官的命令,而把事情弄得很复杂。

最后,羊脂球表示同意:"显而易见,我可是为了你们诸位才去的!"

伯爵夫人一把抓住她的手:

"我们大家都感激您呀!"

羊脂球去了。大家坐在餐桌边等她回来一起用饭。

这时,每个人心里都颇感遗憾,要是普鲁士军官叫到自己,而不是叫这个性格暴烈、脾气不小的妞儿去,那该多好!他们一边这么想,一边慢慢考虑,如果自己被轮到时,该讲些什么逢迎讨好的话呢。

可是,才过十分钟,羊脂球就回来了。她的脸涨得通红,气急败坏,怒火冲天,结结巴巴地骂道:"这个流氓!这个流氓!"

大家都急于知道究竟发生了什么事情,纷纷问她,她却什么也不讲。在伯爵一再追问下,她才神情凝重地回答说:

"不,这事跟你们没有关系,我不能讲。"

于是,大家只好围着一大盆汤坐下,汤盆里散发出白菜的清香。虽然刚才受了一惊,这顿晚餐还是吃得开开心心的。苹果酒品味很正。鸟先生夫妇与两位修女为了省钱只喝苹果酒,其他人都要了葡萄酒。科尔尼代则叫了啤酒,他喝起来自有一套独特的方式,先开启瓶塞,让啤酒溢出泡沫,再把酒杯斜端着仔细端详,然后端起杯子,对着灯光鉴赏酒的色泽。喝的时候,他那一把与这心爱的饮料同颜色的大胡子,似乎也激动得颤抖起来;他那双眼睛睥睨着盯着酒杯,一动也不动,那神情好像是在完成他为之而生的唯一职责。可以这么说吧,有两种伟大的爱是他毕生为之献身的，那便是对淡色啤酒与对革命的爱，这两者在他思想里相互接近，甚至水乳交融，合二为一，因此，他现在品尝啤酒时，就不能不想革命。

佛朗维先生与他老婆在餐桌的另一端用饭。那男人像一辆破火车头，发出呼哧呼哧的喘气声；他的胸膛一呼一吸，次数过于频繁，那是没法边吃边说的。可是，他的老婆却从没有住嘴的时候。她讲述普鲁士军队刚来时给她的种种印象，讲述他们的所作所为，他们的所说所讲。她恨透了他们，首先因为他们害得她损失了不少钱，其次因她的两个儿子当兵上了前线。她特别乐于跟伯爵夫人交谈，觉得跟一位贵族夫人谈话甚为荣幸。

接着，她压低嗓门儿，讲了一些不堪入耳的事，她丈夫不时打断她的话："最好是闭上你的嘴。"但是，她根本不予理睬，照说不误：

"没错，夫人，那些家伙，除了吃土豆与猪肉，还是吃土豆与猪肉。可是，别以为他们干净。不，他们才不干净呢。恕我说话不雅，他们到处拉屎撒尿。他们操练起来，一连好几个钟头，甚至一连好几天，看看真是大开眼界啰！他们全集合在田地里，一会儿向前走，一会儿向后走，一会儿转向这边，一会儿转向那边。干什么不好呢，至少在自己国家种种地也好嘛，或者就去修修路吧！可他们偏不干，夫人，那些军队从不干好事！难道老百姓养活他们，就是为了让他们什么也不学，只去杀人吗？不错，我不过是个老太婆，没有受过教育，可是看着他们从早到晚在那里踏步走齐步走，累得筋疲力尽，我心里就琢磨：有些人专门发明创造，为的是对人类有用，但另外一些人却挖空心思、费尽力量，只是为了损人害人！老实说，杀人，不就是作恶吗？不管是杀普鲁士人、英国人、波兰人，还是法国人——如果有人伤害了你，你就进行报复，那是不对的，你会被判刑；但是，有人用枪屠杀我们的小伙子，就像打猎似的，难道就对吗？谁杀人最多，难道就该把勋章授予他吗？岂有此理！我真弄不懂！"

科尔尼代提高嗓门儿说：

"如果是进攻一个爱好和平的邻国，那么战争就是一种野蛮行为；如果是为保卫祖国而战，那就是一种神圣的职责。"

这老婆子低下头，说道：

"是的，如果是自卫，那是另一码事。可是，有些帝王君主专靠打仗取乐，难道不该把他们统统杀掉吗？"

科尔尼代眼睛一亮，他说：

"讲得真好，女公民！"

卡雷-拉马东先生正陷入沉思。虽然他对那些赫赫有名的战将崇拜得五体投地，但这个乡下女人所讲的这一番常情常理却引起他的思索：在一个国家中，这么多人手竟闲置不用，任他们耗费大量财富，这么多力量竟不事生产创造，如果把他们都调动起来，投入宏伟的事业，以完成好几个世纪才能完成的大工业进程，那该多好！

这时，鸟先生离开了座位，去同旅馆老板低声交谈。那个胖子边笑边咳嗽边吐痰；听了鸟先生一些逗趣的话，直乐得肚子起伏跳动，当即向鸟先生订购了六大桶红葡萄酒，说好等开春普鲁士人走后即交货。

旅途劳顿，大家都累得身子散了架，刚一吃完饭，就都回房歇息。

然而，鸟先生处处事事都留了心眼儿，他扶老婆上床躺下之后，便走到门口，时而把眼睛对着锁孔望，时而把耳朵贴上去听，想要发现若干他所谓的"走廊秘事"。

过了一个钟头左右，他听见一阵窸窸窣窣声，就赶紧去看，但见羊脂球穿着一件镶有白色花边的蓝色开司米睡袍，比白天更显肥胖。她手里端着一支烛台，向走廊尽头的厕所走去。这时，忽见走廊旁边的一扇门开了一条缝；过了几分钟，待羊脂球回来时，科尔尼代穿着背带裤走出来跟随其后。他俩开始低声交谈，停了下来不走。羊脂球似乎是坚决不让他进她自己的房间。鸟先生在这厢看得发急，苦于听不清两人在讲些什么，后来，他们提高了嗓门儿，他才听清了几句。科尔尼代正在急切地央求，他说：

"瞧您的，您何必这么傻，这对您有什么不好呢？"

羊脂球愤愤然，拒绝道：

"不，亲爱的，有些时候，这种事是不能干的；何况在这里干，更是可耻！"

科尔尼代显然没有听懂这话的意思，还问为什么。这一下，羊脂球火了起来，声音也高了：

"为什么？您还不明白为什么？普鲁士人就在这幢房子里，也许就在隔壁房间，亏您还问为什么。"

科尔尼代不吭声了。有敌人在附近，这个妓女便不肯接受一个男人的求欢，这种爱国的情操想必在他心里唤醒了他那一息残存的尊严感，于是，他只是搂住羊脂球吻了一下，便蹑手蹑脚回自己房间去了。

鸟先生的欲火已燃得老旺，他离开锁孔，在房间里蹦蹦跳跳了一下，戴上睡帽，掀开被子，躺在他老婆硬邦邦的身躯旁，用一个亲吻把她弄醒，悄声对她说："宝贝儿，你爱我吗？"

这时，整个旅馆寂静无声。但是，过不了多久，不知是从哪里，也说不清是从什么方向，也许是从地下室，也许是从阁楼，响起了一阵鼾声，那鼾声雄浑有力，单调而有节奏，低沉而悠长，还带有若干颤音，犹如汽锅受蒸气压力而颤动。佛朗维先生睡熟了。

原定第二天早晨八点动身，到时候，大家都汇集在餐厅里准备出发。然而，那辆马车孤零零地停在院子当中，顶篷上盖着一层积雪，却既没有套马，也不见马夫。大家到处找他，马厩里、草料房里、车库里全不见他的踪影。于是，所有的男士们决定到镇上去找，说罢就出了旅馆。他们来到教堂前的广场，广场两侧有些低矮的房屋，那里有几个普鲁士士兵。先看见一个士兵正在替居民削土豆皮，稍过去一点儿，一个士兵在帮理发店洗刷店面。还有长着络腮胡子的士兵，正抱着一个哭哭啼啼的小孩儿，把他放在自己的膝上轻轻摇动，哄他不哭。那些胖胖的乡下女人，丈夫都当兵打仗去了，现在正打着手势，指挥那些听话的胜利者该干什么活儿，如劈柴啦，往面包上浇热汤啦，磨咖啡啦，等等；有一个士兵甚至在替女房东洗衣服，因为她年纪很老，而且手脚不灵便。

伯爵甚为诧异，这时，从神父的住所走出来一位教堂执事，他便上前打听。那位虔诚的老者回答说：

"哦，这些士兵并不坏。听说他们不是普鲁士人，而是从更偏远的地方来的，究竟是什么地方，我也说不清。他们也是抛下了老婆孩子，背井离乡，出来当兵；要说打仗，他们并不觉得有趣！他们家里的女人也在为男人提心吊胆，伤心落泪。他们家乡跟我们这里一样，日子也很不好过。我们这里还算好，眼下还不算太苦，因为这些士兵在这里并不为非作歹，倒像是在自己家里一样，帮着干活儿。您瞧见了吧，先生，穷人之间，就应该互相帮助……要打仗的是那些大人物。"

战胜者与战败者居然如此和睦共处，科尔尼代实在看不惯，心里冒火，便愤然离去，他宁可回旅馆一个人闷在自己房间里。鸟先生倒讲了一句笑话："这些普鲁士士兵在这里繁殖人口。"卡雷-拉马东先生则讲了一句严肃的话："他们是在做出补偿。"到这时为止，车夫仍然没有找到。最后，总算在镇上的咖啡馆里，才发现他正同那个普鲁士军官的勤务兵，亲如兄弟般地坐在桌前。伯爵向他提出质问：

"不是要你八点钟把车套上，准备好出发？"

"不错，可是我又接到另一个命令。"

"什么命令？"

"根本不许我套车。"

"是谁给你下的这道命令？"

"这还用问，当然是那位普鲁士军官。"

"为什么要下这样的命令？"

"这我就一点儿也不知道了，谁下的命令，您去问谁好了。不准我套车，我就不套车。就是这么一回事。"

"是那军官亲口给你下的命令吗？"

"不是，先生，他的命令是由旅馆老板向我传达的。"

"什么时候？"

"昨天晚上，我正要去睡觉的时候。"

三位先生极为不安，回到旅馆。

他们要见旅馆老板，但女仆回答说，老板有气喘病，从来不在十点钟以前起床，甚至明确规定，除非失火，否则绝不许提前叫醒他。

他们想见那位军官，但这也绝对办不到。那军官虽说就住在这个旅馆里，但只准许旅馆老板一人跟他谈民事。于是，大家只好干等。女士们都回到各自的房间，料理些琐事。

厨房里高大的壁炉中正烧着一堆旺火，科尔尼代在炉前坐下，他叫人搬来一张小方桌，要了一瓶啤酒，随后又掏出他的烟斗。那烟斗决非等闲之物，它在民主党人中，与科尔尼代享有同等的威望，似乎它为科尔尼代效劳也就是为祖国服务。那是一只非常精美的海泡石烟斗，已经积了厚厚的烟垢，熏得漆黑，就像它主人那一口牙齿一样，不过，它倒是散发出一股浓郁的香味。整个烟斗弯弯的，油亮油亮，它跟主人的手早已混得烂熟，也给主人的仪表增添了好些魅力。科尔尼代坐在那里不动，两眼时而盯着壁炉里的火苗，时而凝视着酒杯里的泡沫，每喝一口，就心满意足地用瘦长的手指捋捋油腻的长发，同时吮吮沾在髭须上的啤酒沫。

鸟先生借口要活动活动腿脚，跑去向当地零售商推销他的葡萄酒，伯爵与棉纺厂主在高谈阔论政治。他们展望法兰西的前途。一个看好奥尔良派，另一个则指望出现某个无名的大救星，某个在国家沦亡之际力挽狂澜的英雄。也许出一位杜·盖克兰[1]，也许出一位贞德[2]，或者再来一个拿破仑一世。唉，如果皇太子[3]不那么年轻就好了……科尔尼代在一旁听着，面带微笑，似乎对民族命运的谜底已经心里有数。他抽着烟斗，烟雾缭绕，飘散在整

---

1 杜·盖克兰（1320—1380），法国民族英雄，曾抗击入侵的英军，屡建功绩。
2 贞德（1412—1431），百年战争中，拯救了法兰西的女民族英雄。
3 指拿破仑三世的儿子，当时未成年。

个厨房里。

敲十点钟的时候,旅馆老板露面了。大家非常急切地问他是怎么回事,他只回答这么几句话,一字不改地重复了两三遍:

"军官就是这么对我说的:佛朗维先生,您去告诉车夫,明天不准套车,没有我的命令,那些旅客不得动身,您听明白了吗?好吧,就这么办。"

于是,大家要求见军官。伯爵给他送去了自己的名片,卡雷-拉马东先生也顺便在那上面加上了自己的姓名与所有的头衔。普鲁士军官差人回话说:他同意接见这两个人,但是要等到他用完午饭之后,也就是说,下午一点钟左右。

几位太太也下楼来了,大家虽然忧心忡忡,还是吃了点儿东西。羊脂球似乎身体不适,显得心绪不宁、惶惶不安。

喝完咖啡之后,勤务兵来叫求见的两位先生。

鸟先生也要跟着去,他们还想拉着科尔尼代一起,为了使他们的行为更为郑重其事。不料科尔尼代却高傲地宣称,他是绝对不同德国人打交道的。说罢,他又回到壁炉前坐下,又叫了一杯啤酒。

三位先生上楼去了,被带进此家旅馆最漂亮的房间,普鲁士军官就在那儿接见他们,只见他躺在一把安乐椅里,双腿搭在壁炉上,叼着一只长长的烟斗,身上披着一件彩色鲜艳的睡衣,那睡衣大概是从哪个俗里俗气的市民遗弃的空房子里偷来的。他没有起身,也不同来人打招呼,连瞧也没有瞧他们一眼,这副神态实可谓军事占领者骄横无礼、不可一世的活样板。

过了半晌,他才开口:

"你们要敢(干)什么?"

伯爵回答:"我们想要动身,先生。"

"勿(不)行。"

"在下斗胆问一句,为什么不放行?"

"因为火(我)不元(愿)意。"

"我很荣幸地提请您注意,军官先生,贵军司令部给我们发了去迪耶普的正式通行证,我想我们并没有做任何错误的事情,要受到您如此严厉的对待。"

"火(我)不元(愿)意,就系(是)这么回系(事)……你们可以瞎(下)去了。"

三个人都躬身行礼,一起退下。

整个下午的气氛都愁云密布,郁郁不欢。谁也不明白那个德国人犯了什么病,如此乖张刁钻,每个人都在绞尽脑汁,甚至产生了非常离奇的想法。他们待在厨房里,设想出了种种荒诞不经的可能,并争论不休。也许是要把他们扣为人质——但是他要达到什么目的呢?——也许是要把他们当作俘虏押到别处去?要不然就是要敲他们一大笔赎金?一想到这里,他们都吓得胆战心惊。要知道,愈是有钱的人,愈是胆小怕事,顾虑重重。他们仿佛已经看见,他们被迫把整袋的金币倒在这个蛮横的大兵手里,以求赎身。于是,他们就挖空心思,编造一些言之成理的谎言,来隐瞒自己的钱财,把自己装成穷人,一贫如洗的穷光蛋,鸟先生还摘下自己怀表的金链,藏进口袋里。夜幕渐渐降临,他们的恐惧情绪也与时俱增。屋里点上了灯,离晚饭还有两个小时。于是,鸟太太就提议打牌,玩三十一点。这好歹也是一个消磨时间的法子。大家都同意。甚至科尔尼代也出于礼貌,灭了烟斗,参加牌局。

伯爵洗牌，分牌，羊脂球一上来便得了三十一点。玩着玩着，大家兴致渐高，平息了压在心头的恐惧感。但这时，科尔尼代发现了鸟先生夫妇在串通作弊。

吃饭时，大家正要入座，旅馆老板又来了，他用咯痰的嗓音宣布："普鲁士军官要我来问伊丽莎白·鲁塞尔小姐，她是不是还没有改变主意？"

羊脂球站在那里，脸色煞白，继而又突然涨红，火冒三丈，气得说不出话来，半响才终于发作："去对那个臭无赖，那个臭流氓，那个普鲁士死鬼说，我绝不同意，听清楚啦，绝不，绝不，绝不同意。"

胖子老板出去了。大家都围了上来，纷纷询问羊脂球是怎么回事，求她说出上次见军官时谈话的秘密。她先是不肯说，但她怒气难平，控制不住自己，大声嚷了出来："他要干什么，他要干什么？他要跟我睡觉！"

大家都怒发冲冠，听了这句粗话，竟没有感到刺耳。科尔尼代猛然把酒杯往桌子上一摔，酒杯当即成了碎片。大家异口同声对那个无耻的兵痞进行怒骂，同仇敌忾，众怒狂泄，如同一股风暴，似乎那个家伙向羊脂球提出的下流要求，也会伤及他们每个人的皮肉，会使他们每人也做出一份牺牲。伯爵十分憎恶地说，普鲁士军官那种人的行径，简直就跟古代的野蛮人一样。几位太太对羊脂球更是表现出强烈的同情与深切的关怀。那两位修女只在吃饭时才露面，这时都低着头，一声不吭。

第一阵怒火平息后，大家还是照常吃了晚饭；不过，很少说话，都在考虑问题想心事。

几位太太早早回房歇息去了。男士们仍待在饭厅，边抽烟边凑成牌局，并邀请旅馆老板来参加。他们一心想巧妙地探问这位先生，看有什么办法才能消除那个军官刁难作梗的主意。然而，胖老板一心扑在牌局上，什么也不听，什么也不答，只是不断重复说："打牌，先生们，打牌。"他玩得十分专心，连吐痰也顾不上，致使胸膛里不断发出一些悠长的声响，肺叶呼哧呼哧扇动，各种音阶的哮喘声应有尽有，从深沉浑浊的喘声一直到像小公鸡学习啼叫时那种嘶哑尖叫的喘声，无所不有。

他的老婆困了，来叫他去睡。他却拒绝了。那女人只得一人走了，因为她要"值早班"，总是天一亮就起床，而他，则是"值夜班"的，随时准备陪朋友熬夜。他向老婆嚷了一声："把我的蛋黄甜奶放在炉边热着。"然后又继续打牌。大家看出从他嘴里休想套出什么话来，就说时间已晚，各自回房去睡了。

第二天，大家仍然早早起床，心里隐隐怀着一线模糊的希望，想要动身的心愿愈发强烈，唯恐在这家令人厌恶的小旅馆再泡上一天。

唉，驿马仍拴在马厩里，车夫仍是不见踪影。大家无所事事，闲极无聊，就围着马车转来转去。

午饭时大家死气沉沉。经过一夜的琢磨，人们心里有了主意，看法有所变化，对羊脂球的态度也变得冷淡了。他们现在几乎有些埋怨这个女子，怪她为什么昨夜里不偷偷去找那个普鲁士军官，也好使得她这些旅伴们一觉醒来之后，会喜出望外。这不是最简便不过的法子吗？再说，谁会知道内情呢？她自己也满可以保住面子，只需让那军官知道，她仅仅是因为可怜旅伴们的困境而屈从的。对她这么一个姐儿来说，这种事算个屁！

虽然他们心里都这么想，可是谁也没有讲出来。

下午，大家都烦闷得要命。伯爵提议到镇子附近去走走。每个人都把身子裹得严严的，一行人就出发了，唯有科尔尼代与两个修女没去。科尔尼代宁愿守着壁炉。两个修女则到教堂或神父家去消磨时间。

天寒地冻，日甚一日，冻得鼻子与耳朵如针扎了一般，冻得双脚疼痛难忍，举步维艰。待到面对着田野时，望着无边无际的一片白雪覆盖着大地，大家不禁有感凄凉肃杀，只觉得心里寒透了，精神一蹶不振，无心再走，立刻就掉头而回。

四位女士走在前头，三个男士跟随其后，相距不远。

鸟先生对目前的形势，洞若观火，一目了然，他突然发问说，这个"婊子"是不是要连累他们，害得大家在这么个鬼地方长期待下去？伯爵始终保持温文尔雅的风度，说这种事只能心甘情愿，不能硬逼一个女人做出如此痛苦的牺牲。卡雷-拉马东先生则指出，如果真像传闻所言，法军要从迪耶普发动反攻，那么，两军必在托特这里相遇。另外两位先生一听此话，就更忧心忡忡了。鸟先生发问道："我们能不能徒步逃出去？"伯爵耸耸肩膀说："亏您想得出来。在这冰天雪地里，还带着女眷，那些大兵立即就会追，十分钟就能追上，把我们当俘虏抓回去，任凭他们处置。"他说得在理，大家不再吭声了。

几位太太在谈论穿着打扮，但心里都为某件事而提心吊胆，谈话也就不那么专注热烈。

突然，普鲁士军官出现在街口那头。在一望无际的雪地上，远远地勾勒出他那穿着军装的细高身影。只见他走路时双膝向两侧撇开，这是军人特有的步行姿势，因为是怕弄脏了精心擦亮的皮靴。

从太太们身边走过时，他微微弯腰致意，对几个男人，则轻蔑地瞧了一眼；而这几个男人也有点儿尊严，并未脱帽，唯有鸟先生做了一个要脱帽的动作。

羊脂球的脸一直红到了耳根。那三位有夫之妇则感到，同这个妓女走在一起，偏偏又碰见了那个要跟她睡觉的军官，这简直就是她们的奇耻大辱。

于是，她们就谈起那个军官，谈他的身材，谈他的容貌。卡雷-拉马东夫人曾结交过许多军官，极具行家的鉴赏力，她觉得这军官很不错，甚至惋惜他不是法国人，否则，他准能成为叫所有妇女都心醉神迷的帅轻骑兵。

一回到旅馆，大家又不知道干什么才好了，甚至为了一些鸡毛蒜皮的事，说话也非常尖酸刻薄。吃晚饭时，大家却沉闷不语，匆匆吃完，各自回房就寝，希望在睡梦中把时间打发掉。

第二天早晨下楼来，个个都是脸色憔悴，心情恶劣。几位太太几乎全不跟羊脂球说话了。

教堂的钟声敲响了，是要为一个孩子做洗礼。这个胖姐儿也有一个孩子寄养在依弗多的一户农家，一年也见不上一次，但她也从不挂念。现在听说有一个孩子要受礼，便骤然萌生了对自己孩子的强烈爱心，所以想去参加这洗礼仪式，而且是非去不可。

羊脂球一走，大家便你看看我，我看看你，然后将各自的座椅往一块儿挪近，因为大家感到非得做出决定不可了。鸟先生灵机一动，冒出一个点子：向那普鲁士军官建议，把羊脂球一人扣下，其余人全都放走。

他们还是请旅馆老板担任传话的使命，可是，他刚上楼去见军官，就立即下来了。那个德国佬深谙人的本性，把他赶出房门,声称只要他的欲望得不到满足,全体旅客都得扣住不放。

对此,鸟太太那市井无赖的脾性大肆发作起来:"我们总不能老死在这里吧。既然这个小娼妇的本行,就是同所有的男人干那种事,我看,她就没有权利挑肥拣瘦。我倒要问一声,这个烂货在鲁昂不是谁要她她就跟谁干吗,连马车夫都不拒绝!没错儿,夫人,就是省督府的马车夫,这件事我知道得一清二梦,那车夫常在我店里买葡萄酒。可是今天,要她来帮我们摆脱困境,这小婊子却装正经、摆架子!……照我看,这位军官的行为倒是挺正派的。他也许很久没有跟女人有那事了,当然,我们这三位太太更对他的口味。可是不,他愿意将就将就,只要能得到那个大家都玩的女人,就知足了。他懂得尊重有夫之妇。大家想一想吧,他是这里的主子呀,他只要说一声'我要',就完全可以靠手下那些大兵的帮助,把我们三个统统强奸啦。"

旁边两位太太微微打了个寒战。漂亮的卡雷-拉马东太太眼神发亮,脸色略显苍白,似乎已经感到自己被那军官占有了。

几个男人本来在一旁商量对策,这时也凑了过来。鸟先生义愤填膺,想把"那个贱货"的手脚捆绑住,将她献给军官。但是,伯爵毕竟出身外交世家,祖上三代皆出任大使,本人生来又具有外交家气质,所以仍然主张巧施手腕,智取为上:"一定得让她自行决定。"

于是,他们进行了一番密谋。

几位太太也紧紧凑在一块儿,低声细语,各抒己见,共商大计。她们的话都讲得极有分寸。议论起这些极其淫秽的事情,夫人太太们都措辞文雅,表述委婉,句斟字酌,含蓄谨慎,一个局外人是绝对听不明白的。不过,上流社会所有的女人身上那层薄薄的遮羞布，只能掩盖其外表；一遇见男女间的风流艳事，她们就心花怒放，不由自主，打心眼儿里感到蚀骨销魂，如同搔到了自己的痒处，她们怀着漾漾春情，为他人撮合，就像嘴馋的厨子在替他人做晚餐。

这一伙人到后来，觉得这件事本来很滑稽可笑，不由得越谈越轻松越放肆。伯爵说了若干粗鄙的取笑话，但是说得很巧妙，引得了大家会意一笑。鸟先生一讲，放肆话下流话就出口了，但大家并不觉得不堪入耳。他太太则怎么想就怎么说，毫无遮掩，令在场的人都欣然认同。她说："这个婊子既然是干这一行的，为什么她跟别人都干过偏偏要拒绝这一个军官呢？"出身高贵、趣味优雅的卡雷-拉马东夫人似乎仍持这样的想法：如果她自己是羊脂球，倒宁肯接受这个军官，而拒绝其他的人。

他们就像要攻陷一座被围困的堡垒一样，花了很多时间讨论具体作战方案。大家商定了每个人要扮演的角色，要依据的道理，要采用的手腕。他们也制定了进攻的计划、要使用的计谋与攻其不备的方式，以便迫使这座活生生的堡垒开门迎敌。

然而，科尔尼代却躲在一旁，与他们保持距离，不闻不问。

他们正全神贯注地进行商议，没有听见羊脂球回来了。幸亏伯爵轻轻嘘了一声，大家才抬眼一看，羊脂球已经来到了跟前。大家戛然闭口，顿时不免尴尬，不知如何搭话。毕竟伯爵夫人深谙交际场上虚与周旋的那一套技巧，比别人灵活善变，她向羊脂球问道："这次洗礼有意思吗？"

胖姐儿心情激动，余波未平，就把洗礼从头到尾描述了一遍，如见到什么人啦，那些人的形貌神态啦，以至教堂的外观啦，等等，最后，她还补充了一句："有时上教堂做做祈祷，实在太好。"

一直到吃午饭,这几位夫人太太对她都甚为亲近和蔼,当然是为了先取得她的信任,以使得她过会儿能听进她们的劝告。

一坐上饭桌,这一伙人就开始咄咄进逼了。开始时,他们先泛泛谈论献身精神,列举了古代的一些先例,最先举出犹滴[1]与霍洛菲纳,继而生拉硬扯把卢克雷蒂娅[2]与塞克斯图斯也算上,再接着就是克娄巴特拉[3],说她陆续将敌军将领——引诱上床,使他们终于都像奴仆一样俯首帖耳。于是,在晚餐桌上,更有一个荒诞不经的故事应运而生了。它完全是这几个不学无术的百万富翁想象出来的,说的是罗马的女公民纷纷跑到加布城[4],去搂抱汉尼拔[5],搂抱他手下的副将与雇佣军官兵,让他们在玉臂里睡大觉。这几位说客先生还列举了所有那些挺身而出、阻挡了征服者的女人。她们将自己的玉体当战场,当制伏敌人的手段与武器,她们以绵里藏针的抚摸亲吻战胜丑恶可憎的对手,为了复仇与报效国家的高尚目的而牺牲自己的贞操。

这几位先生甚至还婉转谈到英国有一位出身名门的大家闺秀,蓄意染上一种可怕的传染病,想要让拿破仑也染上,但是在那次暗藏着致命危险的幽会中,拿破仑突然感到虚弱乏力,体力不支,只好作罢,才奇迹般地避开了这次暗算。

---

[1] 古犹太的女英雄,为解救自己的城市,她入敌营灌醉敌军将领,取其首级,使敌军溃退。
[2] 古罗马的烈女,被罗马暴君之子奸污,她要父亲与丈夫报仇后即自杀。她的死激起众怒,导致暴君统治被推翻。
[3] 古埃及女王,以其姿色征服了罗马的恺撒与安东尼等名将。
[4] 罗马附近的城市。
[5] 古迦太基的大将,曾率军攻伐罗马,久而不克,驻军于加布城。传说他耽于加布妇女美色。

所有这些故事,都讲得很得体,很有分寸,有时这些上等人士还爆发出一阵热情洋溢的赞叹声,意在激励在座的某人进行效法。

听来听去,你就会相信,女人活在世上,其唯一的使命,就是永无止境地奉献自己的肉体,没完没了地听任大兵丘八的玩弄。

两位修女似乎充耳不闻,陷入了深深的沉思。羊脂球则一声不吭。

整个下午,大家都让她一个人待着,去慢慢进行思考。但是,他们本来一直称她为"夫人",现在却改称"小姐",谁也说不清为什么改变称呼,似乎是有意降她一级,让她从已经爬到受人尊敬的级别上挪下来,以提醒她别忘了自己原来的卑贱地位。

又到吃晚饭的时候了,刚一上汤,旅馆老板又来了,仍然重复了昨天晚上的那句问话:"普鲁士军官派我来问伊丽莎白·鲁塞尔小姐,她是不是还没有改变主意?"

羊脂球生硬地答道:"没有,先生。"

在晚餐上,同盟军的攻势明显削弱。鸟先生讲了两三句,效果甚糟。每个人都在搜肠刮肚,想找出一些新的事例,结果一无所获。还是伯爵夫人,她并非胸有成竹,事先亦无考虑,只是模模糊糊感到应当向宗教表示表示敬意,就随便问问那位年纪大的修女,圣徒们曾经干过一些什么了不起的事。殊不知许多圣徒都干过一些被我们视为罪恶的事情,但是,只要那些罪恶是为了光耀上帝或为帮助他人而犯的,教会就毫不为难地予以宽恕赦免。这倒是一个强有力的论据,伯爵夫人立刻加以利用。在这一问一答中,不管是双方的心照不宣、彼此默契,还是穿教袍者擅长的存心讨好;不管是答者笨脑子的歪打正着,还是傻里傻气的助人为乐,反正这位年长的修女给这伙上流人士的阴谋帮了一个大忙。大家原以为她胆小怕事，不善言谈，这时，她却表现得甚为大胆，说起话来滔滔不绝，有时言辞还很极端。神学中对决疑论的探讨，从来都未能对她有所影响，她自己奉行的原则坚硬得像一根铁棒；她认定的观念从来没有动摇过，她的良心更是无所顾忌。她认为亚伯拉罕要以子祭神是极为简单正常的，只要上天一声令下，要她杀掉父母，她就会立即执行。在她看来，只要意图是光明正大的，干什么事都不会惹怒天主。她真是一个天赐的同谋者，又具有神圣的权威性，伯爵夫人正好可以大加利用，让她围绕"但求目的，不问手段"这个道德格言，做一番令人感化的宣讲。

伯爵夫人问她：

"如此说来，嬷嬷，您认为只要动机纯洁，上帝就会允许世人采取各种方式，就会宽恕任何行为本身？"

"这还有什么可怀疑的呢？夫人，有很多行为本身应该受到谴责，但因为当初的意图是纯正美好的，往往最终都成为了值得称颂的事。"

她俩就这样一问一答地交谈着，共同判断上帝的意愿，预测上帝的决定，玩弄上帝于股掌，强使上帝为一些与己无关的事情操心劳神，承当责任。

这些话讲得相当含蓄，既巧妙又审慎。不过，这个头戴修女帽的圣女的每一句话，都在那妓女愤怒抗拒的防线上攻破一个缺口。随后，谈话稍微偏离了正题，这个戴着念珠的女士谈到她那个教派的修道院，谈到她那个修道院的院长，谈到她自己和她那个身材瘦小的同伴，即她亲爱的圣尼塞福尔修女。她俩都是受命前往勒阿弗尔，去护理医院里几百个染了天花的士兵。她对那种病的患者做了一番描绘，详细介绍了患者的病情。现在，她们两人竟被这个胡作非为的普鲁士军官截在半路上，一大批本来可以获得她们救助的患者眼见就要丧生。护理军人是她的特长，她曾经到过克里米亚、意大利、奥地利。一讲起她所经历的战役，她顿时就尽显久经沙场的修女英姿，似乎她生来就是为了随军转战，在枪林弹雨中抢救伤员的，在那种时刻，她比军队的长官更有权威，往往一句话就能镇住那些目无法纪的兵痞。的确可谓名副其实的随军修女，她那张脸蛋被天花毁容，布满了麻瘢，不正是千疮百孔的战争写照？

她的发言效果极佳。她说完后，没人再有什么可说的了。

一吃完晚饭，大家很快就回房歇息，直到次日上午很晚才下楼。

午饭的气氛甚为平静。大家有意留点儿时间，让头天晚饭时播下的种子发芽开花。

午后，伯爵夫人提议散散步。于是，伯爵按原先商定的方案，挽起羊脂球的手臂，走在最后面。

伯爵对羊脂球说话的口气亲切随和，慈祥关爱，还夹杂着些微的轻蔑，就像一个有身份的男人对妓女说话那样，称她为"我亲爱的孩子"，以自己的社会地位与无可争辩的声望居高临下地对待她，直截了当地切入要害问题：

"看来，您是宁愿让我们滞留此地啰，如果普鲁士军队在战场上失利，我们就会像您一样遭受他们的种种暴行，您为什么不肯随和一点儿，做一次您过去经常做的事情？"

羊脂球沉默不答。

伯爵亲切地好言相劝，晓之以理，动之以情，必要时，他既懂得保持"伯爵先生"的身份,又善于大献殷勤,逢迎讨好,显得风流可爱。他说,如果她解救他们于困境之中,那真是一件功德无量的善举,他们都会对她感激不尽的。随即,他突然嬉皮笑脸,亲密地以"你"昵称羊脂球,说:"亲爱的,你要知道,事后他一定会大肆炫耀,说他尝到了人间尤物的滋味,那是在他本国尝不到的。"

羊脂球仍是一言不答,她快步追上大家。

一回到旅馆,羊脂球立即上楼回房,再也没有露面。大家都坐立不安,忧虑重重。她到底要怎么样?如果她还要抵制,拒不相从,那可就难办到了极点!

到了吃晚饭的时候,大家等她却没有等到。但见旅馆老板走进饭厅,对大家说鲁塞尔小姐身体不适,太太先生们可以先吃了。在座的都竖起耳朵。伯爵凑到旅馆老板跟前,低声问道:"行了吗?"对方答道:"行了。"为了顾全体面,伯爵对他的旅伴们什么也没说,只是轻轻地点了点头。当即,每个人都长长地舒了一口气,如释重负,尽都笑逐颜开了。鸟先生欢呼道:"他娘的!我请诸位喝香槟酒,只要这家旅馆里有!"鸟太太见旅馆老板果然拿着四瓶酒来了,不禁心如刀割。这时,一个个都活蹦乱跳起来,又说又笑,又吵又闹,每个人心里都洋溢着一种放荡的欢快。伯爵突然发现卡雷-拉马东太太原来非常迷人,而她的丈夫棉纺厂主也正开始向伯爵夫人大献殷勤。这一席人的谈话既热烈欢快,又诙谐活泼,妙语连珠。

突然,鸟先生故作惊慌之色,举起双臂,叫了一声:"安静!"众人都不作声了,大感意外,甚至可以说吓了一跳。只见鸟先生两眼抬起望着天花板,侧着耳朵倾听楼上的动静,两手捂在嘴上"嘘"了一声,接着又抬眼望着天花板,再侧耳细听楼上动静,然后才以正常的语音对大家说:"太太先生们,请放心,一切顺利。"

起初,大家不明白他葫芦里卖的什么药,但很快就露出了会意的微笑。

过了十几分钟,鸟先生又把刚才的闹剧重演一遍。此后,这个晚上他还重复这么闹了好几次。他还假装同楼上某个人进行对话,给对方提建议,出主意,语义双关,含沙射影,都是他那推销商的脑袋才能想得出来的。有时,他又装出一副愁眉苦脸的样子,悲叹道:"可怜的姑娘哟!"或者就假装咬牙切齿,恨恨地咕哝咕哝:"普鲁士无赖,干你的吧!"还有的时候,大家都不再想那件事了,他却以颤音又一连喊了几声:"够了!够了!"接着,仿佛在自言自语地说:"但愿我们还能见她活着回来,可别让那畜生把她搞死啦!"

这些玩笑虽然粗鄙下流,但却使大家开心好笑,并未引起任何人的反感。要知道,愤怒也和其他感情一样,取决于环境氛围,而目前,在这些人周围所逐渐形成的氛围里,则充斥了猥亵淫邪的意念。

到饭后吃点心的时候,几位女士也含沙射影,讲了些语义双关、内容微妙的俏皮话。每个人的眼神都春光明亮。他们都开怀畅饮。伯爵先生毕竟不同凡俗,即使在此放任自流的时刻,仍坚持庄重矜持的风度。他打了一个深得大家赞赏的比喻,说北极的冰封期已经结束了,冰川中的一群被困者,眼见驶往南方温暖地带的水道已经畅通,莫不欣喜若狂,欢呼雀跃。

鸟先生乐不自禁,他站起身来,手举一杯香槟酒,欢呼:"为庆祝我们的解放干杯!"所有的人都起立,为他叫好喝彩。两位修女难却几位太太的盛情相劝,稍稍抿了抿她们从未沾过的这种泛泡沫的酒,品味之后说,这酒有点儿像柠檬水,不过味道要好多了。

鸟先生出一妙语,把此时的情景做了一个概括:

"只可惜没有钢琴,要不然就可以跳一场四对舞。"

科尔尼代一言不发,没有任何举动。他看来沉浸在极其严肃的思考之中,有时,他狠狠拽一拽自己那一大把胡子,似乎还要将它拉长。将近午夜,大家终于要散了。鸟先生显然喝多了,走起路来便摇摇晃晃,他过去突然拍拍科尔尼代的肚子,含糊不清地对他说:"您啦,今天晚上,您怎么不高兴,一句话也不讲,公民?"不料科尔尼代猛然抬起头,两眼射出凶光,把在座的人扫视一遍,说道:"我要告诉你们这些人,你们刚才的行为卑鄙透顶!"说罢起身,走到门口,又重复了一遍:"卑鄙透顶!"然后扬长而去。

这无疑是劈头一盆冷水。鸟先生十分难堪,一时呆若木鸡。不过,他很快缓过神来,镇定如常,随即,突然捧腹大笑,反复说道:"葡萄太酸,老兄,葡萄太酸,自己吃不上,就说葡萄太酸。"大家都不明白是什么意思,于是,他就把"走廊里的秘密"和盘托出。众人一听,精神重振,又大大乐了一番,几位太太更是乐疯了。伯爵与卡雷-拉马东先生笑得直流眼泪。他们简直不相信有这等事。

"怎么!您敢肯定?他真要……"

"跟你们说吧,这是我亲眼所见。"

"而她,她竟然拒绝了……"

"就因为那普鲁士人就住在隔壁房间。"

"这不可能吧？"

"我向你们发誓，的确是这么回事。"

伯爵笑得喘不过气来。那位棉纺厂厂主则双手捧腹。鸟先生继续将那民主党人置于死地：

"所以，你们都明白了吧，今天晚上，他对这件事笑不出来，一点儿也笑不出来。"

三个男人又放声大笑，笑得肚子疼，笑得喘不过气，笑得连连咳嗽。

大家笑完，尽兴而散。鸟太太生性浑身是刺，当夫妇二人刚上床躺下，她便向丈夫指出，卡雷-拉马东太太那个"小骚货"，整个晚上都强颜欢笑，她说："你知道，女人如果是迷上了穿军装的，她就不管是法国人还是普鲁士人，反正大兵丘八全都一样。我的天啦，这还不丢人现眼吗！"

整整这一夜，在黑暗的走廊里，不断有一些轻微的动静，轻得难以察觉，有时像是呼吸的气息，有时像是光脚走过地面的声音，有时像是不易听见的房门开关的咯吱声。毋庸置疑，大家很晚很晚才睡，各个房间门下的缝隙还久久透出灯光。这都是香槟酒作祟的结果，据说，喝了香槟就睡不着觉。

第二天天气晴朗，冬天的阳光普照大地，把雪原照得明亮耀眼。驿车总算套上了马，停在门外等候。一大群白鸽子，粉红眼睛黑眸子，脖子缩在丰厚的羽毛里，庄重地在六匹马腿下踱来又踱去，啄开刚刚拉下的还在冒热气的马粪，在其中觅食。

车夫裹着一件羊皮袄，坐在车座上抽烟斗。全体旅客都兴高采烈，催促旅馆伙计快快包好食物，以备在旅途中食用。

只等羊脂球一人了。她露面了。

看起来，她有点儿不安，有点儿羞愧，怯生生朝旅伴们走去。可是，他们都不约而同地故意扭转脸去，好像根本就没有看见她。伯爵先生庄严地挽起他夫人的手臂，拉她躲开羊脂球，以避免有不干净的接触。

胖姐儿不禁愕然，停下步来，好不容易才鼓起勇气，向棉纺厂厂主的太太谦恭地道了一声："早上好，太太。"对方极为傲慢，只轻轻点了点头，瞥了她一眼，带着一种似乎自己的贞操受到了侮辱的眼神。每个人都显得很忙，都离她远远的，好像她的衣裙带来了传染病。接着，大家又急忙朝驿车一拥而去，羊脂球一人落在最后。她独自上了车，一声不响坐到她前一段旅程坐的老位子上。

大家对她都视而不见，似乎压根儿就不认识她。更有甚者，鸟太太远远地对她怒目而视，低声对丈夫说："谢天谢地，我没有挨着她坐。"

笨重的马车摇摇晃晃起来，又重新上路了。

起初，大家缄默不语。羊脂球连眼皮也不敢抬。她这时既感到气愤，恨这些同车人伪善地把她推进了那个普鲁士人的怀抱，又感到羞愧，后悔自己让了步，遭到了那家伙的玷污。

不一会儿，伯爵夫人打破这难堪的沉默，转向卡雷-拉马东太太说：

"我想，您一定认识德·埃特雷勒夫人吧？"

"是的，我跟她是朋友。"

"的确迷人可爱！她非常出类拔萃，学识极为渊博，通晓各种艺术，歌唱得好，绘画也很精彩。"

棉纺厂厂主正在与伯爵闲聊，在车窗玻璃震响的杂音中，不时可以听见息票、到期票据、手续补贴费、到期等等这些字眼。

鸟先生夫妻在玩纸牌。这副纸牌是他从旅馆里顺手牵羊偷来的，它在旅馆不干不净的桌子上蹭来蹭去已有五年之久，早已是满身油污了。

两个修女从腰带上取下长串的念珠，一同在胸前画了个十字，嘴唇随即急速地嚅动，而且越动越快，咕咕哝哝背着祈祷文，快得像是在进行比赛；她们还不时吻一吻一块圣像牌，吻完再画一个十字，接着，嘴唇重又快速地嚅动。

科尔尼代坐在那里沉思，一动也不动。

马车行驶了三个小时，鸟先生把牌收了起来，说了一声："肚子饿了。"

于是，他的老婆拿起一个用细绳扎着的食品包，取出一块冷牛肉，麻利地切成整齐的薄片，两口子就享用了起来。

"我们也吃点儿东西吧。"伯爵夫人说。大家欣然同意，她便打开为其余两家准备的食品包。其中有个椭圆形的罐子，盖上有一只彩釉的兔子，表明里面装的是野兔肉，那肉鲜美之至，还拌着其他的碎肉末，棕色的兔肉上还流淌着白色的油脂。食品包里还有一大块瑞士产的干酪，用报纸裹着，报纸上的"社会新闻"四个大字，还印在油乎乎的干酪上。

两位修女从包里取出一段香肠，它散发着浓浓的大蒜味。科尔尼代同时把双手插进他肥大外套的口袋里，从一个口袋里掏出四个煮鸡蛋，从另一个口袋里取出一块面包。他把蛋壳剥去，往脚下的干草里一扔，就吃起鸡蛋了，蛋黄的渣子沾在他大胡子上，就好像一颗颗星星。

羊脂球今早起床匆匆忙忙，慌慌张张，什么都没有想到，她见这些旅伴心安理得在享用美食，不禁义愤填膺，怒火中烧，几乎喘不上气来。她火急攻心，全身发抖，一连串骂人的话已经涌到嘴边，却因为气急败坏竟一句也吐不出来。

没有人看她一眼，也没有人想到她。她感到自己已被淹没在这些衣冠禽兽的轻蔑里，这些家伙先是把她当作祭品献给普鲁士人，而后又把她当作一件无用而肮脏的东西抛弃掉。这时，她想起她那只篮子，里面装了那么多好吃的东西，有两只油亮油亮的熟冻鸡，有馅饼，有梨，还有四瓶波尔多红葡萄酒，这些东西全被这几个混蛋一扫而光了。然而，绳子拉得太紧总要绷断，这时，她气到了极点，怒火却陡然平息下来。她只感到自己快哭出来了。她拼命忍住不哭，全身绷得直发僵，她像孩子似的把呜咽往肚子里吞，但泪水还是往上涌，在眼圈里闪闪发亮，终于，两颗大大的泪珠夺眶而出，顺着脸颊缓缓流下。随后，泪珠又源源流出，在脸上淌得更快，随即一滴一滴按顺序落在她那滚圆的胸脯上，就像从岩石缝里渗出来的一颗又一颗水珠。她直挺挺地坐着，两眼呆视着前方，苍白的脸绷得紧紧的，只希望别人不要看她。

可是，伯爵夫人偏偏都看在眼里，便对她丈夫使了个眼色。伯爵耸了耸肩，似乎在说："有什么办法呢？这可不能怪我。"鸟太太则露出幸灾乐祸的微笑，咕哝了一句："她觉得丢脸，所以哭了。"

两位修女把吃剩的香肠卷在纸里，又开始做祈祷。

科尔尼代正在消化刚吃下去的鸡蛋，两条长腿伸到对面的座位底下，身子往后一仰，两臂交叉在胸前，微微一笑，那神情似乎是说他想出了一个捉弄旅伴的妙法子。果然，他打起口哨吹着《马赛曲》。

大家的脸色都阴沉下来。毫无疑问，这支平民大众的歌曲，很叫他身边那几位上层人士极不高兴。他们立即就烦躁起来，恼怒起来了，一个个仿佛都要大声嗥叫，好像狗听见了手摇风琴的声音就要狂吠一阵。科尔尼代见此情状，就越是吹个没完没了，有时，还故意把歌词也唱出来：

  对祖国的爱最为神圣，
  将我们复仇的手臂引导支撑，
  自由，自由，无比珍惜的自由，
  快来跟你的捍卫者一起战斗。

雪地硬实了一些，马车也就行驶得比较快了。但是在到达迪耶普之前，这些太太们先生们饱受了颠簸之苦，挨过了一段漫长难熬的时间，因为从夜幕初降，到马车里一片漆黑之后，科尔尼代一直在固执而残忍地吹口哨。他这单调而带有报复性的哨声，迫使那些既疲乏又恼火的旅伴，耳朵里充满了它，脑子跟着它转，并且随着每一个节拍，被迫想起相应的那些革命性的歌词。

羊脂球一直在饮泣；夜色茫茫，有时在歌曲的两个节拍之间，传出她未能忍住的一声呜咽。

月 光

马里尼昂[1]长老的这个名字,威武壮烈,富有战斗性。人如其名,他个头儿高大,骨骼嶙峋,有狂热的精神,心气总是昂扬激奋,为人行事则刚毅正直。他的信仰坚定执着,从没有发生过任何动摇。他由衷地认为自己很了解他的天主,知悉天主的打算、意志与目的。

当他迈着大步在他那小小的乡间本堂神父宅院的小径上散步的时候,脑子里会经常冒出这样一个问题:"为什么天主要这样做?"于是,他设身处地替天主考虑,殚思竭虑地去找寻答案,几乎每次他都能找得到。他决不会怀着一种虔诚的谦卑感喃喃低语:"主啊,您的旨意深不可测。"他总是这么想:"我是主的仆人,应该知道他做每一件事的道理,如果不知道,那就应该把它猜出来。"

在他看来,世上的万物,都是按照绝对合理、极其神奇的法

---

[1] 意大利城市,1515年、1859年,法国军队都曾在这里大败瑞士人、奥地利人。

则创造出来的,有多少个"为什么",就有多少个"因为",两方面完全对称平衡。创造晨曦是为了使人类苏醒、生机蓬勃,创造白天是为了使庄稼成熟,创造雨水是为了灌溉庄稼,创造黄昏是为了酝酿睡意,创造夜晚是为了入睡安眠。

四时节令完全与农事的需要相应相和,这位神父从不认为大自然中没有冥冥天意,也从不认为世上有生命的万物,无须适应时节、气候与物质的严峻必然性。

但他憎恶女人,不自觉地憎恶女人,本能地蔑视她们。他经常重复耶稣基督的这句话:"女人,你我之间有何共同之处?"而且,他还要加上一句:"天主本人,也对女人这个造物深感不满。"在他看来,女人正如有的诗人所说,是那个十二倍不纯洁的孩子。她是勾引了第一个男人亚当的诱惑者,而且,一直在继续干这种引人下地狱的勾当,她是软弱、危险、具有不可思议的蛊惑力的生灵。他仇恨她们招人堕落的肉体,他更仇恨她们多情的心灵。

他常常感觉到,她们的柔情也冲着他来,虽然他自认为是刀枪不入的,但对这种在她们身上颤动着的爱之需求,他甚为恼火。

在他看来,天主把女人创造出来,仅仅是为了逗引男人、考验男人。跟女人接近的时候,就该小心谨慎,多加戒备,提防落入陷阱。实际上,女人朝男人玉臂张开、朱唇微启之际,岂不就是一个陷阱?

他对修女们尚能宽容,她们立过誓,许过愿,这使她们不至于危害男人。但即使是对她们,他的态度也甚为严厉,因为,他感觉到,在她们那些被禁锢的心、被压抑得抬不起头来的心之深处,仍然存在着那种永具活力的柔情,这柔情甚至也向他流露,尽管他是位神父。

这种柔情,他能从她们比男修士更虔诚的湿润的眼光里感觉得到,能从她们混杂着性感的恍惚神情中感觉得到,能从她们对耶稣基督爱之冲动中感觉得到,这种爱常使他恼怒,因为这是女人的爱,肉体的爱。甚至,他还能从她们驯良的态度中、从她们说话时温柔的声音中、从她们低垂的眼睛中、从她们遭他严厉训斥时委屈的眼泪中感觉得到那该死的柔情。

因此,每当他从修道院里出来的时候,他总要抖一抖自己的道袍,然后迈开大步急忙离去,就像要赶快避开某种危险似的。

他有一个外甥女,跟她母亲住在附近的一所小房子里。他一直在使劲让她去当修女。

她长得很漂亮,缺心眼儿,爱嘲弄人。当长老说教、训人时,她就咯咯发笑;当他冲她生气时,她就使劲吻他,把他搂在自己的心口上,这时,他本能地竭力要从这搂抱中脱身出来,但她的搂抱却使他体验到一种美妙的喜悦,在他身上唤起了一种父性的温情,这种温情在所有男人内心里往往是沉睡未醒的。

他常常在田野的路上,和她并排行走的时候,向她谈论天主,谈论他的天主。她心不在焉,几乎全没有听进去。她望着天空,看着花草,眼睛里洋溢着一种生之欢快的光辉。有时候,她扑过去抓一只飞虫,一抓到就喊道:"舅舅,你瞧,它多么漂亮,我真想吻它。"她这种想要"吻飞虫"或者吻丁香花粒的念头,使神父深感不安,甚至颇为恼怒,他从这里又发现了在女人内心中根深蒂固、难以铲除的那种柔情。

圣器管理人的老婆是替马里尼昂长老干家务活儿的,一天,她转弯抹角地告诉长老,他的外甥女有一个相好的。

他一下就愤怒到了极点，站在那里连气都透不过来，满脸都是肥皂泡沫，因为当时他正在刮胡子。

当他定下神又能说话之后，就高声嚷了起来："没有的事！你撒谎，梅拉尼！"

但是，那个乡下女人却把手搁在心口上，说："我要是撒了谎，让天主惩罚我，神父先生。我告诉您吧，每天晚上，您姐姐一睡下，您外甥女就出去。他们在河边见面。您只要在十点到十二点之间去看看就行了。"

他顾不上刮下巴了，开始急速地踏着重步走来走去，就像平时他考虑严重问题时那样。当他又开始刮脸的时候，从鼻子到耳朵竟一连刮破了三刀。

整个这一天，他一声不吭，满腔恼怒，义愤填膺。作为神父，他在这种本性难移的爱欲面前感到恼火，作为道义上的父亲、监护人与灵魂导师，他因自己被一个女孩儿欺骗、隐瞒、愚弄而更加激怒，就像有些父母因为女儿既未通知他们也未征求他们的同意就宣布嫁了一个丈夫那样气急败坏。

晚饭后，他试着读一点儿书，但他办不到。他的火气越来越大，十点钟一敲响，他就操起他那根手杖，一根很可怕的橡木棍子。平时，他夜晚出诊看望病人，就是靠这根棍子走夜路。他瞧着这根粗大的木棍，脸上露出了微笑，他用自己那乡下人强有力的手腕抡了几圈，气势汹汹，凌厉逼人。猛然，他把棍举起，咬牙切齿，朝一把椅子劈去，椅背就立刻裂开倒在地板上。

他开门出去，但在门口停了下来，他不胜惊奇，眼前一片皎洁的月光，是他从来没有见过的那般美。

正因为他生来具有敏感热烈、昂扬激奋的心灵，而基督教早期教会那些圣师们，也就是那些爱沉思梦想的诗人们所具有的，也正是这种心灵，所以，这一片白蒙蒙夜色的崇高而宁静的美，一下就深深打动了他，使得他心荡神驰。

在他那个小花园里，一切都沐浴在月色的柔光之中，排列成行的果树，将它们新披上的嫩绿枝条投影在小径上；攀附在他家墙壁上的大忍冬藤，散发出一阵阵清香甜美的气息，似乎在温和清丽的夜里，有一个芳菲馥馥的精灵在飘忽。

他开始深深地呼吸，大口大口地吸气，如同醉汉尽情狂欢，这样，他就放慢了脚步。当此良宵美景，他心醉神迷，赞叹不已，一时竟把外甥女的事抛到了脑后。

他一到田野上，就停下步来，举目朝平原望去，但见大地沉浸在温柔的月光之中，淹没在宁静之夜情意绵绵的魅力里。青蛙一刻不停地将它们短促而铿锵的鼓噪声投向夜空；远处，夜莺在不断地歌唱，引人入梦而扰人思索，那轻柔颤抖的歌声是专为爱情而发的，更增添了月光撩人的魅力。

长老又开始向前走。不知为什么，他感到心里发虚。他觉得突然有些气馁，全身的力气顿时消失。他只想坐下来，待在那里，从眼前天主所创造的这一片景物中去思索、去赞美天主。

那边，沿着曲折的小河，有一大排杨树蜿蜒而行。在陡峭河岸的周围与上空，笼罩着一片薄薄的水汽，一片白色的轻雾，经月光一照射，就像镀上了一层银辉，闪闪发亮。轻雾裹着弯弯曲曲的河道，好像一层轻盈则透明的棉絮。

长老又一次停下步来，他觉得心灵深处所受到的感动，越来越强烈，再也难以自持。

但是，有一个怀疑、有一种说不清的焦虑从他心底油然而生。过去他向自己提出过很多问题，现在，他感到其中的一个又开始困扰他了。

天主为什么要创造出眼前的良宵美景？既然夜晚是为了睡眠，为了无思无虑，为了松弛休息，为了浑然忘忧，那么，为什么要使得它比白天更富有诱惑力？比清晨、比黄昏更美好动人？为什么这个徐缓移行、清澈迷人的星体要比太阳更富有诗意？为什么它是那么端庄蕴藉，似乎生来就是为了映照世上那些太神秘、太微妙而不宜于光天化日照射的事物，为什么它还得以将黑暗也映照得如此通体透明？

为什么善于歌唱的鸟类中歌唱得最美妙的鸟儿，偏偏不像同类那样在夜里安睡，而是在撩人的月影中欢唱？

为什么给大地蒙上这层半透明的轻纱？为什么心儿这么颤动？灵魂这么充满激情？肉体这么疲乏？

既然人们已经在床上入眠，看不见这一切，为什么还要展示这迷人的美景？如此绝妙的夜色，如此从天而降的诗情画意，这一切究竟是为谁而安排的呢？

对此，长老实在难以理解。

但是，你瞧，在那边，草地的尽头，银色的轻雾笼罩着树枝交错所构成的拱穹，突然从那下面出现了两个人影，他们肩并肩地在散步。

那男的个子较高，他搂着女伴的脖子，不时去吻吻她的前额。那静止的夜景包容着他们，就像是专为他们而设的画面，他们的出现立刻使这夜景充满了生气。他们两个人，看上去像是浑然一体，这寂静安宁的夜，就是专为他们而设的。他们朝长老这个方位走过来，似乎就是一个活生生的答案，是他的天主对他刚才那个提问所做的回答。

他呆立在那里,心口直跳,茫然不知所措。这时,他仿佛看到了《圣经》上的某种事情,就像路得与波阿斯[1]的相爱,已经出现在他眼前,在圣书所描述的神圣背景上,天主的意志正体现出来。他脑子里响起了《圣经》中雅歌篇的诗句,那是激情的呼声,是肉体的召唤,是燃烧着爱情的诗篇中全部炽热的诗意。

于是,他这样想:"也许,天主创造这样的夜晚,就是为了给人间的爱情披上理想的面纱。"

这一对情侣互相搂着腰逐渐走过来,他则不断地向后退。那女的正是他的外甥女。但这时他所考虑的,不是他会不会违反天主的旨意。既然天主明显地用如此美好的光辉烘托爱情,难道会不允许男女相爱?

他向后逃走了。不仅心慌意乱,而且羞愧难当,似乎是他闯进了一所他根本无权进入的庙堂。

---

[1] 《旧约·路得记》载,遵照上帝的意志,路得与波阿斯结为夫妇。

幸 福

　　这是上灯之前的饮茶时间。别墅居高临下，俯瞰大海；太阳已经西沉，在身后洒下满天红霞，如迷漫着茫茫一片金粉。地中海上风平浪静，水波不生，未见一丝漪涟，那洋面在残阳映照下闪闪发亮，看上去像一块巨大无比、整洁光滑的金属平板。

　　在远方，靠右边，层峦叠嶂，如锯齿形的山峰，在紫红的晚霞中凸显出黑魆魆的身影。

　　饮茶的一圈人正在谈论爱情，大家围绕这个古老的话题议论纷纷，却又不外是一些老生常谈之见。黄昏时分淡淡的忧郁，使得谈话格调徐缓，带有温馨色彩，并且令谈论者心里荡漾着柔情，但听见"爱情"这个字眼，反复不断地在谈话中出现，男客们以阳刚洪亮的声音说出来，女客们则以柔柔轻灵的音调说出来，一时间，整个小客厅的空间里都充满了这个字眼，它像鸟儿一样在飞翔，像精灵一般在盘旋。

　　一个人的爱，能经久不变、持续多年吗？

　　"能"，在座的有些人这么认定。

　　"不能"，另一些人则如此断言。

于是，大家区分不同的情况，设定种种界说，举出一些事例；所有在座的人，不论是男人还是女人，都沉浸在各自的回忆之中，种种回忆不期而至、突如其来，撩人心弦，扰人心绪，令人话到嘴边却又不便启口，这些客人满怀着隐秘的激情与热烈的兴趣，谈论着爱情这既凡俗又高尚的事情，谈论着一男一女之间神秘而温柔的结合，个个显得热情洋溢，激动异常。

突然，有一个人，眼睛眺望着远处，大声嚷道：

"喏！大家瞧，那边，那是什么？"

在天边，海面上浮现着一个灰蒙蒙的庞然大物，轮廓模糊不清。

女客们都站起身来，直盯着那个她们从未见过的惊人之物，弄不清那究竟是什么东西。

有一位客人指点道：

"那是科西嘉岛！每年有那么两三次，在某些特殊气候条件下，遇上天朗气清的时候，没有水蒸气形成的雾霭挡住视线，就可以从远处看见它。"

岛上的山脊隐约可辨，有时还能望见山峰上的积雪。见海上冒出这么一个幽灵，众人不胜惊异，颇感不安，甚至还有点儿恐惧。也许只有那些像哥伦布一样，去过未知海域的人，才见识过这种奇特的海景。

这时，有一位还没有开口说过话的老先生，说起来了：

这个岛出现在我们面前，似乎就是为了给我们刚才所讨论的问题一个答案，它勾起我在这个岛上的一段奇特的回忆，那是我所见到过的经久不渝爱情的一个范例，一个幸福得令人难以置信的爱情故事。

我讲给诸位听听：

五年前，我到科西嘉岛上做过一次旅行。这个蛮荒的小岛，对我们法国人来说，比美洲还要陌生，还要遥远，虽然，站在法国的海岸上，有时就能望见它，就像现在这样。

请诸位想象一下，一个处于混沌状态的世界是什么样子吧，山峦起伏，如波涛汹涌，山与山之间，是狭窄险峻的沟壑深渊，其中水流湍急，奔突骇然，在这个世界，无一马平川可言，只有形如惊涛骇浪的巨型花岗岩，还有如巨浪起伏的地块，上面密布着丛薮以及栗树、松树的林莽。这是一片荒芜不毛，未经耕种过的处女地，尽管有时也能见着个把村落，但那也只像是光秃秃山巅之上的一堆岩石。没有农田耕耘，没有工艺制造，没有艺术文字。你永远见不到一块加工过的木头，一个雕刻过的石块，永远见不到一件历史文物足以说明岛上的人类祖先，对美好优雅的事物有过朴素的或讲究的爱好。世人通常将对完美形式的追求称为艺术，然而，令人最为惊讶的是，在这个景色粗犷壮丽的地方，世世代代的人对此竟然漠然以对，无动于衷。

在意大利，每一座充满了艺术品的宫殿，本身就是一个艺术杰作，在那里，大理石、木头、铜、铁、金属与石头，所有这些原材料都有人类的艺术才华附丽于其上；在那些古老建筑中陈列出来的文物，哪怕是最微小最次要的，都显示出了这种对美的崇高追求。因此，意大利对我们每个人来说，就是神圣的祖国，我们爱它，是因为它向我们展示了、证实了人类创造性智慧的能动性、伟大、威力与辉煌。

与意大利隔海相对的是科西嘉岛，它蛮荒不化，仍处于自己的原始时代。那里的人，住在简陋粗糙的房子里，凡是与自己的生活或与家族的纠纷无关的事，都一概漠不关心。他们仍保持着未开化民族的缺点与优点，性子暴烈，好记恨报仇，凶狠残暴，出自本能而浑然毫不自觉，然而，他们却又热情好客、慷慨大方，忠义不渝，纯朴率真；他们总是打开自己的家门，欢迎每一个路过的旅人，你哪怕只向他们表示一丁点儿善意，他们也会以赤诚的友情相报。

嗯，我在这个景色壮观的岛屿上漫游了足有一个月，颇有远离故土、到了天涯海角之感。碰不见旅店，找不到酒家，也没有公路。你沿着骡子走的小道，来到悬挂在半山腰、面临着万丈深渊的村落，那里，晚上可以听见从深渊底下传来的响声不绝于耳，那是急湍的水流沉闷而悠长的呜咽。你敲响村民的家门，要求借宿一夜并得到一些吃的东西。你得到了接待，吃上主人提供的粗茶淡饭，睡在简陋的房子里；到了第二天早晨，主人与你握手告别，并一直把你送到村口。

有一天，我步行了十个钟头以后，在傍晚时分，来到了一所孤零零的小屋跟前，这小屋坐落在一条狭窄的峡谷之中，沿着峡谷再走一里路就到海边。峡谷两边是陡峭的山坡,坡上覆盖着密密的丛薮与参天大树,散落着一些坍落的岩石,像两道阴郁郁的墙壁,夹住这一条凄惨悲凉的山谷。

茅屋周围,有几株葡萄,一片小园子,稍远处还有几株高大的栗树,这一切就够维持生活了,在此穷乡僻壤,算得上是一份家当。

接待我的是一个老妇人,她神态端庄,衣着整洁,这在当地是很少见的。男主人坐在一把草椅上,站起来向我致意后,又坐下去,始终没有吭一声,他的老伴儿对我说:

"请原谅他,他现在耳聋,他今年八十二岁。"

老妇说的是纯正的法语,这使我感到惊奇。

我问她:

"您不是科西嘉人吧?"

她答道:

"您说对了,我们是法国本土人。但住在这里已经有五十年了。"

竟然远离繁荣热闹的城市,生活在如此凄凉荒僻的角落,而且一过就是五十年,想起来就叫人感到恐惧,令人不安。这时,一个老牧人回来了,大家开始吃晚饭,餐桌上只有一道菜,是用土豆、肥肉与白菜一锅炖的浓汤。

这顿简简单单的晚饭很快就吃完了。我来到门前坐下,眼前凄凉景色的忧郁情调使我心境一黯,大凡旅人客走他乡,每遇凄清之夜,每至荒僻之处,那是无不心境黯然、愁绪陡增的。此时似乎觉得世界上、生活中，一切的一切都快寿终正寝了，突然之间，人生可怕的苦难，人间的伶仃孤独、万物的虚无渺小、内心的寂寞空虚，都一涌而来，呈现在你眼前，打破了一直到死都以梦想来自我陶醉、自我欺骗的虚幻心境。

老妇人来到我跟前，显然是受好奇心的强烈驱使，这种好奇心即使是在最听天由命、随遇而安的人身上，也是在所难免、根深蒂固的。

"您是从法国来的？"她问。

"是的，我出来游山玩水。"

"也许您是来自巴黎？"

"不，我来自南锡。"

我觉得她似乎特别激动，这一点我是怎么看出来的，或者不如说是怎么感觉出来的，那我就说不清了。

她慢慢地重复了一遍：

"您来自南锡。"

那个中年男人出现在门口，像任何聋子一样，脸上毫无表情。

她接着说：

"没有关系，他听不见。"

过了几秒钟，她又问：

"这么说，您在南锡认识很多人？"

"是的，很多很多人我都认识。"

"认识圣阿莱兹家族的人吗？"

"是的，当然认识，他们是家父的朋友。"

"请问您尊姓大名?"

我报了我的姓名。她眼睛直盯着我,然后用回忆起往事的那种喃喃低语说:

"是的,是的,我想起来了,布利瑟玛尔一家子,他们现在怎么啦?"

"全都去世了。"

"哦!西尔蒙一家子,您认识吗?"

"认识,辈分最小的那位现在当了将军。"

这时,她显得很激动,很不安,显得充满了一种我也说不清的神圣、强烈而又含混的感情,显得有一种我无以名状的、想要袒露自己的需要:承认一切,道出一切,说道说道那些长期以来一直深藏在心底的往事以及一直搅动着内心世界的故人,她心情如此之不平静,因此,说起话来就浑身哆嗦了:

"是的,那位就是亨利·德·西尔蒙,我知道他,他是我的亲弟弟。"

我大吃一惊,深感意外,我抬眼看她,猛然,我想起了一件陈年往事。

从前,发生过一个特大事件,轰动了整个洛林地区的贵族阶层,一个年轻、美貌而又富有的姑娘,苏姗·德·西尔蒙,被人拐跑了,拐带者就是苏姗父亲指挥的那个轻骑兵团里的尉官。

那个引诱了团长千金的军官,是个英俊漂亮的小伙子,虽然是农家子弟,但穿上轻骑兵的蓝色带花纽的军服,很是神气。大概是在骑兵列队经过的时候,苏姗小姐看见了他,对他一见钟情。至于小姐是怎么跟他说上话的、他俩是如何约会的、是如何互通心曲的,而小姐又是怎么敢于让对方明白她芳心垂爱的,那一切就永远无人知晓了。

两人的恋情,当时进行得人不知、鬼不觉,谁也没有洞察,谁也没有预感。有一天夜晚,那位士官值完勤之后,就与苏姗小姐一道消失了,大家多方搜寻,但没有找到他们,从此就再也没有这两个人的消息,久而久之,人们认为小姐已经死了。

而我却在这个荒凉的山谷里遇见了她。

于是,我对她说:

"是的,我记起来了。您就是苏姗小姐。"

她点点头表示承认。大颗大颗的泪珠从她眼里掉出来。接着,她朝呆坐在茅屋门口的那个聋老头儿看了一眼,对我说:

"就是他。"

我明白了,她一直是爱着他的,直到现在,看他的时候,仍带着眷恋的眼光。

我问道:

"至少,您过去一直很幸福吧?"

她以一种发自内心的声音回答说:

"啊!是的,非常幸福,他使我太幸福了,我从来没有后悔跟了他。"

我凝视着这个老妇,既感到悲哀,又感到意外,爱情的力量竟大如斯,真是叫人惊叹!一个富家小姐,跟了一个泥腿子男人，竟从一而终。到头来，她自己也变成了一个满身泥土的农妇。她接受了对方那种没有任何魅力、任何奢华、任何风雅的生活，她将就并习惯这个男人的简陋。她挚爱这个男人，经久不渝。长年累月，她变成了一个头戴便帽、身穿布裙的乡下女人。她坐在草椅上，面对着粗木桌子，用一只瓦盆，喝白菜土豆肥肉汤。她傍着这个男人睡在一条草垫上。

除了这个男人，她什么都不在乎，她只在乎他！她毫不惋惜失去了金银首饰、绫罗绸缎、风雅标致，华丽软榻以及帷幕垂垂、香气暖暖的闺房，还有那使得玉体倍感温暖舒适的鸭绒被。除了这个男人，她什么也不需要，只要有他在身边，她就什么都不希求了。

她年纪轻轻就抛弃了奢华生活、红尘世界以及养育她、钟爱她的亲人。她跟着这个男人，来到了这个蛮荒的山谷。对她而言，这个男人就是一切，就是一个人所需求的一切，所梦想的一切，日日夜夜期待的一切，永远希望的一切。这个男人使得她一生从开始到终结，都充满了幸福。

她不可能比这更幸福了。

整整那一夜，我听着那位老兵沙哑的鼾声不绝于耳，他躺在自己那张简陋的床上，身边睡着那个不远万里跟他私奔而来的女人。而我，则默想着这一个奇特而又简单的爱情故事，思索着这种爱情竟是如此之完美，而其索求竟是如此之少！

第二天早晨，太阳出山之时，我握别了这一对老夫老妻，就动身离去。

讲故事的老先生停了下来。在座的一位妇女大发高论说：

"不管怎么说，这个女子的爱情理想未免太肤浅，她的需要太原始，要求太简单。她只不过是个傻瓜。"

另一位妇女则慢吞吞地说：

"其他都无关紧要！只要她自己幸福。"

在那远远的天边，科西嘉隐入夜幕之中，又渐渐沉回海底，抹去了自己巨大的身影，似乎它刚才现身显形，只是为了讲述栖居于其岸上的那一对卑微情人的故事。

戴奥菊尔·萨波的忏悔

只要萨波一走进马丹维尔的那家小酒店,满屋子的人准都会乐起来。这么说来,萨波这家伙一定是很滑稽可笑啰?至少,他可算得上一个跟神父不对劲的主儿!啊,不对劲得很哩!不对劲得很!这个无法无天的家伙恨不得把神父都一口吞下。

戴奥菊尔·萨波,木匠师傅,在马丹维尔当地,代表着激进派。他个子高挑,身材瘦削,灰色的眼睛透出狡黠的神情,头发紧贴着两鬓,嘴唇薄如刀片。当他以古里古怪的腔调这么称呼"咱们的酒仙圣父"时,旁边的人无不捧腹大笑。他别有用心,故意在礼拜天大家望弥撒的时辰开工干活儿。每年圣难周的礼拜一,他偏要宰一头猪,为了一直到复活节都可以吃上猪血灌肠。每当他见本堂神父走过,就像开玩笑似的损上一句:"瞧,这一位刚刚在自己的店铺里把他的天主吞掉了。"

神父长得又胖又高,对萨波损人的玩笑话颇为畏惧,因为,他这种话哗众取宠,为他赢得了不少拥护者。马里第姆神父热衷于政治,喜欢玩弄手腕,是当地精明的中产阶层之友。神父与萨波之间的较量角力,经年累月,已有十年之久,这争斗看似无形,实则激烈，且从未停歇。萨波是市镇参议员，公众普遍认为，他将会当选为镇长。他一旦当选，那简直就是教会的彻底失败。

眼看选举即将举行，马丹维尔的教会派为此而忧心忡忡。为了寻求对策，本堂神父在一天早晨动身去了鲁昂，他告诉女仆说，他要去见主教。

两天后，他回来，喜形于色，得意扬扬。次日，大家得知，教堂里的圣坛要整修翻新了。主教大人自掏腰包，献出六百法郎作为修缮费。

所有用松木做的神职祷告席都要拆掉，换上用橡木做的新祷告席。这是一笔巨大的细木工承包生意，当天晚上即成为了家家户户议论的话题。

戴奥菊尔·萨波没有心情再笑了。

第二天，他出门走过村里，左邻右舍，亲戚朋友，不论是友好的还是怀有恶意的，都开玩笑似的问他：

"教堂里那个圣坛，是不是要你去翻修？"

他不知如何回答，憋了一肚子火，心里着实恼怒至极。

那些精于算计的家伙还说：

"这可是一笔好生意，至少有二三百法郎可赚。"

过了两天，传说修缮工程将交给贝尔榭镇的塞莱斯丁·尚布朗木匠。后来，有人说这消息不确实，接着，又有人说，教堂里所有的长凳都要翻新。这项工程就需要两千法郎，这笔经费已呈报政府当局待批。这件事更是引起了极大的轰动。

戴奥菊尔·萨波失眠了。在人们的记忆中，当地的木匠师傅从未承包过如此大规模的工程。不久，又有了新的传闻。人们私下里在说，本堂神父实在是不得已，要把这项工程承包给外地人。但萨波则持反对意见，不同意将工程交给外镇人。

萨波风闻此一传言，赶紧趁天色暗下来的时辰去了本堂神父的住处。女仆告诉他神父在教堂，他又匆匆赶到教堂去。

两个许愿终身侍奉圣母的酸溜溜的老姑娘，正在神父的指导下布置祭坛，以迎接圣母节的来到。神父站在祭坛的中央，挺着大肚子，指挥两个修女，她们正爬上椅子，在圣体柜的周围摆放一束束花朵。

萨波像是走进了与自己势不两立的仇人家里一样，觉得浑身不自在。但赚钱的欲望在他心里火烧火燎，他放下架子，凑上前去，手里握着鸭舌帽，全然没有在意有两个修女在场，她们见他屈尊来到教堂，甚感惊讶，一时站在椅子上直发愣。

萨波嗫嗫嚅嚅地问候：

"您好！神父先生。"

神父正忙于祭坛上的活儿，没正眼瞧他，便回应道：

"您好，木匠先生。"

萨波一时语塞，不知说什么是好。他沉默了一小会儿，还是对付上一句：

"您在做准备工作？"

马里第姆神父答道：

"是呀，圣母节快到了。"

萨波仍不知如何切题入手，只是应道："是的，是的。"又说不下去了。

他恨不得一字不提便扬长而去，但是，看了一眼祭坛，他就打消了甩手离去的念头。他瞥见那十六张要换新的神职祷告席，六张在右边，八张在左边，还有两张在圣器室的门口。十六张神职祷告席全换成橡木的,总得花三百法郎。一个人承包下这一批活计,只要不是笨蛋,把活儿干得仔细用心些,就准能赚到二百法郎。

于是,他嘟嘟哝哝道:

"我是来谈活计的。"

神父做出诧异的样子,问:

"什么活计呀?"

萨波心里发慌,低声说:

"修缮翻新的活计。"

这时,神父才转过身来,两眼紧紧盯着他,说:

"您是说我教堂里祭坛翻修的事?"

一听马里第姆神父说话的那种口气,萨波感到身上不寒而栗,又一次恨不得扭头便走,但他还是低三下四地答道:

"是的,神父先生。"

这时,神父将两手交叉在他的大肚子上,由于眼前这意想不到的局面而惊讶得直发愣:

"您……您……您萨波……是为这件事来找我……您……您是我这个教区唯一不信教的人……把修缮教堂的事交给您,会成为一桩丑闻,公开的丑闻。主教大人会惩处我,说不定还会撤换我。"

他喘息了一小会儿,接着,以比较平静的口气说:

"我理解,您看到如此重大的一项工程交付给邻近教区的木匠,心里的确不是滋味。但是,我没有别的办法呀,除非……不……那绝不可能……您不会同意的;您要是不同意,那就只能把工程交给外人了。"

萨波的眼睛盯着那一长溜儿凳子,一直排列到大门口的凳子。

他心想：见鬼！要是把所有这些凳子全都更新呢？赚头不是更大！

他直截了当地问：

"您需要我干什么，您只管说吧。"

神父以斩钉截铁的口气回答说：

"我需要您做一个公开的保证，保证您对教会的诚意。"

萨波低声道：

"我不做这种保证，我不做。也许，我们之间可以另外达成谅解。"

神父声称：

"必须在下个礼拜天做大弥撒时，您公开领圣体。"

木匠师傅感到自己的脸色刷的一下变得煞白。他未做正面回答，反而提问道：

"那些长凳是不是也要翻修更新？"

神父给了他一个肯定的答复：

"是的，不过要晚一步。"

萨波又说：

"我不做保证，不做保证。对教会而言，我决不是一成不变、顽固不化的，我是赞成宗教的，千真万确赞成。我受不了的，是那些宗教仪式，但是，在现在这种情况下，我决不会倔强到底的。"

两个修女已经从椅子上下来，躲在祭坛后面，听见了刚才这一席谈话，激动得脸色发白。

神父眼见自己占了上风，突然便换了一张面孔，变得和蔼可亲了：

"好极了，好极了。聪明人讲聪明话，这话讲得特明智，一点也不笨。您就瞧好吧，您就瞧好吧。"

萨波尴尬地笑了笑，问道：

"总可以想办法把领圣体的事稍为推迟几天吧？"

一听此话，神父又板起了面孔，说：

"从工程委托给您的时候起，我就必须相信您已经皈依了上帝。"

接着，他把口气又缓和一点儿，说：

"您明天就来做忏悔，因为我必须至少审查您两次。"

萨波跟着重复了一遍：

"两次？……"

"是的。"

神父微笑着，说：

"您知道，您必须进行一次全面的清洗，把整个人洗涮洗涮。因此，我明天等您来这里。"

木匠急了，他问：

"您在什么地方来清洗？"

"当然……是在忏悔室里。"

"在……在那边墙角那个小木箱子里吗？"

"是呀。"

"可是……可是……您那个小木箱，对我不合适。"

"为什么？"

"因为……因为，我不习惯。而且，我的耳朵有点儿背。"

神父显得通情达理，平易随和：

"好吧，您就上我家来吧。在我的客厅里，我们两人面对面，单独进行，您看怎么样？"

"好，这种方式对我挺合适，如果是您那口小木箱子，那绝对不行。"

"就这样吧，明天，傍晚，六点钟。"

"一言为定，一言为定，咱们说了算数，明天见，神父先生。谁要是变卦赖账，谁就不是东西！"

他伸出自己粗糙壮实的手，神父则将手迅速使劲地往他手上一拍一握，一拍为定，铿锵有声。

这拍击声响彻了教堂的大厅，一直消逝在墙边的管风琴后面。

次日，戴奥菊尔·萨波整天都心神不定，他像将要拔牙的人一样感到恐慌。"我今晚要去做忏悔"这个念头，时时在他脑海里闪现。他那无神论的灵魂，虽已受辱但仍不服输，已是乱了方寸，现在，又面临着奥秘的神明所带来的压力与恐惧，更是惶惶不可终日了。

他一干完活儿，就朝神父的住宅走去。神父在花园里等着他，正沿着一条小径漫步，边走边读一本经书，看上去春风得意，喜气洋洋，他满脸堆笑向萨波走过来：

"好啊，咱们又见面了。请进！请进！萨波先生，放心吧，没有人会吃掉你的。"

萨波走在前面，结结巴巴说：

"如果您方便的话，我想马上就把咱们的事办完。"

神父答道：

"听从尊便。我的道袍就在跟前。一分钟之后，我就可以听你忏悔了。"

木匠心思慌乱，顾不上想别的事了，他看着神父披上白色的道袍，那上面烫出了密密的褶子，本堂神父朝他做了个手势：

"跪在这个垫子上。"

萨波仍站着未动，他耻于下跪，嗫嗫嚅嚅地说：

"有这个必要吗？"

神父换上一张严厉的面孔：

"做忏悔非跪下来不可。"

萨波跪了下来。

神父说：

"请背诵悔罪经。"

萨波问：

"什么？"

"悔罪经。如果你不会背，我念一句，你跟着重复一句。"

神父慢慢地抑扬顿挫地念起了经文，木匠跟着一句句地重复。然后神父说：

"现在忏悔吧。"

但是，萨波一声未吭，他不知从何说起。

本堂神父只好助他一臂之力：

"我的孩子，既然你不懂如何进行，那就由我来发问吧。咱们按上帝戒律的先后次序，一条一条来问答。仔细听我说，莫要慌张。要说老实话，不要怕讲得过多过火。

汝应奉天主，
爱主用全心。

"您是否爱过某个人或某样东西如同爱主一样强烈？您是否

全心全意,以全部的爱心、全部的精力、全部的坚毅去爱主?"

萨波绞尽脑汁,满头大汗,答道:

"不。哦,不,神父先生。我尽我的可能去爱主。是的,天主,我是挺爱他的。但要我说我不爱自己的孩子,不,我说不出口。要说必须在我的孩子与天主之间做个选择,这个我也没法办到。要说为了爱主就必须损失一百法郎,那我也没法儿说。不过,千真万确,我是爱天主的,非常非常爱主。"

神父神情庄重,告诫道:

"爱主应该胜过一切。"

萨波满怀诚意地表白:

"神父先生,我会努力去做。"

马里第姆神父接着说:

天主不可渎,
万物不可侮。

"您可曾有时说过渎神的话?"

"没有。哦,这个可没有。我从不说渎神的话。偶尔,我发起火来,当然也说过'他妈的天主!'但我这话并没有渎神的意思。"

神父大声喝道:

"这就是渎神的话。"

然后,他板着脸说:

"以后不许再犯,我继续下去:

主日应歇业，

事主须虔诚。

"您礼拜天干什么来着？"

经此一问，萨波搔了搔耳朵，说：

"我嘛，我尽最大的努力侍奉天主，神父先生，我在……在家里。我礼拜天在家干活儿，侍奉天主……"

神父宽宏大量，不予深究，打断他说：

"我知道啦，您以后将有所改正，会行事得体。下面有三条戒律我且跳过去，因为我相信头两条你是没有犯过。我们且来说说第六条与第九条。我先念一下：

他人之财不可夺，

巧取亦非主所容。

"您可曾使用什么手段，骗取他人钱财？"

戴奥菊尔·萨波一听此话，火了起来：

"啊！绝对没有。绝对没有。我是个诚实人，神父先生。对此，我可以发誓，千真万确没有。要说有没有在某些时候向雇主虚报几个工，我不敢说没有，要说有没有在某些时候在账单上多开几个生丁[1]，我也不敢说没有，不过是几个生丁而已。但要说到盗窃，那是绝对没有的，绝对没有过。"

神父正色指出：

---

[1] 法币名，面值甚小，一百生丁合一法郎。

"即使只骗取一个生丁,也要算盗窃,以后可不许再犯。"

> 不应打诳语,
> 撒谎不可宥。

"您撒过谎吗?"

"没有,没有撒过谎,我压根儿就不是个说谎的人,这是我的人品。要说我有没有讲过什么笑话,那我不敢说没有。要说我有没有在事关自己切身利益时,使别人信以为真,上当受骗,那我不敢说没有,但说到撒谎,我可绝不是个爱撒谎的人。"

神父马虎了事说了声:

"以后要更加检点。"

接着他念:

> 若非夫妻间,
> 性事务杜绝。

"您可曾在自己婚外,贪恋或占有其他的女人?"

萨波诚心诚意地叫屈起来:

"这种事,从来没有,从来没有,神父先生。我可怜的妻子!欺骗她?不!不!一丝一毫也没有欺骗过,不论是在想象中还是在行动上,都没有过,千真万确没有过。"

他沉默了几秒钟,好像心里产生了一点儿疑虑,放低了声音说:

"我偶尔去城里时,要说我有没有只是为了开开心,为了闹着玩,为了换个新鲜,而去逛过妓院,那我不敢说没有……但是,神父先生,我照价付钱,每次都付钱。既然是付钱的,那就神不知鬼不觉了。"

神父没有再追究下去,赦他无罪。

戴奥菊尔·萨波得以承包了教堂的修缮工程;从此,他每月都去教堂领圣体。

在 旅 途 上

献给居斯塔夫·图杜兹

一

从戛纳站起,车厢里的乘客就满员了;他们都是相识的熟人,因此晤谈甚欢。火车经过塔拉斯贡时,有人说:"喏,这就是发生了谋杀案的地方。"于是,大家开始谈论那个神出鬼没、难以捉拿归案的凶手。两年以来,他时不时就要取走一个旅客的性命。议论者纷纷提出各自的猜测,每个人发表自己的看法;妇女们战战兢兢地盯着车窗外的黑夜,唯恐看见从门口突然冒出一个男人的脑袋。接着,大家又谈起另外一些可怕的故事,例如与坏人不期而遇;在特别快车上面对面与疯子相处;在某种情况下,不得不跟一个形迹可疑的家伙周旋好几个钟头,等等。

在座的每个男人,都有一桩足以给自己添光生彩的优胜纪略,他们都曾在某种意想不到、突如其来的险情中,以令人叹为观止的机智与勇敢,将一个坏人制服、击倒并捆绑起来。其中有一位医生,他每年都要到南方去一趟,也助兴讲了以下一桩不同寻常的故事。

我嘛,我从没有机会碰上像诸位这种惊心动魄的事情,来验证我的勇气;但是,我认识一个女人,她是我的一个患者,如今已经不在人世,她倒是遇到过一桩世上最稀奇特别的事情,也可说是一桩最神秘、最感人的事情。

玛丽·巴拉诺娃伯爵夫人,是一位地位显贵、美貌绝伦的俄国女子。诸位都知道俄国女人有多么美丽,至少在我们法国人眼里,她们精巧的鼻子、优美的嘴唇、一双靠得很近、颜色难以形容的灰蓝眼睛,还有冷艳而难以亲近的风致,都是妙不可言的!在她们身上,有那么一种既邪恶又诱人,既高傲又亲近,既温柔又严厉的东西,足以叫一个法国人倾倒。不过,说白了,使我们觉得她们身上美不胜收的,不过是人种上与类型上的差异在起作用而已。

几年以来,她的医生眼见她深受肺病之苦,健康每况愈下,就竭力劝说她到法国南方来休养,但她固执地拒绝离开圣彼得堡。最后,到了去年秋天,医生认为她已无药可治,就通知了她的丈夫,让他立即命令自己的夫人动身到芒通来。

她上了火车,孤孤单单一个人坐在车厢里,她的随从人员则待在另一节车上。她靠着车门，带着淡淡的哀愁，望着田野与乡村在眼前驶过，心里倍感孤寂，自己无儿无女，几乎举目无亲，只有一个丈夫，而他对妻子已无情无义，如今将她打发到世界的另一个角落，甚至不屑于陪同前往，就像把一个病重的仆人扔进了医院，她感触良多，深感自己在生活中已被抛弃。

每到一站，她的随身老仆伊凡都要过来问问女主人需要什么。他忠心耿耿，对伯爵夫人盲目服从，时刻准备执行女主人的任何命令。

夜幕降临，列车高速行进，伯爵夫人神经过度紧张，久久难以入眠。她偶生一念，想把自己丈夫最后一分钟交给她的那些法国金币，拿出来数一数。她打开小钱包，把闪闪发亮的金币全都倾倒在自己的双膝上。

但是，突然有一阵冷风朝她脸上扑来，她猛吃一惊，抬头一看，但见车门刚被打开，她赶忙用一条披肩盖住裙子上的金币，静观其变。几秒钟过去，门口出现一个男子，头上没有戴帽，手上受了伤，气喘吁吁，身上倒是穿着夜礼服。他把门关上，坐了下来，用炯炯有神的眼睛看了看伯爵夫人，然后，取出一块手帕，将流血的手腕包扎起来。

年轻的贵妇觉得自己几乎被吓得昏倒在地。这突如其来的男子肯定是发现她在数钱，他撞进来的目的当然是要抢她的钱，并杀人灭口。

他一直盯着伯爵夫人，喘着气，面部肌肉抽搐着，那架势无疑是要一扑而上。

他却忽然这么说了一句：

"夫人，请您不要害怕！"

她没有吱声，她张不开口，却听到自己的心脏在怦怦乱跳，耳朵在嗡嗡直响。

那男子又说道：

"我不是坏人，夫人。"

她仍然讲不出话来，但她身子骤然抖动了一下，使得双膝一并，于是，金币就像雨水从屋檐上流下来那样，全都倾泻到了地毯上。

那男子吃了一惊，他看着那些哗啦哗啦泻下来的金币，突然弯腰去捡。

伯爵夫人吓得手足失措，站起来就向车门跑去，想纵身往车下跳，她的全部金币也就纷纷洒落在地上了。那男子一明白伯爵夫人的鲁莽之举是要干什么，便赶忙冲上去将她抱住，强迫她坐下来，按住她的两腕，说：

"夫人，请您听我说，我并不是坏人，我正要把这些钱捡起来还给您，这就可以证明。但是，我需要您帮我越过国境，如果您不答应，我就完了，我就死定了。我不能跟您再多讲了。一个小时之后，我们就要抵达俄国的边境站，一小时二十分之后，我们将越过帝国的边境。如果您不帮我，我就完蛋了。但是，夫人，我没有杀过人，没有抢过东西，没有干过任何不光彩的事情。我可以向您发誓没有撒谎。现在，我没有时间再跟您多讲了。"

他跪到地上去捡金币，一直把椅子下的都捡起来了，滚到远处的几枚，也都没有落下。等那钱包重新装满之后，他将它交还给伯爵夫人，一句话也没有说，就转身坐在车厢的另一个角落里。

他们两人都没有挪动。伯爵夫人坐在那里默不作声，因刚才大受惊吓而仍然浑身发软，不过，情绪倒是渐渐恢复平静。至于那个男子，他没有摆弄任何手势，也没有任何举动；他正襟危坐，两眼直盯着前方，面色煞白，仿佛是个死人。伯爵夫人不时朝他瞟上一眼，立即又迅速将头转过去。这是一个三十岁左右的男人，相貌英俊，外表完全像一个贵族。

列车在茫茫黑夜中奔驰，不时发出凄厉的叫声，偶尔放慢速度，然后又全速前进。突然，列车大幅减速了，鸣了几声汽笛，很快就完全停了下来。

伊凡来到车厢门口，听候女主人的吩咐。

伯爵夫人最后又朝那个奇异的旅伴打量了一下，然后，声音颤抖，生硬地对自己的老仆人说：

"伊凡，你回到伯爵身边去，我不用你侍候了。"

老仆人不胜惊愕，眼睛瞪得大大的，结结巴巴地说：

"可是……夫人。"

女主人接着说：

"不用了，你以后不用来找我，我已经改变了主意。我要你留在国内。喏，这是给你回去的路费。把你的帽子和大衣留给我。"

伊凡惊愕失措，连忙将衣帽脱下，递了过来，就像往常那样一声不吭地服从照办，对主人们那些心血来潮的决定与不可违抗的古怪念头,他是早已习以为常了。他眼泪汪汪地奉命离去了。

火车又继续开行,朝边境线驶去。

这时,伯爵夫人对那男子说:

"先生,这些东西给您,您现在是我的仆人伊凡。我这么帮您只附带一个条件,那就是您永远也不要跟我说话,一句话也别说,不管是什么话,哪怕是感谢的话也别说。"

那陌生男子鞠了一躬,一言未发。

不久,火车又再次停下,几个穿制服的官员上车检查,伯爵夫人向他们出示了证件,并指指坐在车厢角落的那个男子,说:

"他是我的仆人伊凡,这是他的护照。"

火车又重新上路。

整整一夜,他们俩单独待在一个车厢里,谁也没有开口。

黎明来到,列车停靠在德国境内的一个车站,那个陌生男子下了车,站在车门口说:

"夫人,请允许我破例违反一次承诺,但我害得您失去了您的仆人,我理应代替他。您需要什么吗?"

伯爵夫人冷淡地回答说:

"请您去替我把我的女仆找来。"

那男子找到女仆后,就隐退不见了。

当伯爵夫人下车到餐厅去时,发现那男子在远处注视着她。后来,他们都抵达了芒通。

二

医生停歇了一下，又继续说下去：

有一天，我正在诊室里给患者看病，一个高个子的年轻人走进来，对我说：

"大夫，我来向您打听玛丽·巴拉诺娃伯爵夫人的近况。我是她丈夫的一个朋友，不过，她并不认识我。"

我答道：

"她没有希望了，她回不了俄国啦。"

这男子突然失声大哭，他站起来，像一个醉汉似的跟跟跄跄地走出去。

当天晚上，我告诉伯爵夫人，说有一个外国人来打听她的健康情况。她显得很激动，给我从头到尾讲述了以上那段故事，她还说：

"这个人，我完全不认识，现在却像影子一样跟随着我，我每次外出都碰见他，他总是用奇特的眼光看着我，但从来不跟我说话。"

伯爵夫人考虑了一下，接着说：

"我敢打赌，他现在就在我的窗下。"

她离开躺椅，过去拉开窗帘指给我看，果然，那个找过我的青年男子，坐在散步便道的长椅上，正抬头望着这个旅馆,他一望见我们,站起来就走了,头也不回。

这是我亲自耳闻目睹的一桩骇世惊俗而又撕心裂肺的事情,一个当事人双方根本不相识的默默无言的爱情故事。

那男子爱伯爵夫人,像一条狗对救命恩人那样爱她,感恩戴德,忠贞不渝,海枯石烂。他明白我已经对他有所洞察,所以,每次来找我时径直就问:"她好吗?"每当伯爵夫人从他身边走过,身体日益虚弱,脸色日渐苍白,他都要痛哭流涕。

伯爵夫人对我说:

"这个怪人,我只跟他说过一次话,可是我觉得认识他似乎已经有二十年了。"

此后,他俩不时相逢相遇,伯爵夫人每每都以端庄而妩媚的微笑向对方还礼。我看得出来,她是感到很幸福的,她呀,如此的孤单寂寞,无依无靠,心里已经明白自己来日不多,却能被人爱到这种地步,对方爱她爱得五体投地,爱得海枯石烂,爱得充满诗意,爱得赴汤蹈火在所不辞,她该感到多么幸福啊。可是,这个女人固执到底,坚决拒绝跟对方约会,拒绝知道他的姓名,拒绝跟他交谈。她这么说:"不,不,那会破坏这种奇特的友谊。我俩应该永远互不相识。"

至于那个青年男子,他同样也是一个堂吉诃德式的人物,他从不试图进一步接近伯爵夫人。他宁愿严格遵守他在火车上许下的诺言,永不跟她说话。

在久久难挨的病榻时日中,伯爵夫人常常从躺椅上起身,轻轻把窗帘略为撩起,看看那男子是不是待在窗下,见他一如既往仍一动也不动地坐在长椅上,就面带微笑回到病榻上。

一天上午,十点光景,她溘然而逝。我从伯爵夫人的旅馆里走出来,那男子惊恐失色地走到我面前。他刚得到了伯爵夫人辞世的噩耗。

"我想当着您的面看看她,只看一眼。"

我挽着他的胳膊,带他走进旅馆。

他来到死者的床前,抓住她的手,久久地吻着不放,然后,像精神失常似的,突然跑掉了。

医生又停顿了一下,接着说:

"毫无疑问,这是我所知道的铁路故事中最为奇特的一个。应该说,世上的男人一情痴就痴得直发傻。"

听故事的一个女人低声喃喃说:

"这两个人,并不如您所想的那么发傻……他们是……他们是……"

她已泣不成声,难以把话说完。大家为了使她平静下来,有意改变话题,所以,她究竟是想说什么,谁也没有搞清楚。

项　链

有些女子，天生丽质，妩媚娇柔，偏偏由于命运的阴差阳错，竟降生在清寒的工薪家庭，她便是此中的一人。她本无嫁妆做垫底，又无另获遗产的希望，根本就不可能去结识一个有钱有地位的男人，得到他的善解与倾心，结为连理。这样，她就只好任人把自己嫁给了教育部的一个小职员。

她没钱打扮，只好衣着朴素，但她心里很不是滋味，如同贵族沦落成了平民。因为女人本来就没有什么等级品位、家庭世系，她们的美貌、她们的风韵、她们的魅力，就是她们的出身、她们的门第。她们之间的高低优劣，仅在于是否天资聪敏、风姿优雅、头脑灵活，有之，则平民百姓的女子亦可与显赫的贵妇平起平坐。

她深感自己天生丽质，本当身披绮罗，头佩珠玉，如今熬在清贫的日子里，不胜苦涩。她的家里陈设简陋，四壁萧索，桌椅板凳破破旧旧，衣衫穿着皱皱巴巴，这么活着，她很不好受。要是换成另外一个与她同阶层的妇女，对所有这一切肯定是不会在意的，而她却觉得苦不堪言，满肚子的闷气。一见来她家帮助干粗活儿的那个瘦小的布列塔尼女人，她经常不免既深感缺憾又想入非非。她幻想自家的接待室四壁挂着东方的帷幔，被青铜做的大烛台照得通亮，宁静优雅；幻想两个高大的穿着短裤长袜的仆人被暖气熏得昏昏沉沉，正靠在大安乐椅上打瞌睡。她还幻想自家有几个挂着丝绒帘幔的客厅，里面的家具雅致美观，摆设奇巧珍贵；幻想有几个香气醉人、情调旖旎的内客厅，那是专为午后五点钟与密友娓娓细语的处所，这些密友当然都是女人们心仪仰慕、渴望获其青睐的名流。

每当吃饭的时候，她坐在三天未换桌布的圆桌前，丈夫在她对面，打开汤盆盖，兴高采烈地说："啊，这么好吃的炖肉！我真不知道还有什么比这更好吃的了！"这时，她就想入非非。她想到精制味美的宴席，闪闪发亮的银餐具与挂在墙上的壁毯，那上面织着古代人物与仙境山林中的珍奇禽鸟；她想到一道道盛在贵重餐盘里的美味佳肴，想到自己一边品尝鲜嫩透红的鲈鱼或松鸡翅膀，一边面带微妙笑容倾听着男友喁喁情话的情境。

她没有漂亮衣裳，没有珠宝首饰，总之，什么都没有，但她，偏偏就爱这些东西。她觉得自己生来就应该享用它们，她最渴望的事，就是招人喜爱，被人艳羡，风流标致，到处有人追求。

她有一位有钱的女友，是她在修道院读书时的同学。现在，她不愿意再去看望这位朋友。因为，每次回来她都感到内心不平衡，接连的几天，她都要伤心、懊悔、绝望、痛苦得整日哭泣。

可是，有一天傍晚，丈夫回到家里，神采飞扬，手里拿着一个大信封，说：

"你瞧！专给你的东西。"

她急忙打开信封，从中取出一份请柬，上面印着：

卢瓦瑟尔先生及夫人:

兹定于一月十八日(星期一),在本部大楼举行晚会,敬请届时光临。

此致

教育部部长乔治·朗波诺

暨夫人谨定

她并没有像丈夫所期望的那样兴高采烈,反而赌气把请柬往桌上一扔,低声抱怨说:

"你要我拿这去干什么?"

"可是,我亲爱的,我本以为你会高兴的。你从不出门做客,这次是一个机会,一个特别好的机会。我费了九牛二虎之力才弄到这张请柬。大家都想要,太不容易弄到手啦,发给本部雇员的为数很少。在这次晚会上,你可以见到所有那些官方人士。"

她用愤怒的眼睛瞪着丈夫,很不耐烦地嚷了起来:

"你要我穿什么衣服去丢人现眼?"

丈夫可没有想到这个问题,他吞吞吐吐地说:

"你穿着上剧院的那身衣服,照我看,就挺不错的……"

他见妻子哭了起来,就不再说下去了,惊愕,不知所措。两行眼泪从妻子的眼里夺眶而出,缓缓流向嘴边。他结结巴巴地说:

"你怎么啦?你怎么啦?"

她使了很大的劲把痛苦压了下去,又把双颊擦干,用平静的语气说：

"什么事也没有。只不过我没有像样的行头，我不能去参加这样的晚会。有哪位同事的太太穿得比我好，你就把请柬让给他们吧。"

他显得很尴尬，改口说：

"来，玛蒂尔德，我们来商量一下，一件像样的衣服，既可以穿着参加这次晚会，又可以在其他场合穿，大概需要多少钱，买一件这样的衣服，不是很简单吗？"

她考虑了一会儿，心里盘算了一下，心想该提出怎样一笔钱数，才不至于把这个节俭的小科员吓得当场拒绝。

她终于吞吞吐吐地回答说：

"我也不知道准数要多少，不过，我觉得四百法郎大概能把事情办妥。"

他脸色有点儿发白，因为最近他正好攒了这个数目的一笔钱，本来准备去买一支枪，夏天跟几个朋友到南泰尔平原打猎取乐，那些朋友都是行猎老手，星期天总要到平原上去打打云雀。

不过，他还是答应了：

"好吧。我给你四百法郎，但你得买一身漂漂亮亮的衣服。"

举行晚会的那一天快到了。卢瓦瑟尔太太显得闷闷不乐，心事重重，烦躁不安。她那身漂亮的衣服可是已经准备好了。一天晚上，她丈夫问道：

"你怎么啦？你瞧，这两三天来，你脾气这么古怪。"

她回答说：

"我既无首饰,又无珠宝,没有什么东西可以佩戴,想起这我就心烦。在晚会上,我一定会显得很寒碜,我还是不去为好。"

丈夫说:

"你可以佩戴几朵鲜花呀。在这个季节,这么打扮很雅致。只要花十个法郎,你就可以买到两三朵特别漂亮的玫瑰。"

她丝毫没有被说服:

"不行……在那些有钱的女人面前显出一副穷酸相,是最丢人的一件事。"

她丈夫忽然叫了起来:

"你脑子太不灵活了!你去找你那位朋友福雷斯杰太太,向她借几样首饰,不就齐了?你跟她的交情不错,这事不难办到。"

她快活得直嚷道:

"这倒是真的,我怎么没有想到!"

第二天她跑到她朋友的家里,诉说她的苦恼。

福雷斯杰太太马上走到带镜子的大衣柜前,取出一只大首饰盒,拿过来把它打开,对卢瓦瑟尔太太说:

"我亲爱的,你自己挑吧!"

她最先看见的是几只手镯,再就是一串珍珠项链,接着是一个威尼斯制的金十字架,镶着珠宝,做工极为精巧。她佩戴着这些首饰,在镜子面前左顾右盼,犹疑不决,舍不得把它们摘下来。她一问再问:

"你还有没有别的首饰?"

"有啊!你自己找吧,我不知道你喜欢什么。"

突然,她在一个黑绒盒子里,发现了一长串特别美的钻石项链,一种极为强烈的欲望使得她的心狂跳起来。拿着这串项链,她的手直打哆嗦。她把它戴在脖子上,压着连衣裙的领口,在镜子面前照得出神。

她心里急不可待,嘴上却吞吞吐吐:

"你能把这个借给我吗?我只借这一件。"

"当然可以啦!"

她蹦了起来,一把搂着女友的脖子,激动地吻了一下,然后,带着这件宝物飞快地回家了。

晚会的日子到了。卢瓦瑟尔太太大出风头。她是晚会上最漂亮的女人,言谈得体,姿态优雅,满面春风,快活到了极点。所有的男人都注视她,打听她的姓名,求人引见。部长办公厅的官员都想与她共舞。部长也特别注意她。

她带着醉意与狂热,翩翩起舞。她什么也不想,完全陶醉在她美貌所取得的辉煌胜利之中,陶醉在她成功的荣光之中。周围的人对她殷勤致意,啧啧赞美,热烈追求,女人们心中所羡慕的那种彻底而甜美的胜利,她已全握在手中。正是在这样一种幸福的氛围里,她简直要飘飘欲仙了。

第二天,早晨四点钟,她才离开。她的丈夫从昨晚十二点起,就在一个清静的小客厅里睡着了,同时在那里呼呼大睡的还有三位先生,他们的妻子也都在舞厅里尽情狂欢。

丈夫怕她出门着凉,把带来的一件衣服披在她的肩上,那是她家常穿的,它的寒酸气与漂亮的舞袍很不协调。她感觉到了这一点,急忙闪开,以免引起那些裹在豪华皮衣里的阔太太们的注意。

卢瓦瑟尔把她拉住不让走:

"你等一等吧,到外面你会着凉的,我去叫一辆马车。"

但她根本不听丈夫的,飞快地奔下了台阶。他们到了街上,那里却没有马车,于是他们开始寻找,一看见有车在远处驶过,就跟在后面大声喊叫,但没有一辆车停下来。

他们沿塞纳河走下去,垂头丧气,浑身哆嗦,终于在河边找到了一辆做夜间生意的旧马车。这种马车白天从不在巴黎街头露面,似乎羞于让人在光天化日之下看见它的寒碜相。

马车一直把他们送到殉道者街,他们的家门口。夫妻两人闷闷不乐地爬上台阶回到家里。对于妻子来说,一切都结束了;而丈夫则在想,上午十时,他得到部里去上班。

她脱掉披在肩上的衣服,在镜子面前,再一次端详自己的辉煌。突然,她惊叫了一声,她脖子上的钻石项链不见了!

她的丈夫这时衣服脱了一半,问道:

"你怎么啦?"

她转身向着他,失魂落魄地说:

"我……我……我把福雷斯杰太太的项链弄丢了。"

丈夫霍的一下站起来,他大惊失色:

"什么!……怎么搞的!这不可能!"

他们急忙在衣袍的褶层里、大氅的褶层里以及衣袋里到处搜寻了一遍,哪儿都找不到。

丈夫问她:

"你能肯定离开舞会的时候,项链还在?"

"是的,我在部里的前厅还摸过它呢。"

"不过,如果是在街上丢失的,我们该听得见响声。肯定丢在马车里了。"

"对，这很可能。你记住车号没有？"

"没有。你呢？你也没有注意车号？"

"没有。"

他们吓呆了，面对面地互相盯着。最后，卢瓦瑟尔又穿上了衣服，说：

"我去把我们刚才步行的那一段路再走一遍，看是不是能够找到。"

于是，他走了。而她，仍穿着参加晚会的那身舞袍，连上床去睡的力气也没有了，颓唐地倒在椅子上，万念俱灰，脑子一片空白。

丈夫回来的时候，已将近七点钟，他空手而归。

他随即到警察局与各家报馆去，挂失悬赏，又到出租小马车的各个车行去找了一遍，总之，凡是有一线希望的地方，他都去过了。

妻子整天在家等消息，在这么一个飞来的横祸面前，她一直陷于惊慌之中，束手无策。

卢瓦瑟尔晚上才回来，两颊深陷，面色发青，他又一无所获，说：

"现在我们只好写一封信给你的朋友，告诉她你把项链的链条弄断了，你正在找人修理，这样我们就有时间好回旋应付。"

由丈夫口授，她把信写好了。

一个星期过去了，他们一筹莫展，什么希望都没有了。

卢瓦瑟尔一下见老了五岁。他宣布自己的决定：

"我们只能设法买一串赔给人家。"

第二天，他们拿着装项链的盒子，按照盒子里层标明的字

号,去了那家珠宝店。老板查了查账本,回答说:

"太太,这串项链不是本店出售的,只有盒子是在我这里配的。"

于是,他们又一家家地跑那些珠宝店,凭记忆寻找跟丢失的那条项链相像的一条。两夫妻连愁带急,眼见就要病倒了。

他们在王宫街的一家店里找到了一条钻石项链,它看起来很像他们所丢失的那一条,原价四万法郎,如果他们要买的话,可以让价到三万六千法郎。

他们要求珠宝商在三天之内不要出售给他人,并且双方谈妥,如果他们在二月底以前找到了丢失的那条项链,那么这一条就以三万四千法郎的折价由店主收回。

卢瓦瑟尔手头已有一万八千法郎,那是他父亲遗留给他的,其余的钱,他们只好去借了。

他们马上动手借钱,向这人借一千,向那人借五百;从这里借五个金路易,从那里借三个。他打了不少借条,承诺了一些可能导致自己破产的条件。他与高利贷者以及各种放债图利的人打交道,把自己后半辈子的生活都搭进去了,冒险签了一些借约,也顾不得将来能否偿还,是否会身败名裂。与此同时,他又充满了恐惧,既对自家的前途忧心忡忡,又害怕即将压在自己身上的极端贫困,害怕物质匮缺、精神痛苦的未来。终于,他把三万六千法郎都凑齐了,交到珠宝商的柜台上,取来了那串新项链。

当卢瓦瑟尔太太还项链给福雷斯杰太太的时候,这位女友很不高兴地说:

"你应该早些日子还给我,因为,我自己需要用。"

她并没有打开项链盒来,这倒叫卢瓦瑟尔太太放了心。如果对方看出来已经换了一条，那她会怎么想，会怎么说，岂不把自己当窃贼吗？

卢瓦瑟尔太太一下子就尝到了穷人的那种可怕的生活，好在她事先就已经英勇地下定了决心。他们必须还清这一大笔可怕的债务，为此，她得付出代价。他们辞退了女用人，搬了家，租了一间屋顶下的阁楼栖身。

家里所有的粗活儿，厨房里所有的油污活儿，她都体验到了。她得洗碗碟锅盆，玫瑰色的手指在油腻的碗碟上、在锅盆底上受磨损。她得用肥皂搓洗脏内衣内裤、衬衫以及餐巾抹布，然后把它们晾在一根绳子上。每天早晨，她得把垃圾运下楼，把水提上楼，每上一层楼都不得不停下来喘气。她穿得和平民百姓的家庭妇女一样，她要手挎着篮子，跑水果店、杂货铺、肉铺，她要一个子儿一个子儿地捍卫自己那可怜的钱包，讨价还价，锱铢必争，常常不免遭人辱骂。

他们每个月都得偿还几笔债，有一些借约则要续订，以求延期。

丈夫每天傍晚都去替一个商人清理账目，夜里，经常替人抄抄写写，每抄一页挣五个子儿。

这样的生活，他们过了十年。

十年过去了，他们还清了全部债务，的确是全部，包括高利贷的利息，还包括利滚利的利息。

卢瓦瑟尔太太现在显然是见老了。她变成了一个穷人家的妇女，强悍、泼辣而又粗野。头发不整齐，裙子歪系着，两手通红，说话粗声粗气，大盆大盆地倒水洗地板。但是，有几次，当丈夫去部里上班的时候，她自己坐在窗前，总不免回想起，在从前的那次舞会上,她是多么漂亮,多么令人倾倒。

要是她没有丢失那串项链,她的命运会是什么样?谁知道呢?谁知道呢?生活真古怪多变!只需小小一点东西,就足以使你断送一切或者使你绝处逢生。

一个星期天,她上香榭丽舍大街溜达,好消除一个星期来的疲劳。突然,她看见一位太太带着小孩儿在散步。原来是福雷斯杰太太,她还是那么年轻,那么漂亮,那么迷人。

卢瓦瑟尔太太感到很激动。要不要上去跟她搭话?是的,当然要去。现在,她既然还清了全部债务,就可以把一切都告诉她。为什么不告诉呢?

她走了过去:

"让娜,您好!"

对方一点儿也没有认出她来,这么一个平民女子竟如此亲热地跟自己打招呼,她不禁大为诧异。她结结巴巴地回答:

"不过……太太……我不知道……您大概是认错人了。"

"没有认错,我是玛蒂尔德·卢瓦瑟尔呀!"

她昔日的女友喊了起来:

"哟……我可怜的玛蒂尔德,你的变化太大了……"

"是的,我过了好些苦日子,自从上次我跟你见面以后,我不知道有过多少艰难困苦……而这,都是因为你……"

"因为我……那是怎么回事?"

"你还记得我向你借了那串项链去参加部里的晚会吧。"

"是的,那又怎么样?"

"怎么样!我把它弄丢了。"

"怎么可能!你不是已经还给我了吗?"

"我还给你的，是跟原物式样相像的另一串。这十年，我一直在为这串项链欠债还债。你知道，这对我们可真不容易，我们本来什么家底都没有……现在，终于把债全还清了，我简直太高兴了。"

福雷斯杰太太听到这里，停下脚步，问：

"你是说，你花钱买了一串钻石项链来赔我的那一串吗？"

"正是，你一直没有发觉，是吧？两串项链简直是一模一样。"

说着，她感到一种既骄傲又天真的欢快，面上露出了笑容。

福雷斯杰太太非常激动，她一把握住朋友的双手，说：

"哎呀，我可怜的玛蒂尔德，但我的那一串是假钻石呀，它顶多值五百法郎……"

一个诺曼底佬

献给保尔·阿莱克斯

我们一出鲁昂城,就上了通往朱米埃兹的大路。轻便马车疾速前进,穿过一片又一片草地,在爬刚特勒山冈的时候,马儿才放慢了脚步。

那是我所见过的世界上最宏伟的一片景色。在我们后边的鲁昂城,教堂成群,哥特式的钟楼林立,构建得都如象牙雕刻一般精美;在对面,是圣—瑟维尔工业区,它向天空突兀着无数根吞云吐雾的烟囱,正与老城区无数座神圣的钟楼遥遥相对,互为呼应。

这边是大教堂的尖顶,在富于人文内涵的历史建筑中,要数它最高;那边,是它的对手,霹雳火的巨筒,其高大与它不相上下,甚至比埃及最高的金字塔还要高出两米。

在我们前面,塞纳河波澜起伏,徐缓而过,河中散布着一些小岛，右岸是白色的高岩峭壁，那上面有一片森林，左岸是辽阔的草地，在远处，草地被一带森林所围绕。

河面宽阔，沿岸停泊着一些大船。有三艘大汽轮，朝勒阿弗尔方向鱼贯驶去；由一只三桅船、两只双桅船与一只横帆船组成的船队，被一艘冒着一大片黑烟的拖轮牵拽着，朝鲁昂方向逆流而上。

我的同伴是本地人，对这一片使我惊喜的风景毫不在意，不瞧一眼，但他却一直在微笑，似乎是在暗自发笑。突然，他嚷了出来："哈哈，您很快就会看到一件滑稽有趣的东西了，玛蒂厄老爹的小教堂，那才叫妙不可言哩，老兄。"

我惊讶地看他一眼，他又说：

"我要让您闻到一点儿地道的诺曼底气味，您闻过后会终生不忘。这个玛蒂厄老爹是全省最典型的诺曼底佬，他的小教堂，实实在在说吧，真要算是世界一大奇观。不过，我得先跟您解释几句。"

玛蒂厄，绰号叫"酒坛子老爹"，是一个退伍回乡的上士。兵油子的油腔滑调、吹牛说谎与诺曼底人的狡黠奸诈，在他身上以妙不可言的比例结合在一起，简直到了出神入化的地步。还乡以后，由于有各方面的照顾与支持，再加上自己极其聪明能干，他在一个有神显灵的小教堂里当上了看守人。这个教堂受圣母的保佑，主要是那些怀了孕的少女们前来求神的地方。他给他那个灵验的神像取了个名字叫"大肚子圣母"，他对她不拘礼节，随随便便，冷嘲热讽，却还不失敬重。他为他那"大慈大悲的童贞女"写了一篇别具一格的祈祷文，并把它印了出来。这是一篇并非有意、语出无心的讽刺杰作，充满了诺曼底式的幽默风趣，讽刺挖苦之中，又有对神圣事物的敬畏，对某种神迹灵验的近乎迷信的敬畏。他并不太信他这个教堂的主保圣人，但出于谨慎，他多多少少还信一点儿，而为了策略上的需要，他供奉她倒也小心翼翼。

他那篇别具一格的祈祷文是这样开头的：

"我大慈大悲的圣母童贞玛丽亚，您是本地与全世界所有未婚母亲天经地义的主保圣人，请您保佑您的这个因一时疏忽而失足的女仆吧！"

祈祷文是这么结尾的：

"请您特别在您丈夫面前不要忘了我，请您替我向天主圣父求求情，让他赐给我一个像您的夫君那样好的丈夫吧！"

这篇祈祷文被本地区的神父禁止，但玛蒂厄老爹仍偷偷出售，凡虔诚诵读过它的女士们，都很受教益。

他谈起大慈大悲的童贞女，就像给令人畏惧的王公贵族当差的贴身仆人谈论自己的主人那样，连那些最隐秘最细微的私事，都抖了出来。他知道圣母的一大堆趣事逸闻，那都是在他喝了酒微醉之后，悄悄对知己好友说出来的。

等一会儿，您还是自己见识见识他吧！

因为靠主保女圣人的买卖收入不够，所以他在童贞女这笔主要的生意之外，又增添了一笔靠圣人的小生意。所有的圣人，他手头都应有尽有，或者说几乎全有。小教堂里没有空余的神位，他就把那些圣人像全都存放在柴房里，一有信徒前来求圣，他就把他们从柴房里拿出来。这些木头雕像，都是他亲手制作的，模样极为滑稽。有一年，人家来替他油漆房子，他就顺便把圣像都一律漆成了翠绿色。您知道，圣人都会治病，但每个圣人各有专长；因此，绝对不能搞混弄错，而且，他们互相之间，还同行嫉妒，互不相容。

为了避免张冠李戴，请错了圣人，那些老太太总来请教玛蒂厄老爹：

"治耳朵病，哪一位圣人最灵？"

"当然是奥西姆圣人最灵，不过，庞菲尔圣人也不错。"

玛蒂厄的故事还不止这些。

因为他有空闲时间，所以，他常常饮酒。虽然每天晚上他都要喝醉，但他像酒仙一样很有把握。喝醉时，心里一清二楚，知道自己醉到了什么程度，他每天都要把自己准确的醉度记下来。这是他主要的工作，教堂的差事还在其次。

而且，他还发明了，请您注意听，听仔细，发明了一种醉度计。

这玩意儿实际上并不存在，但是玛蒂厄老爹对醉度的测定，却像数学家一样精确。

您可以老听见他这么说：

"从星期一起，我就超过了四十五度。"

或者这么说:"我一直在五十二度到五十八度之间。"

或者:"这些天,我有六十七度到七十度。"

或者:"混蛋,我一直以为只有五十度,可是,现在发现到了七十度。"

他的观测从来都不出错。

他断言自己从没有达到过一百度,但我们绝对不可相信他这话,因为,他也承认,只要过了九十度,他的观测就不准了。

当玛蒂厄承认他已经超过九十度的时候,您尽可以放心,他已经是醉得不亦乐乎了。

每当这种时候,他的老婆梅莉就要怒气冲天。她也是个活宝,玛蒂厄回来的时候,且看她在门口一堵,破口大骂起来:"你瞧,你这个下流坯,畜生,酒鬼!"

这时,玛蒂厄不笑了,他神气活现地往老婆眼前一站,用严厉的声调说:"你给我闭上嘴,梅莉,现在不是谈话的时候,明天再说。"

如果老婆继续吵吵嚷嚷,他就会逼近她,嗓音发抖,说:"你赶快收场。我已经到了九十度,我不能再测量了,我要揍人啦,你得小心点儿。"

于是,梅莉就赶紧收兵。

第二天,如果她还要算老账,他就嘲笑说:"算了吧,算了吧,已经谈得很够了!事情全过去了,只要我没有到一百度,那就不会坏事。如果我真的超过了一百度,那我就一定改过自新,我说话算数。"

103

我们的马车已经爬到山冈顶上，进入了那片令人赞赏的卢玛尔森林。

秋天，灿烂的秋天，把它的金色与紫色掺和在夏天残留下来的鲜亮的绿色之中，就像是太阳熔化之后，从天上一滴滴掉下来，流进了浓密的树林。

穿过杜克莱尔后，我的同伴没有继续朝朱米埃兹方向走下去，而是向左转弯，抄小路，进入一片矮树林。

没走多久，便到了一座高岗的顶上。往下俯视，我们再次看到了塞纳河壮丽的河谷与在我们脚下蜿蜒流过的河水。

在右边，有一座矮小的建筑物，以石板做顶盖，上面高耸着一个钟楼，像撑着一把阳伞，建筑物紧靠着一所装有绿色百叶窗的漂亮房子，墙上爬满了忍冬藤与玫瑰。

一个粗大的嗓音嚷道："有朋友来啦！"立刻，玛蒂厄就出现在门口。他有六十岁，瘦个子，下巴上蓄着山羊胡，嘴唇上是两道白色的长髭。

我的朋友跟他握手致意，并把我介绍给他。玛蒂厄把我们让进一间凉爽的厨房，这厨房也当客厅用，他解释说：

"我，先生，我没有什么讲究的套房，而且，我也愿意就近烧饭做菜，你瞧，这些锅碗瓢盆，也可以给我做个伴儿。"

说着，他转向我的朋友：

"您怎么赶一个星期四来我这里？您明明知道，这是我的主保圣人给乡亲们治病的日子，今天下午，我可没法儿外出。"

他跑到门口，发出了一声可怕的叫喊："梅莉——莉！"声音之大，大概可以传到山谷底下，叫塞纳河里来往船只上的水手也大吃一惊,都抬头往上看。

梅莉没有应声。

于是,玛蒂厄狡黠地挤眉弄眼,说:

"她在跟我生气,你们瞧,因为我昨天到了九十度。"

我的同伴笑了:"到了九十度,玛蒂厄!您是怎么搞的?"

玛蒂厄答道:

"我来告诉您,是这么回事。去年,我只收了二十拉齐尔[1]的杏黄苹果。数量不多,做苹果酒倒是够了。我就做了一桶,昨天,我开桶取酒,要说仙酒灵液,这可真是仙酒灵液!那时,波利特正在我这里,我俩就喝了一杯,接着又喝了一杯,喝着喝着,真没有个够,这种好酒,足可以喝到第二天。这么一杯又一杯,喝得我胃里直发凉。我就对波利特说:咱们再来一杯白兰地暖暖身子该多好!他同意啦。但白兰地一喝下去,肚子里就像火一样在烧,还得回过头去喝苹果酒才成。这样,就一凉一热,一热一凉,喝个不停。我发觉我已经到了九十度,波利特差不多到了一百度。"

突然,门打开了,梅莉走进来,没有跟我们这两个客人打招呼,就朝他嚷道:"该死的下流坯,你们两个都到了一百度。"

玛蒂厄发火了:"不许这么胡说,梅莉,不许胡说,我从来就没有上过一百度。"

他们请我们吃了一顿很可口的午饭,在家门口两棵椴树下,靠近"大肚子圣母"的小教堂旁,眼前是一片开阔的美景。玛蒂厄给我们讲了一些令人难以置信的神灵显圣的故事,在他嘲笑的

---

[1] 法国古容量单位,一拉齐尔约合五十升。

口吻之中，夹杂着深信不疑的天真，使人颇感意外。

我们喝了好多苹果酒，这酒又辛又甜，又清凉又可口，令人爱不释杯，比起其他酒来，玛蒂厄更爱喝这一种。接着，我们跨坐在椅子上抽烟斗，正在这时，进来了两个女人。

她们都上了年纪，干瘪枯瘦，身躯佝偻。打了个招呼后，她们就说是来请圣布朗的。玛蒂厄朝我们挤了挤眼，答复说：

"我马上就给你们拿来。"

说着，他走进了柴房。

他在那里边待了足有五分钟，出来时神情沮丧，举起两只胳膊，说：

"不知道他在哪里，找不到他，不过，我肯定有。"

说着，他用两手做出一个喇叭筒的姿势，大声喊叫："梅莉——莉！"他老婆立即在院子里应声：

"什么事？"

"圣布朗在哪儿？我在柴房里找不到他。"

于是，梅莉提醒他：

"是不是你上个星期拿去塞兔子窝了？"

玛蒂厄吓了一跳："哎哟哟，这倒很可能！"

他对两个老妇说："你们跟我来。"

她们跟着他去了。我与我朋友两人，笑得几乎透不过气来，我们也跟在后面去看。

果然，圣布朗像一根普普通通的木桩插在地上，沾满了烂泥与污垢，被当作兔子窝的一个支脚。

那两个女人一见，赶忙就跪下，用手画十字，嘴里做祈祷。玛蒂厄连忙说："等一下，你们跪在烂泥里了，我给你们拿捆麦秸来。"

他找来了一捆麦秸,给她们当祈祷用的跪凳。接着,他看那圣像上沾满了泥垢,一定是害怕有损他生意的信誉,所以补了一句:

"我替你们把他弄干净一点儿。"

他提来一桶水,用一把刷子使劲地洗刷那个木头老好人,两个老妇人则一直在那里祈祷。

刷洗完毕,他说:"现在,完全行了!"于是,又领我们回去喝酒。

他把酒杯举到嘴边,停了下来,带点儿不好意思的神情说:"反正就是这么一回事,我把圣布朗去堵兔子窝的时候,原以为他不会再给我赚钱了,这两年一直没有人来要他。但是,您瞧,圣人毕竟永远不会过时。"

他把那杯酒喝下去,又说:

"来,咱们再来一杯,跟朋友在一起喝,至少得喝到五十度,咱们现在还不到三十八度呢。"

两 个 朋 友

　　巴黎被围已有一些日子，全城在饥饿里喘息呻吟。屋顶上很难见到麻雀了，阴沟里的爬行动物也大大减少。人们逮到什么吃什么。

　　正月的一个早晨，天气晴和，莫里索先生饥肠辘辘，双手插在军服的裤袋里，满怀愁绪地在林荫大道上溜达。他是个钟表匠，战争期间暂时当上了居家的后备兵。这时，他骤然停步在一位后备役同事的面前。此人乃索瓦日先生，是他过去在河边钓鱼时认识的熟人。

　　战前，每逢星期天，莫里索一早就出发，手里拿着竹钓竿，背着白铁罐，搭上开往阿尔让特伊的火车，在哥伦布站下车，然后步行到玛朗特岛。一到他魂牵梦绕的绝妙去处，他就开始垂钓，一直钓到天黑。

　　每个星期天，他在钓鱼的地方总会碰见索瓦日先生。此君身体矮胖，性情乐观，他在罗莱特圣母街开一家服饰用品店，也是一个狂热的钓鱼迷。他们常常并排坐在水边，手握着钓竿，双腿悬在水面上荡悠，一钓就是大半天。就这样，日子一长，两人就成了好朋友。

　　有时候，他们整天不说一句话；有时候也聊上一阵子。但他们即使不说什么，彼此也很了解，因为趣味相投，感受一致。

　　春天的早晨，将近十点钟的光景，恢复了青春活力的阳光，撩动着平静水面上一层随波而流的轻雾，也照抚着两个专心致志的垂钓者，使他们的背部感到了新春的暖意。有时，莫里索会对旁边的朋友说："嗨，多舒服！"索瓦日也答上一句："再没有比这更舒服的了！"如此简单的对答，就足以使他们互相理解，相互认同。

　　秋天，黄昏时分，冉冉下沉的夕阳把天空涂成红彤彤的一片，彩霞如血，倒映在河中，将河水染成了紫色，天边像燃起了熊熊大火，两个朋友也笼罩在如火如荼的红光中，树上的霜叶被镀上了一层金黄，预感到初冬的寒意而簌簌颤动。此时此景，索瓦日先生会带着微笑看着莫里索说："多美的景致！"心醉神迷的莫里索眼睛仍盯着他的浮子，总是回答说："比林荫大道的景致更美！"

　　他俩互相一认出来，就使劲地握手，没想到会相遇在如此沧海桑田的时境中，不禁感慨万分。索瓦日先生长长叹了一口气，嘟囔着说："瞧，现在这些破事儿。"莫里索先生也闷闷不乐，悲叹道："现在是什么世道呀！开年以来，今天好不容易才碰上第一个好天气。"

　　的确，天空蔚蓝，阳光灿烂。

　　两人肩并肩地往前溜达，都是满怀心事，闷闷不乐。莫里索接着说："记得过去的钓鱼吗？嗨，那是多么美好的回忆！"

索瓦日先生发问:"什么时候我们能再去钓鱼?"

他们走进一家小咖啡店,每人喝了一杯苦艾酒,然后走了出来,继续在人行道上闲逛。

莫里索突然停步说:"再去喝一杯,如何?"索瓦日先生表示赞同:"随您的便。"于是,他们又进了另一家酒店。

出来的时候,他们都晕晕乎乎的,像空着肚子灌满了酒的人那样醉醺醺的。天气晴和,轻柔的微风抚摸着他们的脸。

索瓦日先生在和风的轻抚下,完全飘飘然了,他停步下来,问:"咱们去吧,好吗?"

"去哪儿?"

"当然是去钓鱼啰。"

"去哪儿钓鱼?"

"去咱们那个岛上。法国军队的前哨阵地就在哥伦布附近,我认识杜莫兰上校,没问题,他会放咱们过去的。"

莫里索满怀希望,高兴得全身颤抖,说:"一言为定,我同意。"于是,他们分头回家去取各自的钓具。

一个小时之后,他们并肩走在大路上,来到上校驻扎的那个别墅。听了他们的请求,上校笑了一笑,同意了他们这个心血来潮的怪念头。他们带着通行证就出发了。

没过多久,他们就通过了前哨阵地,穿过荒凉的哥伦布,来到了几小块向塞纳河倾斜的葡萄园旁边。这时大约是十一点钟。

对面,阿尔让特伊村看上去死气沉沉。阿尔日蒙与沙勒瓦这两个山冈俯视着整个地区。山冈一直延伸到南戴尔的辽阔平原阒无人迹之处,除了光秃秃的樱桃树与灰溜溜的田地外,一片死寂。

索瓦日用手指着山冈的峰顶,嘟囔着:"普鲁士人就在那上面！"面对着这一大片死亡地带，两个朋友惶恐不安，两腿发软。

普鲁士人！他们从未见过，但好几个月以来他们深感这批家伙无处不在，在巴黎周围，在整个法国进行蹂躏、掠夺、屠杀，制造饥荒，虽然见不着，但却凶狠强大，对于这样一个陌生的战胜者民族，他们除了仇恨外，还有一种近乎迷信的恐惧。

莫里索结结巴巴地说："哎，万一碰到他们怎么办？"

索瓦日先生以巴黎人在任何情况也都不会失去的俏皮劲答道："咱们就请他们吃顿油炸鱼。"

话虽如此，他们却不敢冒失往田野那边前进，因为周围一片死寂，足以叫他们胆寒。

最后，还是索瓦日先生拿定主意："走，往前走，但是要特别小心。"于是，他们就顺着倾斜的葡萄园往下走，弯着腰，匍匐前进，利用荆棘灌木掩护自己，瞪着眼睛，环视六路，竖起耳朵，监听八方。

要到达河边，还要通过一长条光秃秃的地面。他们跑步穿过去了，一到河边，就躲在干枯的芦苇丛里蜷缩起来。

莫里索把耳朵贴在地面上，细听周围是否有人在走动。什么也没有听见。这块地方只有他们两人，绝对没有任何其他人。

他们放下心来，开始钓鱼了。

在他们对面，荒无人烟的玛朗特岛正好挡住对岸的视线，使人看不见他们。岛上有一家小饭店，门窗紧闭，看上去已废弃多年了。

索瓦日先钓到了一条鲍鱼，莫里索接着也钓到一条。随后，他们时不时把钓竿往上一扬，每次都有一条银光闪闪的小鱼挂在钓线的末端乱蹦。垂钓如此丰收，真像是一个奇迹。

　　他们轻轻地把鱼放进一个网眼很密的兜里，网兜浸在他们脚下的水中。他们感受到一种妙不可言的欢乐，这是当一个人长期被剥夺掉一种心爱的消遣，而后又重新获得时才会体验到的欢乐。

　　灿烂的阳光把他们的肩膀晒得暖洋洋的，他们什么也不听，什么也不想，感受不到世上还有其他的事，他们全身心扑在钓鱼上。

　　突然，一声巨响似乎从地底爆发出来，把大地震得发抖。普鲁士人的大炮又开始轰击了。

　　莫里索转过头去从陡峭的河岸上望去，只见左边瓦莱利昂山高大的侧影，山顶上有一团羽饰状的白絮，那是大炮刚刚喷吐出来的硝烟。

　　紧接着，第二团硝烟从要塞的顶部喷出。然后，隔一会儿，又响起一声炮轰。

　　炮轰声接连不断，山峰上发出一阵阵毁灭性的咆哮，从那里喷出来的乳白色烟雾，在宁静的天空中冉冉上升，凝结为一朵云，压在山顶的上空。

　　索瓦日先生耸耸肩膀说："瞧，他们又干上了。"

　　莫里索正焦急地盯着浮子上一个劲儿地往水里沉的羽毛，像他这么一个性情平和的人，见那些疯子如此进行屠杀，也发起火来了，他恨恨地说："这么互相残杀真是愚蠢透顶！"

　　索瓦日先生补了一句："真比畜生还不如。"

　　这时，莫里索正钓到了一条欧鲅，他也发表高见说："这么说吧，只要世界上有各种各样的政府，互相残杀就永远根绝不了。"

　　索瓦日接着说："如果是共和政府，它就不会宣战了……"

莫里索打断对方的话,说:"如果都是君主政府,就会打国际战争;如果是共和政府,就会打国内战争。"

他们就这么平心静气地讨论起来,他们以思想温和而见识有限的人所惯有的通情达理的态度,分析那些重大的政治问题,最后达成了这样的共识:人类是永远得不到自由的。与此同时,瓦莱利昂山上的炮轰一直持续未断,炮弹在摧毁法国人的房屋,粉碎法国人的生活,屠杀法国人的生命,埋葬数不清的美梦、数不清的欢乐期待、数不清的幸福希望,到处制造痛苦,在无数少妇、无数姑娘、无数母亲的心上造成永远不能愈合的伤痕。

索瓦日先生感慨说:"这就是生活!"

莫里索笑着回应:"还不如说这就是死亡!"

但是,他们突然吓得打了一个寒战,因为明显感到有人从自己背后走过来了。一转过头去,他们就看见有四个人,不,四条大汉,全副武装,满脸胡子,像听差一样穿着号衣,戴着平顶军帽,已经紧挨在他们背后,正用枪对着他们。

两条鱼竿从他们手里掉了下来,随河水漂流而去。

几分钟后,他们被抓住、捆了起来,扔进一条小船运到对面的岛上。

在那幢他们误认为无人的房子的后面,他们见到二十来个普鲁士士兵。

有一个遍体长毛的彪形大汉,骑在一把椅子上,抽着一个特大号瓷烟斗,用流利的法语向他们发问:"噢,两位先生,鱼钓得不错吧?"

这时,一个士兵把没有忘了带过来的满满一网兜鱼,放在这彪形大汉的脚跟前。这家伙笑了笑:"怎么样,我说你们的成绩很不错嘛，不过，咱们要谈别的事，你们给我好好听着，但不用害怕。"

"在我看来，你们就是两个间谍，受派遣来刺探我方军情。我抓住了你们，就可以把你们枪毙掉。你们假装来钓鱼，是为了更好地掩盖你们的企图。活该你们倒霉，落在了我的手里。这就是战争嘛！"

"既然你们通过了前方哨所，一定知道口令才能回去。把口令告诉我，我就饶你们的命。"

两个朋友并排站着，吓得面色如土，两手神经质地发抖，但他们闭口不语。

普鲁士军官又说："谁也不会知道这件事的，你们可以安安心心回去。你们一走，这个秘密也就跟你们一道消失了。如果你们不把口令说出来，那就只有一死，而且马上执行。你们自己选择吧。"

两个朋友站着不动，仍然没有开口。

那个普鲁士人未动肝火，他指着那条河又说："想想看，五分钟后你们就要葬身水底，只有五分钟了！想必你们还有自己的亲人吧？"

瓦莱利昂山上的大炮一直在发出轰隆隆的巨响。

两个垂钓者站在那里，都一声不吭。那个军官用德语下了个命令，然后把椅子挪开，离两个阶下囚远一点儿。十二个士兵过来了，站在二十步开外的地方，枪柄紧靠在脚边。

军官又说："我再给你们一分钟时间，你们休想再多一秒钟了。"

这时，他突然站起来，走到两个法国人跟前，抓住莫里索的胳膊，把他拉到一旁，低声对他说："快，把口令告诉我，你的同伴绝不会看出来，我可以假装是心软了把你们放走的。"

莫里索一言不发。

于是，普鲁士人又把索瓦日拉到一旁，向他提出同样的问题。

索瓦日也一言不发。

他们两人肩并肩站在一起。

普鲁士军官一声令下，士兵们一齐举起了枪。

这时，莫里索的眼光碰巧落在几步外草地上那只盛满了鮈鱼的网兜上。

一道阳光照得这一兜活蹦乱跳的鱼闪闪发亮。他心里突然一酸，实在控制不住，两眼里充满了泪水。

他结结巴巴地说了一句："索瓦日先生，永别了。"

索瓦日先生也回答说："永别了，莫里索先生。"

他俩握了握手，全身从头到脚不禁一阵颤抖。

军官叫了一声："开火！"

十二支长枪一声齐发。

索瓦日先生脸孔向下，全身扑倒在地。莫里索身材比较高大，摇晃着转动了一下，才仰面倒在他的朋友身上，鲜血从被打穿了制服的胸前汩汩冒出来。

那个德国佬又下了几道命令。

他手下的士兵听命马上散开，找来了一些绳索与石头，把石头捆在两个死者的脚下，然后把他们抬到河岸边。

瓦莱利昂山上不断发出大炮的咆哮声，整座山都笼罩在硝烟之下。

两个士兵分别抬起莫里索的头部和脚部，另外两个则以同样的方式抬起索瓦日,用劲荡了几下,然后往远处一扔。于是,两具尸体呈一弧线形被扔进了河里,捆着石头的脚部先朝下,然后把尸体拽进了水中。

河水溅了起来,翻腾、激荡了一会儿,又自行恢复平静,一圈圈涟漪则向两岸扩展开去。

水面上漂着一些血迹。

那个军官一直若无其事,泰然从容,这时,低声说了一句:"现在,该轮到那些鱼了。"

说着,他朝那所房子走去。

他一眼看见草地上那一网兜鲔鱼,拎了起来,端详了一下,露出微笑,大声叫道:"威廉你过来!"

一个系着白色围裙的士兵跑了过来。那军官把两个死者遗留下来的一网兜鱼扔给他,命令道:"趁这些鱼还活着,你赶快给我煎一煎,味道一定很鲜美。"

说完,又开始抽他的烟斗。

骑 马

这可怜的一家人,仅仅靠丈夫微薄的薪水勉强度日,结婚之后,添了两个孩子,原来甚为拮据的日子,变本加厉,演化为寒碜、自惭形秽却又遮遮掩掩的生活,那种破落贵族仍硬撑门面的尴尬生活。

此公名叫海克托·德·格里贝南,在外省土生土长,从小在祖传的花园里受一年老家庭老师的调教。那时,他的家道就已经中落,但仍竭力维持着大户人家的风光体面。

到了二十岁,长亲为他谋了份公差,进海军部当了科员,年薪一千五百法郎。这种差事就有如一块礁石,好些人都要在此搁浅,无法再前进半步。搁浅者大凡是这样一些人:早年未经受过磨难、无生活奋战准备者;隔着云雾看人生,既不懂进取之手段策略,又无软磨硬抗之承受耐力者;从小没有机会练就一身本领专长,又无特殊天赋禀能者;自幼就无奋斗精神、且手无寸铁与利器者。

他在科里的头三年,可谓是备受煎熬。

后来,他总算遇上了几位世交,那都是落后于时代的老人,且家境皆不富裕，他们都住在圣日耳曼区旧贵族聚居的街上，街区冷落，一片凄清。

这些旧时代的贵族，对当代生活隔膜无知，既寒碜卑微，又自视甚高，他们住在死气沉沉的楼房里，集中在上面的几层，从上到下的住户，个个都有贵族封号，不过，从第二层到第六层的住户，似乎都不大有钱。

这些人家，过去都有荣光辉煌的家世，因为后人游手好闲而破落了，而今，却仍死抱着贵族成见不放，念念不忘自己高贵的血统门第，唯恐有失自己的身份脸面。

海克托·德·格里贝南就是在这样的圈子里遇上了一位姑娘，其高贵的血统与穷酸的家境全跟他一样，于是，他便娶了她。

婚后四年，他们生了两个孩子。

此后的几年中，这一家子一直在清苦的重压下喘息，平时从来没有什么休闲工作，只有在星期天去香榭丽舍溜达溜达，或者清淡季节有同事送来优待券时，到剧场去免费看一两场戏。

可是，这一年快到开春时，科长委派他办了一桩额外的差事，因此，他得到了三百法郎的特别奖金。

把这笔钱拿回家时，他对妻子说：

"我亲爱的亨利埃特，我们该去享受一下了，比如说，带孩子们去好好玩一玩。"

两夫妻讨论了许久，终于决定全家到乡下去玩，并在那里举行野餐。

"我保证，"海克托大声说，"只此一回，下不为例，这次我要为你、孩子和女佣，租一辆四轮大马车，而我自己，我去租一匹马骑着去，这对我的健康有好处。"

整整一个星期，全家对这次计划中的郊游，谈论个没完没了。

海克托每天晚上从办公室回来，就抱过大儿子，让他骑在自己的腿上，使劲地将他颠得一上一下，对他说：

"喏，下星期天郊游时，你老爸就要这么骑着马跑。"

于是，小孩儿也就整天跨在椅子上，拖着椅子满客厅里跑，嘴里喊道：

"这是爸爸在骑马。"

女佣一想到男主人将骑着马伴随马车而行，则以赞赏膜拜的眼光看着他。每顿饭她都听他大谈骑术之妙以及他当年在父亲庄园里英勇驭马的经历。好家伙！他是受过专业训练的，只要一跨上马背，他什么都不怕，真的什么都不怕！

他兴高采烈地搓着双手，一再对妻子吹嘘说：

"要是给我一匹烈性子的马，那我才高兴呢，你就瞧我怎么骑上它吧；只要你愿意，我们从布洛涅森林回来时，可以走香榭丽舍大街。那一定很露脸很神气，要是能碰上部里的同事，那就最好不过了，单凭这一点，就足以叫那些上司对我刮目相看。"

郊游那一天，马车与马同时来到家门口。他立即下楼，检查他的坐骑。他早已叫家人缝好了套在鞋底下的绷带；手里挥舞着前一天买来的马鞭。

他先将坐骑的四条腿一一抬起来，摸捺一番，又摸摸它的脖子、两肋和膝弯，用手指试试它的腰，再掰开它的嘴，对牙齿进行了检查，并大声宣布这牲口的年龄是多大。这时，全家都从楼上走下来了，于是，他又向大家发表了一通讲演，先是从理论上与实用上论述一般的马，然后，又对眼前的这一匹做了些评论，照他看来，这是一匹好马。

等大家都在车里坐定之后，他查看了一下马鞍的肚带，而后，脚踩一只马镫，纵身一跃，坐落在马背上，那畜生一感到背上有重负，便蹦跳了起来，差一点儿把这位骑士摔了下去。

海克托不胜惊慌，好不容易才把这畜生稳住，对他直喊：

"安静些，朋友，安静些！"

驭马的平静下来了，被驭的也就恢复了镇定，他发问道：

"都准备好了吗？"

大家齐声回答：

"好了！"

于是，他下令：

"出发！"

这一行人马终于上路了。

大家的目光都注视着他。他以美国人的方式策马小跑，自己在马背上故意大起大落，屁股还没有落鞍，就往上一纵，好像要蹦入空中。有时，他又似乎要匍匐在马颈上，两眼直视前方，面部肌肉紧绷，面色煞白。

他妻子膝上抱着一个孩子，女佣抱着另一个，两人都不断对孩子赞叹道：

"瞧瞧你爸！瞧瞧你爸！"

马车的颠簸、欢乐的气氛与清新的空气，使得两个小家伙兴高采烈，发出阵阵尖叫。而尖叫声又刺激得马儿愈发狂奔。当骑士奋力勒住惊马时，他的帽子掉在了地上，车夫只好下车替他去捡，海克托从车夫手上接过了帽子，远远对妻子说：

"别让孩子们这么尖叫，否则马一狂奔，我就会失控。"

一家人在维西奈树林的草地上用了午餐，吃的是用盒子装的各种食物。

尽管有那个车夫去照料三匹马，海克托仍不时起身去看看他骑的那一匹马是否需要什么，他抚摸着马的脖子，给马喂些面包、点心与糖果。

他得意扬扬说：

"这匹马可是烈性子。刚一骑上的时候，它掀了我几下，但你们都亲眼见了，我很快就制服了它；它对自己主人的厉害有了认识，现在是老老实实了。"

按照他们事先的决定，一行人马经由香榭丽舍大街打道回府。

宽阔的林荫大道上车水马龙。路两边的行人熙熙攘攘，连绵不断，像两条长长的黑色缎带，从凯旋门一直延伸到协和广场。阳光普照，万物生辉，车身的漆面，鞍鞴的金属与车门上的把手，无不闪光发亮。

这一队人马，感受到一种对激烈活动的狂热，一种对生活乐子的追求，而在远处，协和广场上的方尖碑正矗立在金色的阳光之中。

刚过凯旋门，海克托的坐骑突然又亢奋起来，它穿过车流，朝着马厩的方向，急速奔跑，海克托使尽全身解数进行驾驭，但无济于事。

家人坐的那辆马车被远远抛在后面，快到工业宫时，那牲口眼见前方道路空阔，便向右一拐，狂奔起来。

这时，正有一个穿着围裙的老妇在过马路，她慢吞吞地迈着步子，恰巧挡住了海克托全速飞奔而来的去路。骑士无法控制自己的坐骑，只得声嘶力竭地喊了一声：

"喂，快躲开！快躲开！"

那老妇也许耳聋，她仍然慢吞吞地往前走，说时迟，那时快，猛冲过来的马匹像一个火车头，将她撞个正着，她一连翻了三个跟头，滚到十步开外，摔得衣衫凌乱不堪。

一些行人大喊：

"快拉住那匹马！"

海克托惊慌失措，拼命抓住马鬃，大声号叫：

"救命！"

突然，那匹马可怕地猛抖一下，像扔球似的将骑士从它的头上抛出去，正好落在一个前来拦截奔马的警察怀里。

不一会儿，他的四周就围了一群人，他们义愤填膺，比手画脚，高声怒骂。特别是一位老先生，蓄着白色的大胡子，胸前佩着圆形的大勋章，更是愤怒到了极点，一再指责道：

"混账东西，像他这样笨手笨脚，就该老老实实待在家里，既然不会骑马，就不该跑到街上来害人！"

这时，有四个人把那老妇抬过来了，她看上去好像已经死了，脸色蜡黄，帽子歪在一边，满身都是尘土。

"你们把这女人抬到附近的药店去，"那位老先生命令道，"其他人都到警察局去。"

海克托由两个警察夹着，另一警察牵着那匹闯祸的马，后面跟着一群人；这时，马车出现了，海克托太太奔了过来，女佣惊慌不知所措，两个小孩儿则哇哇乱叫，他向家人解释说，他撞倒了一个老妇，没有什么大不了的，事情很快就会过去。于是，他的家人就惶恐不安地走了。

在警察局里，他只对事实做了简单的说明，通报了自己是海军部的科员,名叫海克托·德·格里贝南。然后,大家就等候着受伤者的消息。派去打听消息的警察回来了,说老妇已经恢复知觉,但她说自己受了内伤,感到很难受。她是一个替人料理家务的女佣,六十五岁,名叫西蒙大妈。

海克托一听说她没有死,感到有了希望,他立即保证负担她的医疗费,而后就跑到药房去了。

药房门前挤满了一群嘈杂的人。那老妇躺在一张椅子上呻吟,两手一动也不动,面部毫无表情。两位医生仍在为她查伤,胳膊腿都没有骨折,但恐怕有内伤。

海克托问她:

"您很难受吗?"

"唉,是的!"

"哪儿难受?"

"我胃里像火烧火燎似的。"

一位医生走过来,问:

"先生,您就是肇事者吧?"

"是的,先生。"

"这位妇女必须送到疗养院去。我知道有家疗养院每天只收六法郎,您同意由我来安排吗?"

海克托欣然同意,他谢过了医生,回到家里,如释重负。

他妻子正泪流满面地等着他,他安慰妻子说:

"没有什么要紧的,那个西蒙大妈已经好了一些,再过三天,就会痊愈。我已经把她送进了一家疗养院,没有什么要紧!"

没有什么要紧!

第二天下班后,他去探看西蒙大妈的病情,见她正在喝浓香浓香的肉汤,显得很心满意足。

"喂,怎么样啦?"他问。

她答道:

"哎哟,我可怜的先生,没有半点儿好转,我觉得是毫无希望了,没有任何起色。"

医生说,还得观察观察,因为,说不定会有某种恶化。

于是,他又等了三天,再去看时,老妇满面红光,双目有神,但她一看见海克托,就呻吟起来:

"我动不了啰,可怜的先生,我再也动不了啰,看样子,我就这么残废了,一直到死。"

海克托背上打起一阵寒战,他询问医生,医生举起双手,表示无可奈何:

"有什么法子呢,先生,我也不知道。只要我们去抬她,她就大叫大嚷。就连挪动一下她的座椅,她也要尖声惨叫。我只得她讲什么我就信什么,先生;我不能钻进她肚子里去呀。除非我亲眼见她起来走动,否则,我无权说她在装病。"

老妇在一边听着,一声不吭,眼里露出狡诈的神情。

又过了一周,两周,一个月,西蒙大妈仍然没有离开她的靠背椅。她从早到晚,吃不停嘴,越来越发福了。她过得快快活活,与病友聊起天来,兴高采烈,似乎她已经完全习惯过这种安安生生的日子,以往五十年,她在别人家里跑上跑下,铺床,搬煤,打扫卫生,洗洗刷刷,过得好不辛苦,如今不正是苦尽甘来,得到了补偿吗?

海克托不知如何是好,他每天都来,每天都见她过得心安理得，她总这么平淡地对他宣称：

"我这辈子是动不了啦，我可怜的先生，我是动不了啦！"

每天晚上回到家里，妻子总要焦急地问他：

"西蒙大妈怎么样了？"

每次他都绝望而沮丧地答道：

"还是老样子，一点儿也没变！"

他家已雇不起女佣了，只得将她辞退。他们更加缩衣节食，即使如此，那笔额外的奖金全都补贴家用花光了。

海克托只好请四位主治医生到老妇面前会诊。她任凭他们检查、触诊，只睁着狡诈的眼睛盯着他们。

"得让她站起来走走。"一位医生说。

老妇立即大喊大叫起来：

"不行，我的好先生，不行！"

于是，他们抓住她的手，将她拉起来，拖她走了几步，但她用劲挣脱，往地板上一倒一瘫，发出骇人的叫喊，他们只好小心翼翼地将她抱回椅中。

四位医生出言谨慎，未下明确结论，但认定她是丧失劳动力了。

海克托回家把这消息告诉妻子，她颓然往椅子上一倒，结结巴巴说：

"那还不如把她接到我们家来，可以节省一点儿费用。"

他火蹿了起来：

"我们家，把她接来我们家！亏你想得出来？"

但她现在对任何后果都听天由命了，含泪答道：

"有什么法子呢，我的朋友，这又不是我的错。"

西蒙的爸爸

中午十二点的钟声刚刚敲过,小学的校门就打开了,孩子们争先恐后涌向门口,你推我挤,急着离校。但这天,他们并不像平日那样很快散开,各自回家吃饭,而是在校门外几步远的地方就站住,三五成群,聚集成堆,开始交谈议论。

原来,这天早晨,布朗肖特的儿子西蒙,第一次到本校来上学。

这些孩子在家里都听说过布朗肖特这个女人。虽然在场面上大家都以礼待她,但私下里,那些为人之母的妇女提起她时,怜惜之中总带有一点儿轻蔑,孩子们都受此影响,却根本不知道事情的原委。

至于西蒙本人,大家都不认识他,因为他从不出家门,从没有跟这些孩子在村道上、在河边上玩耍过。本来,大家谈不上对他有什么兴趣,但有一次听一个十四岁的男孩儿说到他,却感到又惊又喜,那男孩儿这么说:"你们知道吗?……西蒙,他没有爸爸。"说着的时候,挤眉弄眼的一副狡黠的神情,似乎他所知道的底细远不止这一点。这些孩子得知此一消息后,便辗转相告,迅速传播。

正当孩子们交头接耳、议论纷纷之际，布朗肖特的儿子也向校门口走来。

他有七八岁，脸色略显苍白，全身干净利索，样子腼腆，近乎拘谨。

那几堆同学仍在窃窃私语，并用不怀好意且残忍无情的目光盯着他，当他正要走出校门回家去的当儿，他们显然是想捉弄他一番，慢慢地围了上去，将他困在中间。他站在那里，又惊讶，又困惑，不明白他们要干什么。那个无事生非的大孩子，一看自己散布的消息产生了效果，就扬扬得意地寻衅：

"喂，你叫什么名字？"

"西蒙。"孩子答道。

"西蒙什么呀？"对方又问。

可怜的孩子被问得懵头懵脑，又重复了一遍："西蒙。"

那大孩子朝他嚷道："你名叫西蒙，还少点儿什么，西蒙，这不是姓……"

孩子几乎要哭出来了，他第三次答话：

"我就叫西蒙。"

那些起哄的孩子哄然大笑，为首的那一个更是扬扬得意，他提高嗓门儿嚷道："大家都瞧见了吧，他没有爸爸！"

一时鸦雀无声，孩子们都惊呆了，一个小孩儿居然没有爸爸，这真稀奇古怪，简直就不可思议，在他们的眼里，这样的人就是一个怪物，一个违反自然天理的人，这时，他们感到，自己母亲对布朗肖特的那种莫名其妙的蔑视，也在自己的心里生根发芽了。

西蒙呢，他靠在一棵树上，以免晕倒；他呆呆地站在那里，

127

似乎被一桩无可挽救的灾难击昏了头。他想为自己辩解，可是找不出词来，驳不倒他没有爸爸这样一个可怕的事实。他面色惨白，最后不顾一切地朝他们叫了一声："不，我也有一个爸爸！"

"你的爸爸在哪里？"那个大孩子质问道。

西蒙无言以对，他的确不知道。旁边的孩子都幸灾乐祸，哈哈大笑。这帮乡下崽野性十足，冷酷无情，竟产生了一种残忍的欲望，就像在同一窝母鸡之中，如果有一只受了伤，其他那些就群起而攻之，将它置于死地。西蒙绝境求生，忽见邻家一寡妇的孩子在场，那小孩儿也像自己一样，孤零零地跟着寡母过日子，就朝他说了一句：

"你也一样，也没有爸爸。"

"你胡说，我有爸爸。"那孩子反驳说。

"你爸在哪儿？"西蒙质问道。

"他死了，"那孩子理直气壮地说，"我爸爸，他就在墓地！"

这帮调皮鬼对此回答甚为满意，发出一片嗡嗡的赞许声，似乎这个同学有爸爸葬在墓地，就高人一等，压倒了那个根本没有爸爸的西蒙。但这些欺侮人的孩子的父亲，其实大多数都是恶棍、酒鬼、小偷与虐待妻子的人。现在，他们推推搡搡，越来越使劲，似乎他们这些有合法身份的孩子，就想把眼前这个没有合法身份的孩子挤扁，挤死。

有一个站在西蒙对面的孩子，突然伸出舌头表示嘲弄，还大声嚷道：

"没爸崽！没爸崽！"

西蒙扑将上去，两手揪住那孩子的头发，拳打脚踢，还狠狠咬对方的脸。一场混战爆发了。待到两个对打者被拉开时，西蒙已经是被狠揍了一顿，衣服撕破了，身上伤痕累累，瘫倒在地，而那些欺侮他的孩子则围在四周，鼓掌起哄。西蒙爬了起来，下意识地用手拍了拍满是尘土的小罩衫，这时，又有一个孩子朝他嚷了一句：

"去向你爸爸告状吧！"

西蒙一听此话，心里就彻底泄气了。他们那一群人要比他强大得多，他是被揍垮了，而他又根本没法儿反驳他们，明摆着，他就是没有爸爸。作为一个自尊心极强的孩子，他这时竭力想忍住涌上来的眼泪，好不容易才憋住了几秒钟，憋得自己直透不过气来，终于，抽抽噎噎地哭起来了，没有悲号，但哭得全身发抖，抖个不停。

敌人堆里是一片幸灾乐祸，欣喜若狂，他们就像野人在狂欢中那样，自然而然手牵着手，团团将他围住，一边跳，一边重复地叫喊："没有爸，没有爸。"

但是，西蒙突然停止哭泣，他愤怒到了极点，正好脚下有一些石子，他抓起来就使劲朝那些欺侮他的人扔去。有两三个家伙挨了石子，嗷嗷叫着逃跑了。西蒙那副神情着实令人害怕，其他孩子也都惊慌失措，拔腿就跑，正如成堆成帮的人群，一碰上个把情急拼命者，也会溃散而逃。

现场只剩下这个没有爸爸的孩子了，他撒开腿朝田野奔去，因为他突然回想起了一件事情，顿使他痛下决心，想去投河自杀。

他回想起的是这么一件事：一个星期以前，有个靠乞讨为生的穷光蛋，因为没有钱而投河自尽；捞起来的时候，西蒙也在现场。他平时总觉得此人又脏又丑，样子很悲惨可怜，而今死去，脸色苍白，长长的胡子湿淋淋的，两眼平静地睁着，神情安详，留给了西蒙极为深刻的印象。围观人群中有的说"他一命呜呼了"，有的则补充说"现在他完全解脱了"。西蒙想起了这件事，便决定投河自杀，因为他跟那个穷光蛋同样悲惨，那人没有钱，而他没有爸爸。

他来到河边，注视着流水，河水清澈，有几条鱼儿在追逐嬉戏，偶尔轻轻蹦起，捕食在水面上飞来飞去的小虫。他看得出神，就不再哭了，觉得鱼儿捕食的技能挺有意思。然而，尽管风暴平息片刻，却时有狂风骤起，将树木吹得哗啦哗啦作响，然后消失在天边，与此相似，"我没有爸爸，我要投河"的念头，不时干扰西蒙的内心，使他痛苦不堪。

天空晴朗，气温颇高。和煦的阳光照暖了草地，河水明亮如镜。痛苦之泪宣泄之后，西蒙一时颇感舒畅和困倦，特别想在这暖洋洋的草地上睡一大觉。

一只小青蛙从他脚底下跳出来，他想捉住，却让它逃掉了，他扑上去连抓三次，均未成功，最后，总算抓住了他的两条后腿，见那小家伙尽力挣扎，想要逃脱，他不禁笑了。青蛙将后腿往回一缩，再使劲一蹬，绷得笔直，如同两根棍子，两只有金丝边的大眼鼓得圆圆的，而两只前腿则像手臂一样不停地舞动。这使得他想起了一种用狭长条木片制成的曲状的玩具，也是如此用力一拉，就牵动了安置在上面的小兵木偶表演操练动作。于是，他又想到了家，想到了母亲，心里不胜悲伤，不禁又哭起来了。他浑身颤抖，跪倒在地，像在临睡前那样做祷告。但是，他抽泣得太急促，太剧烈，完全不由自主，实在祷告不下去了。他只好什么也不想，什么也不看，就一个劲儿地哭下去。

突然，一只沉甸甸的手按在他的肩上，一个粗声粗气的人问他："你有什么事儿这么伤心，小家伙？"

西蒙回头一看，是一个留有小胡子、头上是曲卷黑发的高个子工人，正和蔼地瞧着他。他眼睛里、嗓子里正噙满了泪水，答道：

"他们揍我……就因为……我……我……没有爸爸。"

"怎么啦？"那人微笑着说，"可人人都有爸爸呀。"

西蒙仍在伤心地哭泣，他为难地又说："我……我……我没有。"

那工人听了，脸色变得很严肃，他认出来西蒙就是布朗肖特的儿子；他从外地迁来虽然不久，但也隐隐约约知道这个女人的身世。

"好啦，"他说道，"别哭了，孩子，你跟我一道回去找你妈妈。有人会让你……有个爸。"

两个儿一同上路往回走，大人牵着小孩儿的手。那人的脸上露出了微笑，能见识见识那位布朗肖特，倒也不错，据说那位当了未婚妈妈的年轻女人，是当地为数不多的美女之一；也许，这男人心里不无非分之想，觉得一个姑娘既然已经失身过一次，就可能再失身一次。

他们走到一所干干净净的白色小房子门前。

"这就是我家。"孩子说，接着就喊了一声："妈妈！"

一个女子走出屋来，那工人立即敛起了笑容，他一眼就看出，跟这个面色苍白的高个子年轻女人，是绝不能开玩笑的，她一脸严肃的神情站在门口，看样子根本不会让男人跨进门槛，走进这个她已经失身过一次的房子。这工人怯场了，手里拿着鸭舌帽，结结巴巴地说：

"喏,太太,我给您把孩子送回来啦,他在河边迷了路。"

但西蒙却扑上去搂住妈妈的脖子,一边说一边哭了起来:

"不是迷路,妈妈,我是想投河,因为有些孩子揍了我,揍我……因为我没有爸爸。"

那年轻女子羞惭得满脸通红,心里则有如刀绞,她紧紧抱住儿子,泪水哗哗地流满了脸颊。那男子站在一旁,很是感动,不知如何是好,不料,西蒙突然跑过来,问他:

"您愿意做我的爸爸吗?"

一阵尴尬的沉默。布朗肖特靠着墙,双手按在胸口,一声不吭,羞惭难当。孩子见那工人不回答,又说:

"您要是不愿意,我还要去投河。"

那人把此事且作为并不顶真的笑谈,一笑置之:

"好啊,我很愿意。"

"您叫什么名字?"孩子问道,"等别人问起来的时候,我好回答他们。"

"菲利普。"那人回答说。

西蒙沉默了一会儿,使劲把这名字记在脑子里,然后,深感欣慰地向他伸出双臂,说道:

"好哇,菲利普,你就是我爸爸了。"

那男人把孩子举起来,突然在他脸蛋上亲了两下,随即放下他就跨着大步赶忙离去。

第二天,西蒙一走进学校,迎接他的又是一阵恶意的笑声。放学时,那个为首的大孩子,又要把昨天的闹剧再上演一次,可是,西蒙就像朝他扔石子一样,劈面扔过去一句话:"我有爸爸,他名叫菲利普。"

周围响起一片起哄声：

"哪个菲利普？菲利普什么？……菲利普是个什么东西？……你从哪里弄来的，你那个菲利普？"

西蒙不做任何回答，他打定主意铁了心，宁可受皮肉之苦，也决不在他们面前逃走，他用挑战的眼光跟那些寻衅者对峙着。最后，还是老师给他解了围，他才回到了家里。

一连三个月，那个高个子工人菲利普经常从布朗肖特的房前路过，有时见她在窗前做缝纫活儿，就鼓起勇气上前搭话。这年轻的女子总是彬彬有礼地作答，但从来都是一本正经，不苟言笑，更决不让他进屋做客。然而，他也像所有的男人一样，不免自命不凡，自作多情，总觉得这女子跟他交谈时，脸色要比平时显得娇羞绯红。

但是，覆水难收，名声一旦扫地，就势难恢复，更经不起任何风吹草动，尽管布朗肖特谨小慎微，处处检点，然而，当地人已经在闲言碎语，议论纷纷了。

西蒙倒是很喜欢他的新爸爸，几乎每天一忙完功课，傍晚都要跟新爸爸一道散步，他天天按时上学，从同学中间穿过时扬扬自得，根本不理睬他们。

但是，有一天，那个带头闹事的大孩子向他寻衅道：

"你吹牛，你根本就没有一个名叫菲利普的爸爸。"

"怎么没有？"西蒙情急冲动了起来。

那坏小子搓着手，得意地说：

"因为，你若是真有爸爸，那他就该是你妈妈的丈夫。"

这话讲得合情合理，叫西蒙心慌意乱，为之一怔，不过，他仍强答道："反正他是我爸爸。"

"这也可能,"那坏小子嘿嘿冷笑着说道,"不过,他还不能完全算是你爸爸。"

布朗肖特的儿子垂头丧气了,他边走边考虑,朝卢瓦宗老大爷的铁匠铺走去,菲利普就在那里干活儿。

铁匠铺完全被树丛遮住,里面很暗,只有大炉膛里的熊熊红火光焰闪亮,映照出五个赤着胳膊在打铁的工匠,铁砧上的锤打震耳欲聋。那五个汉子站在地里,像是火焰里的魔鬼,两眼紧盯着被他们锤打的那火红的铁块,全部思想只是机械地随着铁锤的击打而一起一伏。

西蒙走进去时,没有人注意他。他轻轻地拽了拽他朋友的衣服。菲利普转过头来,打铁的活儿立马就停了下来,旁边的人都关注地看着他,在这一阵不同寻常的静默之中,只听得见西蒙微弱的声音:

"我告诉你,菲利普,刚才米肖家的那个大小子对我说,你不能完全算是我爸爸。"

"为什么他这么说呢?"这铁匠问。

西蒙天真地答道:

"因为你不是我妈的丈夫。"

在场的人都没有笑。菲利普站在原地未动,两只粗大的手撑着铁砧上的锤柄,额头则靠在手背上。他正在思量。其他几个铁匠都看着西蒙,他在这几个巨人面前,显得更为小不点儿,他焦急地在等菲利普的回答。倒是其中的一个铁匠,突然开腔,道出了大家的想法,向菲利普提出建议:

"不管怎么说,布朗肖特是个善良的好姑娘,虽说碰见过倒霉的事,但是很坚强,人又规规矩矩,她嫁上一个厚道的男人,准能成为一个好媳妇。"

"这话一点儿也不假。"其他三个伙伴也附和道。

那铁匠接着说：

"的确，那姑娘失过身，难道那是她的过错？肯定是那个男人答应过要娶她。据我所知，有好些女子过去都有她这种经历，如今都很受人敬重。"

"这话一点儿也不假。"那三个伙伴又一次同声附和。

那铁匠又继续说下去：

"可怜的女人，辛辛苦苦，孤孤单单，好不容易把自己的孩子拉扯大，自从被骗失身之后，她除了上教堂再也不出家门，只有上帝知道，她流了多少眼泪。"

"这话一点儿也不假。"伙伴们又应声附和道。

随后，大家都沉默不语，这时，只听见有风箱煽火的呼呼声。菲利普猛然弯下腰，对西蒙说了一句：

"去告诉你妈，今天晚上我要去找她谈谈。"

他推着孩子的肩膀，把他送了出去。

他回过头来又继续干活儿。五把大锤，都准确地击在铁砧上。几个人就这么打铁，一直干到天黑，他们个个强健有力，活跃欢快，都像劲头十足的铁锤。不过，正如在节日里，主教堂的巨钟总要比其他的钟敲得更响一样，菲利普的锤打声也盖过了其他人的锤声，他一锤紧接一锤，打个不停，锤声响亮，震耳欲聋。他两眼炯炯有神，挺立如铸，全力锻造，激奋狂热，周围火星四溅。

当他来到布朗肖特家前敲门时，已是星光满天了。出发前，他换上新衬衫与过节穿的外衣，胡子也修剪得整整齐齐。年轻的女人来到门口，为难地对他说："菲利普先生，天这么黑你来我家,很不合适。"

菲利普想说点儿什么,但张口结舌,心慌意乱,傻站在她面前。

布朗肖特又说道:"您该明白,我不能再让人议论我了。"

一听此话,菲利普猛然开口:

"只要您愿意做我的妻子,还怕什么议论呢?"

布朗肖特没有吱声,不过,她似乎听见昏暗的屋里有人瘫倒在地的声响,就赶忙走进去。原来,西蒙已经上床睡觉,忽听见房外有接吻声,还有母亲说悄悄话的声音。而后,他就感到自己被他那个大个子朋友抱了起来,巨人朋友用臂膀将他高高举起,大声对他说:

"你去告诉那些同学,你的爸爸就是铁匠菲利普·雷米,谁再敢欺负你,你爸就要去拧谁的耳朵。"

第二天,学生都到校了,快要上课的时候,小西蒙站了起来,脸色发白,嘴唇颤抖,用响亮的声音说道:

"我爸爸,就是铁匠师傅菲利普·雷米,他说了,谁再敢欺负我,他就要拧谁的耳朵!"

这一下子,谁都不敢笑了,因为,大家都认识那个铁匠菲利普·雷米,有他这么一个人当爸爸,任何孩子都可以昂首挺胸,骄傲自豪。

在一个春天的夜晚

让娜很快就要与表哥雅克成婚了。他们青梅竹马,情深意笃,与上流社会里通常的那种老一套的男女之爱颇不一样。他们一起长大,相互依恋,却又天真无邪。这姑娘倒有点儿娇媚卖俏。有时不免对这青年男子天真地做些媚态。她觉得他温良憨厚,仪表堂堂,每次见到他时,都满怀激情地去抱吻,但并没有感到情欲的战栗,没有那种使全身从头到脚的皮肤都有反应的战栗。

他呢,他总想得很单纯:"我的小表妹,她真教人疼爱。"他思念她的时候,总带着成年男子对漂亮姑娘常有的那种本能的柔情,仅仅如此而已。

有一天,让娜偶然之中听到母亲跟姨妈之间的谈话,是跟阿尔贝特姨妈,而不是跟没有出嫁过的莉松姨妈,母亲这么说:"我敢向你保证,这两个孩子,马上就要爱上了,这看得出来。我觉得,雅克正是我理想的女婿。"

打这时起,让娜就开始对雅克表哥充满了爱意,只要一看见他就脸红,手被他握住就颤抖,眼睛碰见他的目光就垂了下来,这时,她总要故意做点儿表示,好让他来抱吻自己,而所有这一切,雅克也都看得出来。对方的柔情,他心领神会,他既感到虚荣心得到了满足,又感到了真正的爱情冲动,于是,一把将小表妹抱在怀里,在她耳边悄声地说:"我爱你,我爱你。"

从这一天以后,他们之间没有别的,全是喁喁情话、撒娇献媚,等等等等,种种卿卿我我的表现淋漓尽致。由于亲近的关系早就由来已久,他们既不拘束,也不难为情。在客厅里,雅克当着自己的母亲,让娜的母亲与莉松阿姨这三姐妹的面,抱吻他的未婚妻。他们俩整天整天地一块儿散步,在树林里,沿着小河,穿过开满了野花的潮湿草地。他们期待着正式成亲的那一天,但并不感到急不可待,而是沉浸在一种美妙无比的柔情蜜意之中。他们从微不足道的抚摸,缠扭在一起的手指与动情对视的目光里,感受到无穷的乐趣,两颗心就像融化在一起了;全身紧抱的欲望还不强烈,只是隐隐约约在使他们骚动,他们的嘴唇彼此招引,似乎在互相试探,互相期待,互相允诺,有一种焦躁之感。

有时,当他们在这种情欲萌动之中,在柏拉图式的柔情蜜意之中,过了整整一天之后,晚上就感到一种异样的疲劳,他们俩都深深叹了一口气,自己也搞不清是什么原因。他们没有意识到,这叹息其实是因为疲于等待佳期。

双方的母亲以及她们的妹妹莉松姨,眼见这般的青春爱恋,都眉开眼笑。特别是莉松姨,瞧着这一对青年人,更是心情激动。

莉松姨身材瘦小,平时沉默寡言,总是躲在一旁,不出一点儿声息,只在用餐的时候露面,用完餐马上就回到她楼上的房间,把自己一个人关在里面。她的面相和善,略现衰老,眼光温柔而忧郁。在这个家庭里,她是个无足轻重的人。

她的两个姐姐已经守寡,从前在上流社会颇有地位。她们以一种随随便便的亲热态度对待她，善意之中带有一点儿对未婚老姑娘的轻视。她名叫莉丝，生在贝朗瑞的谣曲风行整个法国的那个时代，后来大家看她没有嫁出去而且肯定是再也嫁不出去了，就不叫她莉丝而叫她莉松。如今，她成了"莉松姨"，成了一个谦卑、整洁的老妇人，即使跟家人在一起，她也是怪怯生生的。家里的人倒还算爱她，他们的爱意之中混合着习惯、怜悯与善意的冷漠等成分。

孩子们从不上楼到她房间里去跟她亲近。到她房间里去的只有女仆。家人要跟她说话，就打发女仆去叫她。她的房间在什么地方，别人都搞不太清楚，而她就是在那房间里孤独地度过了她所有的那些凄清岁月。她在这个家里不占任何位置，当她不在场的时候，从没有人谈起她，从没有人想到她。世上有一种被遗忘的人，即使在自己亲人的眼里，也像从未见过面的陌生人一样，他们的去世，在家里既不会构成伤痛，也不会使人若有所失，莉松姨就是这样的人；世上还有一种人，根本不知道如何与自己周围的人在生活、习惯与感情上打成一片，莉松姨就是如此。

她总是以碎小而急促的步子走路，毫无声息，也从不碰着任何东西，就像把不出声的特性传给了一切物体；她的双手仿佛是棉花做的，使用东西的时候，既轻柔，又仔细。

如果有人提到"莉松姨"这个名字，它在别人的心里决不会引起任何想法，就像有人提到"咖啡壶"或"糖罐"一样。

家里的那条母狗萝特肯定比她更明显地被当作人看待，他们不断地爱抚它，叫它"我亲爱的萝特，我漂亮的萝特，我的小萝特宝贝"。要是它死了，他们会哭得很凶的。

表兄妹的婚礼将在五月底举行。现在，他们在一起，手牵着手,心连着心,目光交织,思绪融合,过得很快活。这一年,春天姗姗来迟。前一阵子,夜里仍下霜,早晨还有雾,天气冷飕飕的,暖意裹足不前,没想到春神突然说来就来。

连着几天天气暖和,阴霾多云,大地之液开始流动,树叶像奇迹般地簇生而出,到处弥漫着嫩芽与早开花朵的香气,令人迷醉晕眩。

几日过去,一天下午,太阳大获全胜,终于晒干了飘浮在天空的水汽云雾,露出了脸盘,照耀着整个大地。它的光芒带着欢乐,洒满了田野,所到之处,无孔不入,渗进花草树木,注入人畜鸟禽。春情躁动的鸟儿,鼓翼拍翅,飞来飞去,互相叫唤招引。让娜与雅克这年轻的一对,被一种美妙的幸福感压得透不过气来,但他们比以前要羞涩胆怯;万物怀春,在他们的血肉之躯里引起了新的战栗,他们因此颇不安宁,两人常整天地并肩坐在大宅门前的长凳上,再也不敢双双到别的地方去,他们用茫然的眼光,盯着大天鹅在池塘里互相追逐。

接着,夜幕降临,他们感到放心了,情绪也平静下来。晚饭过后,在客厅里,他们用臂肘支在大开的窗台上,说着悄悄话。他们的母亲在灯罩的光圈下玩纸牌,莉松姨在给本区的穷人织袜子。

池塘后边,一片高大的乔林伸展到远方,从大树尚不茂密的叶丛之中,突然露出了一轮明月。它渐渐升起来,穿过投影在它光盘上的树枝,继续在天空中攀登,周围的群星在它面前黯然失色,它开始把一片忧郁的清辉洒遍大地。这飘浮着皎洁与梦幻的清辉啊,对梦想家、诗人与情侣来说是何等的宝贵。

这两个年轻人先是注视着这轮明月,而后,这温柔优美的夜色,草坪上树丛上那朦胧的光辉,都沁入了他们的心脾,他们漫步走到屋外，在那发白的草地上散步，直到那闪闪发光的水池边上。

两个母亲打完了四局纸牌，也就发困了，她们想去就寝。

"该把孩子们叫回来了。"一个这么说。

另一个瞟了一眼，看见皎白的远处有两个身影在慢慢移动，她说：

"随他们去吧！外面月色真好！莉松姨会等他们回来的。是吗，莉松？"

老姑娘抬起她惶惑的两眼，怯生生地回答说：

"当然，我等他们回来。"

于是，那两姐妹就上床睡觉去了。

这时，莉松姨也站了起来，把刚编织的活儿、线团与长织针放在安乐椅子的扶手上，她肘臂靠在窗沿上，端详着屋外迷人的夜景。

那一对情人散个步没完没了，穿过草坪，从池塘走到台阶，又从台阶走回池塘。他们手牵着手，不言不语，仿佛脱离了自己的躯壳，与这一片从大地中生发而出的诗情画意融为一体。让娜突然看见窗户里灯光映照出来的老姑娘的影子，她说：

"你瞧，莉松姨在看我们。"

雅克抬头远望，说：

"是的，她的确是在看我们。"

他们继续沉浸在梦境中，继续慢慢散步，继续亲亲热热。

但露水已经降洒草地，他们因感到凉意而打哆嗦。

"我们回去吧。"让娜说。

当他们进入客厅的时候，莉松姨又开始织她的毛线活儿。她的头俯在自己的活儿上，她瘦细的手指在发抖，似乎是因为太累了。

让娜走过去，说：

"姨妈，我们要去睡觉了。"

老姑娘转动着眼睛，眼圈通红，像是刚刚哭过。雅克与未婚妻对此均未在意。但是，青年人却一下就看到姑娘那双精巧的鞋子上沾满了露水。他急了起来，满怀柔情地问她：

"你可爱的小脚不冷吗？"

突然之间，姨妈的手指颤抖得那么厉害，毛线活儿也掉了下来，线团在地板上滚得老远；她猛然用双手掩住脸，开始抽噎，大哭起来。

两个孩子赶紧跑到她身边。让娜跪下来，掰开她的两手，惊慌失措地连声问道：

"你怎么了？莉松姨，你怎么了？莉松姨……"

这可怜的老妇人，悲痛得全身抽搐，泣不成声，结结巴巴地说：

"因为……因为……他对你说'你可爱的小脚不冷吗？'……从来没有人对我这么说过，从来没有……从来没有！"

戴丽叶春楼

一

每天晚上，十一点钟光景，他们就到戴丽叶春楼去，像上咖啡馆一样习以为常。

在那里，聚首碰头的老是那么七八位常客，他们全不是花天酒地的人，而都是体面人，生意人，从城里来的年轻人。他们一边喝查尔特勒甜酒，一边调戏挑逗那里面的姑娘，或者跟"太太"一本正经地谈论点儿什么，这位太太可是大家都敬重的人物。

快到夜里十二点，他们就回家就寝，年轻人有时则留下来过夜。

这楼房本乃民宅，占地不大，漆成黄色，坐落在圣艾蒂安教堂后街的拐角外。从窗口望去，可见停满了卸货船只的锚地，被人称为"水库"的一大片盐碱滩、滩后的圣母海岸以及岸上灰色的古老教堂。

"太太"出身于厄尔省一户体面的农家，她干起现在这个行当，绝对是合情合理的，就像开起了帽子铺、内衣店一样正常。认为卖春极为可耻的那种偏见，在城里人身上甚为激烈且根深蒂固，在诺曼底农村里，却无立足之地。农民常说，"这个行当不错"；他们让自己的女儿去开妓院，就像去办女子寄宿学校似的。

而且，这楼也是从年迈的舅舅手里继承来的。"先生与太太"从前在伊浮多附近开客店，一朝看准在费康这块地方做生意更有赚头，就把客店盘了出去，来到费康，接管了这家因没有老板而濒临倒闭的妓馆。

他们夫妇为人厚道，很快就得到了全体员工与邻居的喜爱。

过了两年，先生因中风去世。他来到此地后的新营生，使得他饱食终日，四体不勤，心宽体胖，到头来却因过分发福而憋死。

"太太"寡居之后，来妓院玩的常客对她垂涎三尺，却都枉费心机，大家都说她行为检点，甚至她手下那些姑娘，也从没有发现过她有什么失态。

她身材高大，肌体丰腴，招人喜爱。由于整天深居在这幢不见阳光的楼房里，她的脸色苍白，发出幽光，好像上了一层清漆。额前有一圈薄薄的刘海儿，是用卷曲的假发做成的，这给她的相貌平添了几分青春气息，却和她那成熟丰满的体形颇不相称。她整天都乐呵呵的，脸色开朗，爱跟人说笑打趣，但又颇有分寸，并未因从事这个行当而稍有放肆。她从来都讨厌粗词脏话，如果有哪个没教养的小子对她这份职业直呼其名，她当时就会发火板脸。总而言之，她品性雅致，虽然待手下那些姑娘如同稔友，但总爱表白，她和她们"并不是同一个箩筐里的"。

在一周当中，她有时也叫辆出租马车，带着她那班脂粉部下外出郊游。她们来到瓦尔蒙森林的深处，在小溪边的草地上嬉戏。此时此地，她们就像从寄宿学校里逃学出来的女生，疯跑疯玩，做儿童游戏，沉浸在蜗居者那种一呼吸到新鲜空气就身心亢奋的欢快之中。她们在草地上就着冷餐肉喝苹果酒，一直到暮色降临才返回城里，一个个略感倦乏，但通体酣畅，心境甘美；在车上，姑娘们吻着搂着"太太"，把她当作一个面慈心善、宽厚随和的好妈妈。

这幢楼有两个入口。街道拐角处是一个下等咖啡馆，晚上开门营业，接待普通百姓与水手。有两个姑娘专职照管这里的生意，要满足这一部分来客的需要，还得在此处配一个茶房，他名叫弗雷德里克，个子矮小，头发金黄，没长胡子，强壮得像一头牛，在他的帮助下，两个姑娘把大瓶葡萄酒、小瓶啤酒，一一端到那些摇摇晃晃的大理石桌子上，她们用胳膊勾着酒客的脖子，斜坐在他们的大腿上，不停地给他们灌酒。

春楼一共只有五个姑娘，另外三位层次较高，类似贵族，专门在二楼上接待客人，除非有时楼下忙不过来，需要她们下去帮一手，或者楼上没有来客，这时，她们才屈尊降贵，来到楼下。

春楼里的朱庇特沙龙，是当地中产阶级人士常来聚会的地方，墙上糊了天蓝色壁纸，挂着一大幅画，画的是仙女勒达躺在一只天鹅下面。要来这个地方，先要上一条旋转楼梯，楼梯下面是一道临街的小门，狭窄而不显眼，门楣之上有一个安了格状网的壁洞，彻夜点着一盏小灯，如同有些城市街头壁龛里的圣母像脚下，老点着长明灯一样。

小楼潮湿而陈旧，散发出淡淡的霉味。有时，楼道里飘过一股科隆香水的芳香，有时，楼下的门半掩半闭，传来了下面酒客们粗俗的叫叫嚷嚷，像打雷似的，震动了整个小楼，使得楼上的贵客们在面带鄙夷的同时，又惶惶不安。

太太待客如待友,亲切随和,她守在沙龙里寸步不离,爱听客人们谈论城里的消息。她严肃的谈吐对那三个姑娘的胡言乱语颇有整肃的妙用;而对那些大腹便便的客人们来说,则像猥亵调笑之间的休憩,他们每天晚上前来找乐,由卖笑姑娘陪伴喝上一杯甜酒,放浪而有节制,风流而有体面。

楼上的三位姑娘的芳名是,菲尔兰德、娜法爱尔与萝萨萝丝。

姑娘的人数有限,就得尽可能使她们中的每一位都成为一种品牌,一种妇女类型的样本,以便让每位顾客都能找到中意的对象,至少是接近自己口味的对象。

菲尔兰德代表"金发美女"型,个儿高大,近乎肥胖,软绵绵的,她原先是个农家姑娘,脸上的雀斑总消退不了,头发剪得短短的,呈浅浅的金黄色,浅得几乎无色,就像梳理过的亚麻,稀稀落落覆盖在头上。

娜法爱尔是马赛人,在许多海港当过妓女,权且充当了本楼的"犹太美女"这个不可或缺的角色,她身材瘦削,颧骨凸出,上面涂着厚厚的胭脂。头发乌黑,抹了牛骨髓油,闪闪发亮,鬓角梳成弯钩形;她的眼睛原本很美,可惜右眼长了白翳。鹰钩鼻子直垂在宽大的下巴之上,嘴巴里上牙床新镶了两颗门牙,同下牙床一排如朽木般发黑的老牙恰成对照,显得格外突出。

萝萨萝丝,身材像个小肉球,腿短肚子大。她从早唱到晚,嗓子像母鸭,有时唱轻佻的歌,有时唱伤感的歌;她还爱讲故事,故事都是又臭又长,索然无味;她也是个饶舌妇,只是在吃东西的时候才停止说话,而在说话的时候则停止吃东西;她习性好动,总也闲不住,虽然腿短体胖,却灵活得像松鼠;她无缘无故就咯咯直笑,且笑个不停,有时在这儿,有时在那里,或在卧室,或在顶楼,或在咖啡馆,反正无处不在,笑声刺耳,像是尖叫。

楼下的两个姑娘,路易丝外号叫"宝贝";弗萝娜腿有点儿瘸,人称"跷跷板"。前者总在腰上围着一条三色宽带,装扮成"自由女神",后者在红发上扎着一些币状的铜制头饰,按想象中的西班牙女郎来打扮,她一瘸一拐地走起来时,头饰就蹦来蹦去,不过,她们两人看上去都像经过了一番装扮去参加狂欢节的厨娘。其实,同所有的平民女子一样,她们既谈不上美也不能说丑,都是地地道道小客店的女佣,在本地码头上,人们给她们取了个绰号:一对吸水唧筒。

在这五位姑娘之间,充满了捻酸相嫉的气氛,多亏了"太太"脾性平和,又善于协调平衡,姐妹们也就一直相安无事,很少闹出风波。

在这个小城里,此种行当仅此一家,因而生意兴隆,门庭若市。"太太"很善于使她的生意维持应有的体面;她如此热情好客,对来者都殷勤关照,无微不至;她的善良心地闻名遐迩,赢得了方方面面的敬重。那些常来的客人都努力去讨好她,只要她有格外友好热情的表示,他们就会扬扬得意,他们白天在生意场上相遇时,总会说:"今晚上,老地方,不见不散",就如同说:"晚饭后,咖啡馆见,怎么样?"

总之,戴丽叶春楼不失为回春再世的好去处,很少有人愿意错过每天的聚会。

但是,五月末的一天晚上,前任市长、做木材生意的普兰先生,首先赶到时,却发现春楼的大门紧闭。壁洞的格状网后那盏小灯没有亮,楼里毫无动静,一片死寂。他上前敲门,起初敲得文雅,后来敲得震响;楼里仍无人应答。于是,他踱着小步沿着街往回走，走到集市广场时，遇见了做航运生意的杜维先生，他正要往春楼去。他们又一同去敲门，仍然无人应答。但离他们不远的地方，突然爆发了一阵喧闹鼓噪声，他俩绕过房角，看见咖啡馆门前聚着一群英国水手与法国水手，正在用拳头使劲敲打紧闭的门窗。

这两个有产者见势赶紧就溜，生怕自己被牵扯进去，但一轻轻的嘘声把他俩叫住，原来是咸鱼腌制商杜勒沃先生，他认出了这两位，便同他们打了招呼。他听了两位先来者介绍的情况后，不禁大为恼火，因为他是个结了婚的男人，有家室儿女，平日难得轻易出门，只能在星期六来花楼光顾一次，按他的解释，则是"为了保险"[1]，此话暗指某种生理卫生的保险措施，他对这种生理周期性变化的知识，是他的朋友波尔德大夫透露给他的。这天晚上正好是他认为保险的日子，这么一来，他就得干巴巴再等上整整一个星期了。

三个人转了一大圈，最后转到码头上来了，途中又遇见春楼的另一位常客，银行家之子菲利普先生，然后，还有税务官潘佩斯先生。于是，大家一伙又沿着犹太人之街回到春楼前，做最后一次尝试。但是，气急败坏的水手们这时正在围攻那幢小楼，不断扔石块，还哇哇乱叫；春楼的这五位上等顾客不愿同流合污，赶紧撤军后退，百无聊赖，只好在街上瞎逛。

他们先后又碰见保险代理人迪皮伊先生与商事法官瓦斯先生。会合后，一伙人又开始长途漫步，一直走到了防洪堤，他们一字排开，坐在花岗石护墙上，观看海里波浪的汹涌起伏。波峰

---

[1] 原文为拉丁文Securitatis Causa。

上的浪花在黑夜中闪着白光，须臾即逝，海涛拍击岸石，发出单调的喧声，其声在夜色里沿着峭壁而播向远方。这一群抑郁的漫步者在此处待了一阵子之后，杜勒沃先生开腔道："这儿真无聊。"潘佩斯先生立即随声附和："的确如此。"于是，大伙儿又缓步往别处走去。

他们沿着山坡下那条人称"林下"的街道往前走，过了盐田上的木板桥折回来，再从铁路旁边过去，又走进了集市广场。这时候，税务官潘佩斯先生与咸鱼腌制商杜勒沃先生，在一种食用蘑菇的问题上，突然争吵了起来，他们中的一位一口咬定在附近一带曾经采到过。

心里郁闷，火气就大，要不是有其他人劝解，这两个人定会打将起来。潘佩斯先生一气之下，离队而去。紧接着，前市长普兰先生与保险代理人迪皮伊先生，又因为收税官的薪俸厚薄以及隐性灰色收入问题而争执了起来。骂人的话你来我往，各不相让。这时，又突然爆发出另一阵喧闹，如刮起了一股风暴。原来是那一群水手在门窗紧闭的花楼前等得很不耐烦了，就跑到广场上，两人一对，挽着胳膊，排成一长列，放开嗓子狂呼乱叫。

这一伙有产者赶紧躲在门洞下，望着那群骚动的乌合之众乱叫乱嚷地消失在修道院的那个方向。隔了好久，那群人的喧闹声仍隐约可闻，随着他们的远去而渐趋消失，如一场暴风雨挥师他去：终于，周围恢复了平静。

普兰先生与迪皮伊先生，两人仍在怄气，势不两立，他们甚至没有道别，就各自西东，扬长而去。

其余四位继续前行，受本能的驱使，仍直奔戴丽叶春楼。楼门紧闭如故，毫无动静，欲进无门。但见一醉汉仍耐心坚守，在不急不慢地轻敲楼门，后来住了手，又开始小声叫唤那个茶房弗雷德里克，见无人回答，他就干脆在门前的台阶上坐了下来，等待奇迹的降临。

这几个有产者正待退场回家，忽见那一帮吵吵嚷嚷的水手，又出现在街的尽头。法国水手高唱《马赛曲》[1]，英国水手则高唱《统治吧，大不列颠》[2]。这两伙爱国勇士对春楼的墙壁联合发起了总攻，继而，这股铁流又折向码头涌去，在那里，两大民族的勇士互相大打出手。一团混战之下，一名大不列颠义士折了手臂，一名马赛英雄鼻子被打扁。

那醉汉仍然待在门前，这时却哭了起来，就像一个发酒疯的人，也像一个受了委屈的孩子。

最后，几位有产者终于分手，各自回家。

小城经过了这一阵闹腾，总算恢复了平静。不过，时而这里，时而那里，不免还有人声嘈杂，但逐渐远逝，最后归于沉寂。

只有一个人还在街上游来荡去，这就是咸鱼腌制商杜勒沃先生。他因为要干等到下个星期六而心里十分恼火；他还没有死心，弄不清春楼是怎么回事，他深感气愤：警察局监管着这么一个公益机构，竟然听之任之，允许它关门停业！

他回到楼前，在墙上仔细察看，想弄清究竟，不意发现窗板上贴了一张布告。他连忙点燃蜡绳，看清了上面写着几个歪歪扭扭的大字："因初领圣体，暂停营业。"

他明白今夜彻底泡汤了，只得离去。

这时，那醉汉直挺挺横躺在紧闭的楼门前，正呼呼大睡。

---

1 法国革命歌曲，后成为法国国歌。
2 英国爱国歌曲。

第二天,所有的老顾客都一个接一个想出种种法子,打这条街经过,装模作样地挟着文件袋,偷偷瞟看那张深奥神秘的布告:"因初领圣体,暂停营业。"

二

事情原来是这样的,"太太"有一个兄弟在家乡厄尔省维维村做木匠。太太还在伊浮多开客店的时候,就给这个兄弟受洗的女儿当了教母,还给这女孩儿取了个名字叫康斯坦丝,再加上太太娘家的姓氏,全名就是康斯坦丝·里维了。木匠弟弟知道姐姐境况甚好,虽然双方都忙忙碌碌,两地又相距很远,难得经常来往,但一直互通音讯。小姑娘快满十二岁了,这一年要第一次领圣体,木匠抓住这次机会,写信邀请姐姐前来参加这次初领圣体的仪式。他们年迈的双亲都已谢世,做姐姐的不好谢绝自己教女的大事,于是就接受了邀请。木匠弟弟名叫约瑟夫,这次想对乃姐大献殷勤,指望能使她立下一份有利于小姑娘的遗嘱,因为她本人没有孩子。

对乃姐的行当,他丝毫也不介意,况且,当地也无人知晓内情,提起她时,也仅仅说,"戴丽叶太太是费康城里有产业的人",这话使人以为她是靠吃利息为生的。从费康城到维维村,少说也有二十法里[1],对乡下人来说,超过二十法里的陆地距离,比文明人漂洋过海还要困难。维维村的人,从没有到过比鲁昂城

---

[1] 一法里约为四公里。

更远的地方；当然，这个五百口人的小村落，也没有什么东西能把费康城里人吸引到这里来，它隶属另一个省份，被遗忘在一大片平原之中。总而言之，这里的人对费康城的事一无所知。

但是，领圣体的日子日益临近，太太却甚感为难。她手下没有能主事的助理，这一摊生意哪怕只撂下一天，她也放心不下。楼上的姑娘和楼下的姑娘争风相嫉已久，只要她一走，肯定就会闹出乱子；费雷德里克也会喝醉，一醉就会因一两句话不顺耳而动手打人。终于，她下决心随身把所有的姑娘都带走，至于那个茶房，她可以放他两天假，打发了事。

木匠弟弟对她率团来访毫无异议，愿意负责招待全团人员住宿一夜。因此，星期六的早晨，太太率领她的脂粉大军乘八点钟那班快车，坐二等车厢出发了。

车厢里只有她们一行人，说说笑笑，叽叽喳喳，像一群喜鹊，直到伯兹维尔站，才上来一对夫妇，男的是个上了年纪的农民，穿一件领子打褶的蓝色罩衫，衣袖宽松，上面绣着白色小花，袖口紧束。他头上戴了一顶老式的大礼帽，发红的绒毛已经褪色，像刺猬的刺一样竖立着。他一只手拿着一把绿色大雨伞，另一只手挎着一个大篮子，篮子里有三只鸭子，都把神色惊慌的脑袋伸了出来。那农妇一身乡下衣着，躯体僵直，长着一张母鸡脸，鼻子尖尖的像鸡喙。她坐在她男人的对面，因置身于这群花枝招展的女子之中而惊愕发呆，僵坐在那里连动也不敢动。

车厢里确实是五彩缤纷，叫人眼花缭乱。太太全身着蓝，从上到下都是蓝色绸缎，外披一条法国开司米披肩，红艳艳的，闪闪发光，有些刺眼。菲尔兰德身上紧绷着一条苏格兰格花呢连衣裙，憋得直喘气，她的同伴们使劲替她把衣裙上腰束紧，沉甸甸的乳房被束成了两个圆球，像兜在布袋里的水泡似的，晃晃荡荡。

娜法爱尔头戴一顶插着羽毛的帽子，就像顶着一个满满都是鸟的鸟窝，她身穿一件淡紫色衣装，衣上缀有金光闪闪的小片，颇具东方情调，与她犹太人的面貌相得益彰。萝萨萝丝穿一条玫瑰红的裙子，镶有宽宽的叶状边饰，活像一个体态臃肿的女孩儿或一个害了肥胖症的侏儒；这一对活宝的两身奇装异服看来是利用旧窗帘裁制而成的，从其花纹图案来看，该是复辟时期的货色。

车厢里进了其他乘客后，这些女士就一本正经起来，为了给人良好的印象，她们开始谈论一些高尚的话题。但是，在博尔贝克上来了一位蓄着金黄色颊髯的先生，他戴有好几个戒指和一条金表链，把几个漆布包放在头顶上面的行李架上。看来，这是个爱嘻嘻哈哈、没轻没重的人，他打过招呼，笑了笑，随便问了一句："女士们调换防地吗？"此语一出，当即引起一片惊愕，这班女子个个羞惭尴尬。终于，还是太太恢复了镇静，为了维护自家团队的荣誉，她正色回敬了一句："您应该懂点儿礼貌！"对此，那人马上就道歉了："请原谅，我是想说调换修道院。"太太一时没答上话来，或许，她对这道歉感到满意，但见她抿着嘴唇，尊严地点了点头。

此时，这位先生坐在萝萨萝丝与一个年老的农民之间，朝三只把头探出篮筐的鸭子挤眉弄眼，当他觉得自己已经引起了周围人的注意，就进而把手伸到鸭子的颈脖下去胳肢，还为了逗乐周围的旁观者，故意冲着鸭子讲些滑稽可笑的话："咱们告别了家乡的小水——水塘！嘎！嘎！嘎！为了去跟烤鸭铁扦打交道，——嘎！嘎！嘎！"那三只可怜的鸭子扭动着脖子，躲避他的胳肢，一使劲过猛，就脱出了关它们的那只柳条篮；于是，三个家伙就同声一气发出了可怜的哀叫声:"嘎!嘎!嘎!嘎!"见此,这班女子哄堂大笑。她们弯腰俯身,你推我搡,都想看个清楚。她们疯疯癫癫紧盯着这几只鸭子,而那位先生也乐得投其所好,愈加卖弄聪明,殷勤献媚。

萝萨萝丝也来参加这场游戏,她俯身在这个男人的大腿上,吻了吻那三只鸭子的鼻子。这一来,每个女子都想去吻那么一下,那位先生就让女士们一一坐在他的膝头上,用腿颠簸她们,用手拧捏她们,转瞬间,互相就成了老相好,以昵称相呼。

两个乡下人,比他们的鸭子更为惊呆了,两眼骨碌骨碌直转,像着了魔似的,但身子却不敢动一动,他们衰老的脸上皱纹密布,没有一丝笑容,没有半点表情。

那位先生是个旅行推销员,他嘻嘻哈哈,问女士们要不要买他的背带,说着,取下一个漆布包,把它打开,原来他玩的是挂羊头卖狗肉的花招儿,布包里装的全是松紧袜带。

这些丝制的袜带,有蓝的,粉红的,大红的,深紫的,淡紫的,深红的,用金属做成的带扣是两个拥抱在一起的镀金小爱神。姑娘们兴高采烈地直叫嚷,静下来后就仔细去检查样品,显得十分严肃,这种神情是任何妇女在研究一件服饰用品时都会自然流露出来的。她们不时互相递个眼色,或者讲句悄悄话,用这种方式进行咨询与商量。太太把弄着一副橙红色的袜带,舍不得撒手,这一副的尺寸比其他的更宽,也更显气派,真是一副专供老板娘用的袜带。

推销员先生耐心地候着,琢磨出了一个鬼主意,他提出建议说:"我的小猫咪,你们应该试穿一下。"他的话引起了一阵暴风雨般的欢呼;这时,姑娘们的双腿紧紧把裙子挟住,似乎害怕遭人强奸。推销员不慌不忙，等着鱼儿上钩。他宣布说："你们要是不愿意试，我可要收起来了。"接着，又狡猾地抛出诱饵："谁愿意试穿，我就把她选中的那双送给她。"但是姑娘们仍不情愿，一个个显得很尊严，直挺挺地坐着。那一对叫吸水唧筒的姑娘看样子下不了决心而可怜兮兮的，见此，推销员又把建议向她们重申了一遍。弗萝娜心里倒腾着贪便宜的欲望，明显表露出犹疑不决的神态。推销员催促说："来吧，我的姑娘，拿出点儿勇气；试一试，这双紫色的，跟你的裙子正相配。"弗萝娜这才下定决心，把裙子撩起，露出放牛妇的大粗腿，上面松松垮垮套着劣质的长筒袜。那位先生弯下腰，先把袜带系在她小腿上，接着又拉到大腿上；然后就轻轻胳肢起来，把那姑娘弄得直小声叫唤，浑身不断哆嗦。他胳肢完后，就把那双紫色袜带送给了姑娘，接着问："现在轮到谁啦？"姑娘们都同时嚷了起来："我来！我来！"推销员从萝萨萝丝开始，这姑娘露出的大腿真畸形，圆滚滚的一大堆肉，把踝骨都遮掉了，正如娜法爱尔常形容的，像一截名副其实的"猪血香肠"。菲尔兰德则备受推销员的恭维，她那两条结实的大腿叫他惊叹不已。相比之下，犹太美人的那两条瘦骨棱棱的腿就不那么受赞赏了。路易丝得意忘形，嬉闹出格，竟把裙子罩住那位先生的整个脑袋；太太见此，不得不出面干预，制止了这种不雅之举。最后，太太自己也伸出了大腿，这真是货真价实的诺曼底美腿，既丰满又挺拔，推销员喜出望外，心醉神迷，但见他彬彬有礼地脱帽，朝这玉腿极品鞠躬行礼，像一位真正的法兰西骑士。

那一对农民夫妇就近旁观，全都惊呆了，他们只用一只眼睛斜睨着，活像两只小鸡，这倒招惹了那蓄着金黄色颊髯的家伙，他站起身来，冲他们的脸"喔，喔，喔"地叫了几声，这又引起了周围人的哄堂欢笑。

这两个上了年纪的乡下人，挎着篮子和鸭子，拿着雨伞，在莫特维站下了车；他们愈走愈远，但还听得见那老妇对他男人在说："这帮贱货，准是要去巴黎那该死的地方。"

那个讨人喜欢的推销员也在鲁昂下了车，他后来在车上闹得实在不像话，太太不得不着实呵责了一顿，叫他放老实些。她还引以开戒，对姑娘们说："这件事叫我们明白了，跟陌生人打交道还是要小心为好。"

她们在瓦塞尔换车，到了下一站，就看见了前来迎接她们的约瑟夫·里维先生，他驾来一辆套了匹白马的大车，车上摆满了供姑娘们坐的椅子。

木匠很有礼貌地亲了亲这些女士，扶她们上了车，三位女士坐在后面的三把椅子上，前面的三把椅子则给了娜法爱尔、太太与她的木匠兄弟本人；只剩下萝萨萝丝没有位子，她就凑凑合合坐在高高大大的菲尔兰德的膝上。于是，这一行人就上路了。小马跑步前进，步子不稳，使得马车颠簸得很厉害，椅子一上一下跳舞，将那些女客抛上抛下，东歪西倒，她们像木偶一样被颠弄，脸上充满惊慌失措的表情，不时发出恐惧的叫声，而叫声又总被突如其来的更猛烈的颠簸所打断。她们紧紧抓住车沿，帽子一时被抛到背后、一时又被抛到鼻子上、肩膀上。那匹白马一直在奔跑，伸长着脖子，像老鼠一样没毛的小尾巴笔挺笔挺的，不时拍打着屁股。约瑟夫·里维，一只脚跨在车辕上，一条腿盘在身底下，胳膊肘抬得高高的，抓紧缰绳，嗓子里不停地发出咯咯的叫声，驱使小马竖起耳朵，加速前进。

大路两边，绿油油的田野平缓舒展。大片大片的油菜花，像巨幅的黄色桌布，波动起伏，散发出阵阵浓郁的芬芳，这沁人心脾、使精神为之一爽的花香随风飘荡，余芳远播。田里的黑麦已长得相当高了，但其中也常有矢车菊探出天蓝色的小脑袋，见此，姑娘们就想去采摘，里维先生可不肯为此而停车。有时，但见一块块田地像是浇灌了鲜血似的，原来是长满了红殷殷的虞美人。小白马奔驰在野花烂漫的原野上，而那辆大车则像装载着一个色彩更为绚丽的大花束，它忽而隐没在一个农庄的树丛后面，忽而又从树丛的另一头驶出，仍然拉着一车鲜艳夺目的女子，穿过黄色与绿色相间、其中又装点着红花蓝花的田野，在阳光下奔驰。

到达木匠家的门口，正好敲响一点钟。

她们个个累得身子散架，饿得脸色煞白，从动身到现在，她们都没有吃一口东西。里维太太急忙迎出来，扶她们一个一个下车，她们脚一沾地，她又一一拥抱，对自己的大姑子，她更是亲个不停，简直就想胶住不放。她们是在木工棚里吃的午饭，工棚早已腾出来了，因为准备明天在这里摆宴为她们接风。

先是每人一份煎鸡蛋，接着是烤杂碎灌肠，就着辛辣味美的苹果酒边吃边喝，顿时，个个就笑逐颜开了。里维向大家一一祝酒，喝下了一大杯，他妻子忙着在旁伺候，下厨料理，上菜供酒，后撤杯盘，还不时凑到每个人的耳根轻声问道："吃舒服了没有？"这工棚里还有一摞摞木板靠墙放着，一堆堆刨花清扫在屋角，所有这一切都散发出新刨木料的香味，这直袭肺腑深处的树脂之香，正是细木工作坊所特有的气息。

女客们要看看主人家的小千金，但是，她白天待在教堂，到晚上才能回家。

于是,大伙儿就出了木匠家,到周围转悠转悠。

这个村子很小,一条大路从村中穿过,要算村里唯一的街道。道路两旁排列着十来所房子,住户都是本村的生意人,有开肉铺的、开食品杂货铺的、开咖啡店的、修鞋的、卖面包的、做细木匠活儿的。教堂坐落在这条街的尽头,四周有一片狭小的公墓围绕,教堂门前长着四棵高大的椴树,把整个教堂笼罩在浓荫之下。教堂是用方燧石建造的,顶上的钟楼则盖着青石瓦,谈不上什么建筑风格。过了教堂便又是田野,一片片树丛掩蔽着一家家农舍,在田野上星罗棋布。

里维虽然身穿工作服,仍保持正式的礼仪,让姐姐挽着他的胳膊,神态庄重地陪她散步。他的妻子一见娜法爱尔那身绣着金线的衣裙,喜爱得顾盼难舍,便走在她与菲尔兰德之间。像肉球一样的萝萨萝丝紧追其后,跟她一起追赶的还有老母鸡路易丝与跷跷板弗萝娜,后者走路本来就一瘸一拐,现在更是筋疲力尽了。

村民们都出来站在门口观看,孩子们也停止游戏,有一家的窗帘撩了起来,探出了一个戴花布软帽的脑袋;有一位拄着拐杖、眼睛几乎失明的老太太,用手画着十字,好像眼前走过的这一伙女士是一个宗教仪式的行列。村民们都依依不舍地目送着这支漂亮的队伍。她们远道而来,专为参加约瑟夫·里维家小丫头的第一次领圣体仪式,这就使得村里人都对这个细木匠刮目相看,敬仰有加了。

她们从教堂门前经过时,听见儿童们在里面歌唱,小尖嗓门儿唱的是一首对上天的感恩歌。太太不让姑娘们走进去,生怕惊动了那群小天使。

这群女士在村里村外转了一圈,约瑟夫·里维向她们一一介绍了当地有哪些地主，田里的收成如何，牲畜有哪些出产，然后就把她们带领回家，安排她们就宿。

可住宿的地方很有限，主人只好安排她们每两人住一间。

里维临时将就，睡在工棚里的一堆刨花上，让他妻子与他姐姐姑嫂二人同睡一床，隔壁的房间给了菲尔兰德与娜法爱尔。路易丝与弗萝娜安排在厨房里，就地铺上一床褥子。萝萨萝丝则单独一人住在楼梯上的一间小黑屋里，紧靠着一间狭窄阁楼的房门，要领圣体的那个小姑娘这一夜就睡在那个阁楼里。

小姑娘回家了，迎接她的是雨点般的亲吻，每位女士都想抱她亲她抚摸她，这种发泄柔情的需要，是她们卖笑生涯的职业习惯，正是这种习惯，使她们在火车上一个个都去亲那几只鸭子，她们每个人轮流把小姑娘抱在膝上抚弄着她一头金黄的秀发，内心深处的柔情阵阵萌动，喷发而出，情不自禁把小姑娘紧紧搂在怀里。这孩子十分乖顺，内心天真无瑕，虔诚老实，就好像经过赦罪仪式的洗涤而心如静水，故泰然自若、无动于衷，任这些女士一一摆布。

这一天下来，大家都累得够呛，晚饭后，早早就躺下了。乡野的寂静，无边无际，颇似宗教氛围，笼罩着这个小村子，这是一种安谧宁和的寂静，它渗透万物，一直延伸到天空中的繁星。姑娘们在春楼里过惯了喧闹的夜生活，冷不丁置身于乡村沉睡的环境中要平静就寝，倒颇为不习惯，实在难以入眠。她们感到肌肤上有一阵阵战栗，并非因为冷，而是因为孤独，独宿孤眠使得内心深处很感惊恐不安，战栗即油然而生了。

她们每两人同睡，刚一上床就紧紧抱在一起，似乎是要抵御大地寂静酣美沉睡的侵袭。但是，萝萨萝丝独自一人睡在小黑屋里，怀里空空，无人可抱，很是不习惯，不禁若有所失，怅然不可言状，她翻来覆去，怎么也入睡不了，忽然，她听见在紧挨着她的头处，隔板的那一侧，有轻微的呜咽声，像是个孩子在哭泣。她吓了一跳，便轻声呼唤，果然有个孩子泣不成声地做了回应，原来就是那个小姑娘，她向来与自己的母亲同睡一室，现在独自一人睡在狭小的阁楼里感到害怕。

萝萨萝丝喜出望外，霍地下了床，为了不吵醒别人，蹑手蹑脚地去找那孩子。她把小姑娘带到自己热乎乎的床上，搂在怀里，亲她，抚摸她，用过火放恣的方式把满腔柔情倾泻在她身上。到头来，她自己总算平静下来进入了睡乡，那个第一次领圣体的小姑娘，把头枕在这妓女裸露的胸脯上，也一直睡到大天亮。

早晨五点，教堂的那口小钟就敲响了"三钟"[1]，当当的声音吵醒了这些姑娘：若在平时，她们整整一上午都是高卧不起的，此乃她们劳累夜生活之后的唯一休憩也。村里的老乡早已起身，妇女都忙忙碌碌，在邻里之间来往穿梭，匆匆交谈，小心翼翼地拿着浆得像纸板一样硬挺的细布短连衣裙，或者是长长的蜡烛，这种烛半腰上都扎了一个带金丝穗的绸结，还有用来把握的齿状凹槽。太阳已经高高升起，光辉灿烂，天空一片蔚蓝，只有天边尚有一抹淡红，似乎是朝霞留下的余晖。一窝窝母鸡在屋前活动。不时，有一只脖子闪亮的黑色公鸡，把红冠子昂得高高的，拍打着翅膀，向空中引吭高啼，如铜号般嘹亮，招得别处好些公鸡也纷纷鸣叫，你呼我应。

邻近村庄的马车陆续来到，停在一家家村民的门口，走下来

---

[1] 即早中晚的三次祈祷钟。

一些高高大大的诺曼底妇女，她们穿着深色衣裙，当披肩用的方围巾在胸前交叉，用一枚古老的银别针扣住。男人穿着崭新的礼服或者是旧的绿呢燕尾服，但在外面再套了一件蓝罩衫，露出两片燕尾。

拉车的马都牵进了牲口棚，车辆则有的鼻子朝下、有的屁股坐地而辕木朝天，顺着大道排成两行，各式各样，五花八门，有两轮大车、四轮大篷货车、带篷轻便车、双轮轻便车以及长凳客车等等，年代当然也各有不同。

木匠家里一片忙乱，像个蜂巢。几位女客正忙着给那小姑娘穿衣打扮，她们暂时顾不上自己，只身着短上衣与衬裙，头发则披散在背上，又稀又短，看起来像是经过长期磨损，已显败落。

小主角站在桌子上一动也不动；戴丽叶太太指挥她的别动队，她们给小姑娘洗脸、梳头、戴帽子、穿衣裙，还使用好多别针别出裙褶，勒紧偏肥的腰身，想方设法把她打扮得漂漂亮亮。装扮停当之后，她们要那备受摆布的小女孩儿坐在那里不许动，又忙忙乱乱去赶紧打扮她们自己。

小教堂又敲响了钟声，那口可怜的小钟响声不大，如衰弱者的声音底气不足，刚向天空升起，就很快消逝在那广大无垠的蓝色空间里。

领圣体的孩子纷纷从家里出来，走向村北那幢公共建筑，那是当地村政府与两所学校的所在，位于村头，而"上帝之家"则在村子的另一头。

家长们都是节日穿着，跟随在孩子后面，他们的神态很不自然，又由于长年弯腰劳动而动作特显笨拙。小姑娘个个身披薄纱，纱袍雪白，像打上了奶油似的。那些男孩子则像咖啡馆里侍者的雏形,头上擦了厚厚的发蜡,走起路来两腿劈开,生怕碰脏了那条黑裤子。

对于一个家庭来说,有一大批远房亲戚赶来参加孩子的典礼,这实在是件很光彩的事,因此,细木匠真是得意扬扬。由老板娘亲自率领的戴丽叶兵团紧跟在小主角康斯坦丝的后面,她的父亲让姐姐挽着胳膊,她的母亲与娜法爱尔并肩,菲尔兰德与萝萨萝丝一排,再后就是两个"吸水唧筒":路易丝与弗萝娜。这队浩浩荡荡的人马好不威武雄壮,就像一个正式着装、军容严整的参谋部。

这般气派,当即在村子里就引起了轰动效应。

在学校里,女孩儿在一个戴着尖顶帽的修女率领下排成一队,男孩儿则排在一个头戴礼帽、风度翩翩的男教师的后面,然后唱着感恩歌出发了。

男孩儿队伍打头,排成两列,走在两行卸了套的车辆中间,女孩儿亦排成两列,跟随其后;全体村民敬重城里来的女士们,让她们先走,于是戴丽叶兵团就紧跟着女孩儿队伍,三人为左列,三人为右列,把两人一排的队伍又拉长了一些,她们浓抹艳装,如烟花般光彩夺目。

她们一走进教堂,立即引起了一片狂热骚动,人们纷纷转身,为争相观看而你推我挤。她们的衣着比唱诗班祭袍竟更为花哨,这使得虔诚的信女们都惊诧不已,不禁放开嗓子进行议论。村长起身让座,把祭坛右侧的第一条长凳让出来,戴丽叶太太和她的弟媳以及菲尔兰德与娜法爱尔也就当仁不让,一对"吸水唧筒"则由木匠陪伴,占据了第二条长凳。

祭坛里跪满了孩子。男孩儿女孩儿各排一边,手里都举着长蜡烛，看上去像东倒西歪的长矛。

三个男人立在经台前，高声诵唱。他们把拉丁文一些响亮章节拖得老长，唱到"阿门"的时候，头一个章节"阿"延长得没个完，而蛇形铜风管也从大喇叭口发出拖得长长的单音调，作为呼应伴奏。一个男孩儿不时以尖细的嗓音回应答唱。一个头戴方形教士帽的神父不时从祷告席上站起来，嘴里念念有词，然后又重新坐下。而那三个唱经的又继续唱下去，眼睛盯着一本厚厚的单旋律圣歌集，这歌谱集大大摊开在一个雄鹰展翅状的木托架上，架下是一根立地的长轴。

然后，全场骤然肃静，所有的人一齐跪下；主持仪式的神父上场了。他白发苍苍，德高望重，身体微微前倾，左手端着圣餐杯。两个身着红袍的助祭在前引路，主祭的后面是一大群脚穿大皮鞋的唱经队员，他们分别排列在圣坛的两边。

一只小铃铛在寂静的大厅中敲响，圣礼开始了。主祭在圣体金龛前缓缓走来走去，一次次地跪拜，用他那衰弱而颤抖的嗓音诵唱着预备经。他的语音一落，那些唱经队员就齐声高唱，蛇形铜管也同时吹响。有一些男信徒也随声附和，但声音谦恭低抑，正与普通信众的身份相称。

突然，"主啊，矜怜我们"之声冲天而起，它从每个在场者的肺腑中、心坎里迸发而出，在这突发呼声的震动下，古老拱顶上的灰尘与虫蛀的木屑纷纷飘落。小教堂的青石瓦顶被太阳暴晒，堂里热得要命，像一个蒸笼。无比激动的心情、焦急不安的等待、愈益临近的神秘莫测的仪式，使得孩子们个个心里发紧，母亲们喘不过气来。

那神父坐了一会儿，重又登上祭坛，他没有戴帽，露出满头银发，两手哆哆嗦嗦，开始完成那神奇的仪式。

他转身向着信徒，双手伸向他们，先用拉丁文，后用法文，宣布："祈祷吧，兄弟们！"全场的信徒都祈祷起来。接着，老神父结结巴巴、低声细气地说些神秘古怪而又冠冕堂皇的话。小铃铛敲响一遍又一遍，在场的全体都跪拜在地，呼唤着天主。孩子们极度诚惶诚恐，惊吓得支持不了。

萝萨萝丝双手捧着头，突然想起了她的母亲，她村子里的教堂，以及她的第一次领圣体，恍惚觉得自己又回到了从前的那一天，当时她年龄很小，整个小人淹没在洁白的衣裙里。往事真不堪回首，她不禁哭了。起初是轻声饮泣，泪珠从眼里缓缓流下。继而，往事愈是历历在目，心潮愈是激荡，脖子粗涨起来了，胸脯一起一伏，她终于失声大哭起来。她掏出手绢，一边擦泪，一边捂住嘴与鼻子，以免哭出声来，但是仍然不管用，抽噎的喘声从喉咙里直冲而出，另外还有两个令人心酸的长叹声在跟她呼应，原来是跪在她身边的两个同伴路易丝与弗萝娜，她们同样回忆起了遥远的往事，不能自已，黯然神伤，不禁哀叹呜咽，泪如雨下。

眼泪是有传染性的，太太很快就感到自己的眼圈也湿了，扭头去看弟媳，只见同坐在一条长凳上的人，个个都在哭。

神父在准备圣体饼。孩子们真诚地相信了神界确有其事而感到了恐惧，一个个匍匐在石板地上，脑子木然发呆。在教堂里，不时传来女人的哭声，也许是一位母亲，或许是一位姐姐，由于神奇的感应作用，她们也百感交集，而且眼见这些漂亮的女士跪在那里呜咽，哭得浑身发抖，岂能无动于衷，于是也就跟着伤心落泪，一时竟把印花布手绢湿透了，还得用左手紧紧按住自己怦怦狂跳的心口。

星星之火，可以燎原，萝萨萝丝与她姐妹们的眼泪，不多时就征服了所有的人，男女老少，还有穿新罩衫的小伙子，大家都跟着哭了起来。在这些人头顶上，似乎笼罩着一个超人类的东西，一颗弥漫在空际的灵魂，一个无形而又万能的主宰者发出的神奇气息。

祭坛上轻轻响起一个沉闷的声音，那是修女在她的经书上敲击了一下，发出领圣体的信号。孩子们怀着圣洁的激情，哆哆嗦嗦走到圣餐台前。

他们排成一长列跪下。年迈的本堂神父拿着镀金的银圣杯，在他们面前走过，用两个手指捏起圣体饼——递给每一个人，那饼即是基督圣体的象征，将使人世获得救赎。孩子们闭上两眼，脸色苍白，痉挛地张开嘴，一副神经质的表情，接着，衬在他们下颏的那条长长的台布，像流水一般在晃动。

突然，一阵疯狂的情绪席卷整个教堂，那是人群进入狂热状态时的喧哗，是他们强忍呼喊时呜咽所汇成的暴风雨，其势如横扫森林的阵阵狂风，所到之处，大树亦俯首弯腰；年老的神父站在那里一动也不动，手里拿着圣体饼，面对群情激越的场面，他几乎全身瘫痪了，他喃喃自语说："这是天主，是天主来到我们中间，他显圣灵了，他接受我的祈求，降临到跪拜在地的这些信徒身上。"在对上帝狂热的激动中，他一时语塞，结结巴巴，祈祷得语无伦次，但祷词却是出自灵魂深处。

他激动得两腿已经发软，但仍以异乎寻常的虔诚把圣体饼分发完毕，待他自己也喝了主的宝血后，便一心沉浸在感恩的祷告中。

他身后的信徒们渐渐平静下来，那些身着白祭披而备显庄严的唱经员,又开始唱经了,但因眼泪未干而音调不准,连蛇形铜风管听起来也有点儿沙哑,好像这乐器刚才也哭过似的。

然后,神父抬起双手,叫他们肃静,两排领过圣体饼的孩子,沉浸在幸福感中正在出神发呆,神父从他们之间走过,直到祭坛的栅栏旁边。

一阵椅子挪动的响声过处,大家都重新坐下,这时,每个人又在使劲擤鼻子,但一看见本堂神父,就都不出声了。神父开始讲话,声音低弱,吭吭哧哧,吐词不清:"亲爱的兄弟们,亲爱的姐妹们,我现在向你们表示衷心的感谢;你们刚才给我了一生中最大的快乐。我亲身体验了上帝应我的祈求降临到我们身上。他的确来了,就在这里,正充满着你们的灵魂,使你们的眼睛流出泪水。我是本教区年纪最大的教士,今天,我也是本教区最幸福的教士,刚才,我们中间出现了一个奇迹,这是真正的奇迹,伟大的奇迹,崇高的奇迹。当耶稣——基督第一次进入这些小孩儿的体内时,圣灵,这天国之鸟,这天主的气息也降临到你们头上,控制了你们,主宰了你们,使你们俯首躬身,好像风中的芦苇。"

接着,他转身朝向细木匠家一班来宾坐的那两条长凳,用比较清亮的声音说:"亲爱的姐妹们,我特别要感谢你们,你们远道而来,光临到我们中间,怀着如此昭彰的信仰,如此强烈的虔诚,已经成为了我们所有人有益的榜样,你们是本教区的精神创建者;你们的激情温暖了我们所有人的心,没有你们,也许这个伟大的日子就不会有今天这种真正神圣的性质。只要有一只通灵的羊羔,往往就能促使天主降临到羊群里来。"

他激动得语不成声,停了一下,他补充说:"我祝福你们得到圣宠,心诚如愿。"说罢,他登上台阶到祭坛上,去结束这场仪式。

这时,大家都着急要走。孩子们精神紧张了许久,已经不耐烦,纷纷不再循规蹈矩了。而且,他们也都饿了,有些家长不等聆听最后的福音,渐渐离去,回家准备午饭。

教堂门口闹哄哄的,十分拥挤,一片嘈杂叫嚷声,其中,有浓重的诺曼底口音。信徒们排成了两道人墙,一见自家的孩子从教堂里出来,每个家长就立即向他扑过去。

康斯坦丝一出来,就被家里这一群妇女抓住,她们围着她亲她,尤其是萝萨萝丝更是搂住她亲不够,最后,仍依依不舍拉着她一只手,戴丽叶太太则拉着她的另一只;娜法爱尔与菲尔兰德替她撩起细布长裙,以免拖在尘土里。路易丝与弗萝娜同细木匠太太则一起殿后。小姑娘由这支仪仗簇拥着回家,一路上沉思冥想,自信领过圣体之后,她体内已载负着上帝。

宴席摆在木工棚里,餐桌是用几块长形木板搭建而成的。

临街的门大大敞开,村里的欢乐气氛一拥而入。家家都在摆宴设席,从每家的窗口望进去,可以看见一桌桌穿着节日盛装的人;家家都是满堂欢笑。那些乡下人把外衣脱掉,满杯满杯地畅饮纯汁苹果酒。在每一群入宴者之中,都同时有两个孩子,这儿是两个男孩儿,那儿是两个女孩儿,原来是两家两家地合起来开宴会。

在正午炎炎的烈日下,偶尔有老马拉着可以坐人的大车从村里经过,穿着罩衫的赶车人,总要对席上的美味佳肴投来贪羡的目光。

在木匠家里,欢闹还算有几分节制,大家毕竟刚经过上午在教堂里的那份圣洁的激情。唯有里维一人毫无分寸,尽兴暴饮。

167

戴丽叶太太不时看表，因为她不想接连两天停业，她们要赶三点五十五分的火车，傍晚就可以回到费康。

细木匠使尽浑身解数转移她的注意力，要把客人留到第二天。然而，太太绝不上当分心，只要涉及生意上的事，她是从不当儿戏的。

一喝完咖啡，她就吩咐姑娘们快做准备，接着就对她弟弟说："你，立刻去套好马车。"她本人也去做自己上路的准备。

她下楼来的时候，弟媳正候着她，想跟她谈谈小姑娘的事。她俩谈的时间很长，但没有任何结果。这个乡下的弟媳耍点儿小手腕，假装亲热，而戴丽叶太太却不做任何承诺，她把小姑娘抱在膝头，只是泛泛而谈，说她以后会照应的，来日方长嘛，将来还会见面的。

然而，马车迟迟不来，姑娘们也不下楼，但听见楼上一片嬉笑打闹声、推搡逗乐声、鼓掌叫喊声。于是，趁木匠的妻子到马厩去瞧车是否备好，太太也决定上楼去看个究竟。

里维醉醺醺的，半裸着身子，正要强迫萝萨萝丝献身，但还没有得逞。萝萨萝丝笑得前翻后仰。两个吸水唧筒经过上午宗教仪式的净化，见此胡闹甚为反感，便拉住木匠的胳膊，想使他冷静下来；可是，娜法爱尔与菲尔兰德却在一旁煽风点火，她俩笑得捧着肚子，直不起腰来；醉木匠一次又一次下手落空，她们就不断尖声大叫。木匠恼羞成怒，满脸涨红，衣不蔽体，尽力挣脱紧紧抓住他的那两个女卫道者，拼命去扯萝萨萝丝的裙子，同时嘴里咕咕哝哝："骚货，你还不愿意？"正当此时，太太进来了，她火冒三丈，一把抓住她弟弟的肩膀，将他推出门外，用力过猛，差点儿叫他撞到墙上。

不一会儿,可以听见木匠在院子里用水哗哗浇头的声响。待他赶着马车出现的时候,他已经完全恢复了平静。

像头一天那样,她们乘了车,踏上归途。那匹小白马又跑跑颠颠起来,步伐轻快,像在跳舞。

宴会上被克制的那股欢乐情绪,在烈日照射之下火爆起来了。姑娘们现在觉得车子颠簸得亦甚有趣,甚至还去推动旁边人坐的椅子,再加上里维发情白费了劲,更增添了快意,她们时不时就咯咯直笑。

阳光灿烂,普照田野,直照得眼睛发花;车轮扬起两股尘土,在车后的大路上久久飘扬。

菲尔兰德喜欢音乐,心血来潮,要求萝萨萝丝唱支歌子。萝萨萝丝就放开嗓门儿唱起《默东的胖神父》,但立刻被太太制止了,她认为这支歌今天唱不合适。她又说:"还是给我们唱点儿贝朗瑞的小曲吧。"萝萨萝丝犹疑了一下,打定主意选那首之后,用她那嘶哑的嗓音唱起了《老祖母》:

> 一天晚上祖母庆大寿,
> 纯葡萄酒一口又一口,
> 摇头晃脑对着我们说,
> 从前情人我有一大堆。
> 那时胳膊有多美,
> 更美是我美大腿,
> 流水落花皆去也,
> 而今黯然空悲切。

夫人领头，与姑娘们一同齐唱：

那时胳膊有多美，
更美是我美大腿，
流水落花皆去也，
而今黯然空悲切。

"嘿！妙不可言"，里维赞道，这歌的节奏使他兴高采烈起来，萝萨萝丝继续唱下去：

怎么奶奶从前不安分？
的确如此爱折腾，
年方十五即入道，
夜里从来不睡觉。

车上的人都放开嗓子高唱叠句副歌。里维脚踩在车轮上，同时用缰绳在马背上打起拍子来，而小白马似乎也深受这欢快节奏的感染，如同一阵风似的飞奔起来，使得这些女士在车里东仰西倒，撂成一堆。

她又爬起来，像发疯一样大笑。在炎炎烈日的天空下，她们继续声嘶力竭地唱着，伴随着那匹小马的狂奔，歌声穿越田野，在成熟了的庄稼中飘过。她们每重唱一遍叠句副歌，那匹小白马就要溜缰狂奔个百把米，叫车上的女士们大感刺激，极为兴奋。

一路上，时而会有碎石工人站起身来，隔着铁丝网面罩，望着这辆满载狂欢者的马车，在尘土飞扬中疾驰而过。

在火车站前下车时,木匠依依不舍,说:"可惜你们要走了,要不然,咱们真可以玩个痛快。"

太太回答得通情达理:"凡事都要讲究场合,总不能随时随地玩玩闹闹。"里维灵机一动,心堂一亮:"那好,下个月我到费康来看你们。"他神情狡黠、眼睛色迷迷亮闪闪地盯着萝萨萝丝。

"得啦,"太太打发他了事,"放规矩点;你想来就来吧,不过,来了可不要做傻事。"

他没有吭声,这时,火车鸣笛了,他赶紧同大家一一拥抱吻别,轮到萝萨萝丝时,他一个劲儿去追逐她的嘴唇,她呢,抿着嘴笑,每次都迅速扭头,及时避开;细木匠把她搂在怀里,但总是达不到目的,因为他手里的长鞭碍事,只要他用力搂抱,那长鞭就在姑娘的背上使劲摆来摆去。

"去鲁昂的旅客请上车。"乘务员喊道。于是,这一行女士就上了车。

细长的哨声叫响后,火车头鸣起了强劲的汽笛声,接着就哧的一大声喷出了第一股蒸气,车轮也开始缓慢但明显费劲地转动起来。

里维离开站台,跑到栅栏那里,想再看萝萨萝丝一眼。这一节车厢载着人肉市场上的商品从他面前驶过时,他就把鞭子甩打得啪啪发响,他一边蹦跳,一边声嘶力竭地唱着:

> 那时胳膊有多美,
> 更美是我美大腿,
> 流水落花皆去也,
> 而今黯然空悲切。

这时,他看见车上有人在挥动一块白色手巾,愈去愈远。

三

途中,她们一直在睡觉,像心满意足的人那样睡得沉稳酣熟。一回到春楼里,个个精神焕发、体力充沛,足以应付晚上的营业,太太倒忍不住说了一句:"不管怎么说,我在家已经待腻了。"

她们很快吃了晚饭,换上了工作服,等候老主顾上门。门口那盏小灯点亮了,就像圣母像前的长明灯一样,它向过往行人表示:羊群已经回到了羊圈。

转瞬间,消息便传开了。怎么传的,谁传的,这都说不清。只知道银行家的公子菲利普先生还一番好意,特地派人给囚在家里的杜勒沃先生送去一封快函。

咸鱼腌制商每逢星期天,都有亲朋好友来家聚餐,这天,正喝着咖啡的时候,有个男子执一信函求见。杜勒沃先生十分激动,拆开信一看,脸色变得煞白。信上只有两行铅笔草书:"货船已进港,装运的那批鳕鱼已找回,有好买卖可做,速来。"

他在这兜那兜摸来摸去,摸出了二十个生丁,赏给送信人。他的脸一下红到了耳根,说:"我得出去一趟。"把那封言简意赅的神秘短信递给了他的妻子。他打铃召来女仆,吩咐道:"我要大衣,快,快,还有帽子。"他一到街上,就快跑起来,一边跑,一边吹一只曲子。他心急如焚,竟觉得路比平时长了一倍。

戴丽叶春楼洋溢着节日气氛。楼下，港口来的那批客人吵吵闹闹，喧哗声震耳欲聋。路易丝与弗萝娜，简直不知道去照应谁才好，陪了这个喝酒，又去陪另一个，尽显行家本领，真无愧"两个吸水唧筒"这一绰号。周围的顾客纷纷召唤，她俩忙得应接不暇，看来，这天的晚上，她们是要累得够呛的。

二楼上那个小圈子的人九点钟都到齐了。商务法官瓦斯先生是戴丽叶太太的老资格的追求者，一直奉行柏拉图之爱。他正陪着这位太太在一个角落里低声交谈。两人脸上都春暖花开，似乎马上就要达成某种协议。前市长普兰先生让萝萨萝丝骑在他腿上，两人脸对着脸，姑娘小巧的手抚摸着他白色的颊髯，她撩起的黄裙子下露出一段光溜溜的大腿，横在前市长那黑色呢裤上。她红色的袜子上扎着蓝色的袜带，这是推销员在火车上送给她的礼物。

身材高大的菲尔兰德躺在长沙发上，两只脚搭在税务官潘佩斯先生的肚子上，上半身则斜靠着年轻的菲利普先生的西服背心，右手搂着他的脖子，左手挟着一根香烟。

娜法爱尔似乎在跟保险代理人迪皮伊先生谈买卖，她最后用这样的话结束谈判："好吧，亲爱的，今天晚上，我很愿意。"说完，她独自跳起华尔兹舞，像一阵风似的在沙龙里飞舞一圈，嘴里嚷道："今天晚上，你要怎么都行。"

沙龙的门猛然打开，杜勒沃先生出现了，大家都欢呼起来："杜勒沃万岁！"娜法爱尔仍在旋转飞舞，一下撞倒在他胸前，他紧紧将她搂住，什么话也没说，就将姑娘轻轻托起，就像托一根羽毛，穿过沙龙，走过靠里侧的一扇门，在一片掌声中，捧着他的活宝贝消失在通往卧室的楼道里。

萝萨萝丝仍在挑逗撩弄那位前任市长，一下一下地吻他，同时双手又揪着他的鬓须，使他的脑袋动弹不得。已有杜勒沃的先例在前，她就唆使前市长说："咱们也去，学他的样！"于是，这位好好先生站起来，整整西服背心，跟着萝萨萝丝走了，边走边摸自己衣袋里沉睡已久的钱币。

只有菲尔兰德与太太陪着四位男宾，菲利普先生高声嚷道："喝香槟，我请客！戴丽叶夫人，请您叫人取三瓶酒来。"

菲尔兰德上前搂住他，在耳边对他说："让大家跳舞，你弹琴，好吗？"菲利普站起来，走到一架在角落里久已无人问津的老式斯频耐琴的面前坐下，弄出了一曲华尔兹，这支声音嘶哑、呜呜咽咽的华尔兹，简直就是从那古老乐器叽里咕噜的肚子里挤出来的。高个子姑娘搂着税务官，太太则由瓦斯先生抱着，两对舞伴边旋转边接吻。瓦斯先生曾在上流社会的舞场上有过历练，舞姿甚是优雅；戴丽叶太太望着他，眼光里洋溢着迷恋，似乎在做出定情的允诺说"我同意"，这无声的允诺要比口头上的一声"我同意"，更郑重其事，更为含蓄甜蜜。

弗雷德里克拿来香槟酒，头一瓶的瓶塞砰的一声飞出，菲利普先生又弹奏一支四组舞曲的序曲。

两对舞伴依照上流社会的方式，男士鞠躬，女士行屈膝礼，文质彬彬，举止端庄地踏着舞步。

跳了一阵舞，大家开始喝酒。这时，杜勒沃先生回来了，显得心满意足，浑身轻快，得意扬扬，他大声说："不知道娜法爱尔怎么啦，今天晚上有求必应，妙不可言。"接着，别人给他递过来一杯香槟，他一饮而尽，却喃喃自语了一声："见鬼，这么奢侈！"

当即，菲利普先生又弹起一支轻快的波尔卡舞曲。杜勒沃先生同犹太美女翩翩起舞，他将她悬空抱着，不让她两脚着地。潘佩斯与瓦斯两位先生又雅兴大发，也随着舞将起来。不时，有一对舞伴跳到壁炉前停下来，一口干掉一杯冒着泡的酒。这场舞看来要跳个没完没了，永不收场。突然，萝萨萝丝推门而入，手里拿着一个烛台，她披头散发，只穿了内衣，脚踩拖鞋，满脸通红，情绪很是激动，她叫道："我要跳舞！"娜法爱尔问她："你那个老头儿呢？"萝萨萝丝放声大笑："他吗？他已经睡着了，他一下子就睡着了。"她拉住闲坐在沙发上的迪皮伊先生，这时，波尔卡舞曲又奏起来了。

但是，端上来的几瓶酒都已喝得精光。杜勒沃先生说了一声："我请大家再喝一瓶！"瓦斯先生也呼应道："我也请一瓶。"迪皮伊最后也凑个热闹："我也一样。"至此，大家热烈鼓掌。

这么一来，一场真正的舞会就组织起来了。甚至路易丝与弗萝娜时不时飞快溜上楼来，赶紧跳一圈华尔兹，其间，总叫楼下那些顾客等得不耐烦，于是，她们恋恋不舍，又赶快跑回楼下。

到了午夜十二点，大家还在跳。时不时，总有个把姑娘退场消失，大家要跳四组舞时一找人就能发现，但这时准发现男人之中也少了一个。

"你们这是上哪儿去啦？"当潘佩斯先生与菲尔兰德双双再现时，菲利普这么打趣地问他们。收税官答道："去看普兰先生睡觉啦。"这一精当的措辞产生了极大的效果：一个个男人都轮流带一个姑娘，去卧室看普兰先生睡觉。这天夜晚，每个姑娘都随和得令人难以置信。太太睁一只眼，闭一只眼，在一个角落里与瓦斯先生进行长时间的交谈，似乎大事已经谈妥，只差若干细节有待落实。

到了一点钟,两位有家室的男士,杜勒沃先生与潘佩斯先生终于要告辞回家了,他们去结账付款。但是,只算了他们的香槟酒钱,而且,不是通常的十法郎一瓶,而是优待价六法郎。这些先生对楼主如此的慷慨大方深感惊奇,戴丽叶太太则高高兴兴地答道:

"难得这么乐一次!"

小狗皮埃罗

勒费弗尔太太是一位乡绅眷属,先生已故。在乡间,常可见这一类女人,身上既有乡土气,又有城市味。她们爱用缎带,爱戴荷叶边帽子,说话时常犯联诵音错误,大庭广众之下,总要装出一副不可一世的样子,在打扮得花里胡哨、俗里俗气的外表下,隐藏着一个粗野而自命不凡的灵魂,正如她们戴的生丝手套里面,是一双又粗又红的手。勒费弗尔太太正是这样一个女人。

她使唤了一个老实的乡下女子做女仆,此女心地善良,名叫萝丝。

主仆二人都是诺曼底人,生活在科克斯县区的中心地带。沿着公路有一幢带绿色百叶窗的小屋,那便是她们的家。

房屋的前面有一块狭长的园地,她们在那里种了些蔬菜。

可是,一天夜里,有毛贼造访,偷走了她们整整十二颗洋葱。

萝丝一发现如此卑劣的窃案,就赶紧跑去报告太太。在家讲究地穿着呢裙子的太太获悉,立马就下楼来。这样的掠取真是恐怖得很哟,令人又害怕又痛恨。居然有人偷东西!居然偷到勒费弗尔太太头上来了!这么说,本地是很不太平啰!再说,贼既然来过一次,就可能来第二次、第三次……

两位妇女受此惊吓,惶恐难安。她们反复察看了脚印,唠唠叨叨这个恐怖事件,没完没了,还进行了种种揣测:"瞧,他们是从这里过来的,他们爬上了这道墙,然后往这边一跳,跳到了花坛上。"

她们一想到往后的日子,实在是恐惧得很,惶惶不可终日,从今以后,叫人怎么能够安安稳稳睡觉呢!

此案的消息不胫而走。邻居纷纷前来慰问,踏勘现场,分析议论。每来一个人,这两位妇女都要把自己的看法想法,重新述说一遍。

一位住在附近的农庄主给她们出了一个主意:"你们真该养条狗。"

这倒是说得有理。她们的确应该养条狗,就算是遇上什么情况,有狗叫两声提个醒也好。可是,大狗不能养。一条大狗,她们怎么受得了!那会把她们这点儿家当吃得精光的。只能养一条小狗,养一条会汪汪叫的小"干"就行了(请别见怪,在诺曼底,人们把"狗"叫作"干")。

等大家都走了以后,勒费弗尔太太与萝丝就立即商量养狗的问题,商量了好久。太太深思熟虑了一番之后,提出了许多反对意见,她只要一想到盛得满满的狗食盆,就吓得发呆。因为,她跟那些精打细算的乡绅太太是一路人,她们口袋里揣着的那几个小铜子儿,是为了在大庭广众之下施舍给路上的穷人的,是为了在星期天捐献给教堂的。

萝丝倒是喜欢猫狗的,她提出了养狗的种种理由,并且很巧妙地做了一些辩解。最后,主仆二人总算决定养一条狗,只养一条小而又小的小狗。

她们开始物色对象，但碰到的全是大狗，吃起东西来食量大得足以把人吓死。罗尔维尔的食品杂货店老板倒是有一条很小很小的狗，不过，他要求付给他两个法郎作为前一阵子的饲养费。勒费弗尔太太坚决不从，她说，自己的的确确愿意养一条小"干"，但决不花钱去买。

有一家面包房的老板得知这件事后，在一天早晨用车捎来了一只黄毛小怪物：四条腿短得出奇，几乎跟没有一样，身子像鳄鱼，脑袋像狐狸，尾巴的长度与身长相等，往上高翘，像是军帽上耸立的翎饰。它原来是面包房的一位主顾的，后来主人不想要它了。尽管这小狗又丑又怪，但因为没花一个子儿，所以太太觉得它长得挺漂亮。萝丝把它抱起来吻了吻，打听它叫什么。面包房老板回答说："皮埃罗。"

它被安置在一只旧肥皂箱里。先给它弄了点儿水喝，然后又给它拿来一块面包吃。刚喂了这么一次，勒费弗尔太太就犯愁了，但她灵机一动，想出了一个妙法："等它在家里待惯了以后，可以撒手放它出去。它在附近一带转转，就可以自己找到吃的了。"

不久，勒费弗尔太太果然就撒手把它放出去了，但是，它仍然免不了要挨饿。而且，它只有在向人讨东西吃的时候，才汪汪直叫，为了达到这个目的，它叫得倒挺起劲。

太太家的园子呢，谁都可以进来。不论是谁来，皮埃罗都要过去跟对方亲热亲热，绝对不叫一声。

日子一长，勒费弗尔太太对这条狗也渐渐地习惯了。她甚至有点儿喜欢它，有时，还把面包在自己的肉汤里蘸一蘸，亲手一口一口地喂给它吃。

不过,她从没有想到还有纳税的问题。"税款八个法郎,太太。"为一条连叫都不会叫的小"干",有人竟要她纳这么一笔税!猛然听到,她大惊失色,差一点儿昏过去。

主仆二人立即决定摆脱这个小皮埃罗。可是,谁也不要。方圆十法里之内所有的住户,谁见了都一口拒绝。实在没有别的办法,她们只好决定送它去"啃泥巴"。

所谓"啃泥巴",就是"去吃泥灰岩"。凡是不要的狗,本地人都把它们打发去吃泥灰岩。

在当地一片广阔的平原上,有一种窝棚,或者准确地说,是一种支撑在地面上的小小茅草顶棚,这就是采泥灰岩矿的坑口。这种大井坑陡直地深入地下二十来米,从那里,还有一些长长的坑道深入矿层。

每年一次,到了给田里施加泥灰石的时候,才有人下到坑里去取料。平常日子,这种井坑的用处就是充当被抛弃的狗的坟场。人们只要从坑口附近走过,就可以听见悲怨的吠声、狂怒的嚎声、绝望的呻吟以及凄惨的求援声。

猎户与牧羊人喂养的狗,都惊恐地躲开这个传出声声惨叫的深坑。谁要是俯身朝下看,一股恶心的腐臭气味就会扑鼻而来。

在坑底的阴影里,不知发生了多少可怕的惨剧。

一条狗被扔下坑,仅靠以前那些狗的腐烂尸体为食,十天或十二天以后,它已经是奄奄一息了,这时突然又有一条狗被扔下坑来,这条新扔下来的狗当然比它大,也更强壮。于是坑底就有两条狗了,它们全都饿得发慌,眼里冒出凶光。它们互相盯视着,互相紧跟着,都犹豫不决,焦急不安。但是,饥饿催促它们动手。于是，它们开始斗起来了，斗了很久，斗得很惨烈，最后强者把弱者吃掉了，活生生地吃掉了。

把皮埃罗打发去"啃泥巴"的决定一做出，主仆二人就立即物色一个执行者，有个修路工人要价十个苏，才肯去跑一趟。勒费弗尔太太觉得这实在是太过分了。住在附近的一个打短工的，倒是只要五个苏，但太太还是嫌贵。萝丝发表意见说，不如由她们亲自送去，这样它在路上还不至于受虐待，也不会事先知道自己可怕的下场。于是，她们决定在天黑以后一道去实施这项决定。

执法的这天晚上，她们给皮埃罗准备了一盆好吃的肉汤，还加了一点儿黄油。皮埃罗吃得精光，一滴也不剩。当它正摇着尾巴表示高兴的时候，萝丝一把抓住了它，塞进自己的围裙里。

她们迈着大步，在平原上匆匆赶路，就像两个偷庄稼的贼。不久，她们看见了泥灰岩井坑。到了坑边，勒费弗尔太太俯身听听坑下有没有狗叫声。没有，坑里没有狗。这样，皮埃罗下去后，里面只有它这一条。于是，萝丝泪流满面地吻了吻皮埃罗，把它扔了下去。随即她们两人都俯下身子，竖起耳朵去听。

她们先听见一声闷响，接着是一声动物受伤时的厉声惨叫，随后是连续不断的低低的叫痛声，再后是绝望的求助声，是一条狗抬头望着坑口苦苦哀求的悲鸣声。

它汪汪地叫，唉，汪汪地叫个不停！

她们突然感到后悔，感到害怕，感到一种难以言状的极度恐惧。她们跑着逃离现场。萝丝跑得快，勒费弗尔太太跟在后边直喊："等等我，萝丝，等等我！"

这天夜里，她们都做了可怕的噩梦。

太太梦见她坐在桌前吃饭，把汤盆盖子一打开，皮埃罗就从里面跳了出来,一口咬住了她的鼻子。

她惊醒后,似乎还听见汪汪的叫声。她仔细听了听,才知道是自己的错觉。

她重新入睡。在梦中又来到一条大路上,那条路很长很长,没有尽头,她顺着路走呀走呀。忽然,她看见路中央有一个大篮子,是老乡们经常拎的那种大篮子,丢在那里没人管!顿时,那篮子使她感到恐惧。

但是,她鼓起勇气,终于还是把篮子盖揭开,皮埃罗正蜷着身子待在篮子里,一口就把她的手咬住不放。于是,她就拼命逃,那条狗仍咬着她不松口,一直悬挂在她的手上。

噩梦吓得她几乎发疯,所以天一亮,她起床后就朝泥灰岩坑跑去。

皮埃罗在汪汪叫,它一直在汪汪叫,叫了一整夜。太太伤心地哭了起来,她以各种各样亲热的称呼叫唤它。皮埃罗也以一条狗所能发出的种种温柔亲热的声音回应太太。

于是,太太下定决心要把皮埃罗弄回来,并且要让它一直到死都过得快快活活。

她赶紧跑去找一个以挖泥灰石为业的掘井工人,把情况讲给他听,那人一声不吭地听着。等她讲完之后,他说:"您不是要您的小'干'吗,那得付四个法郎。"

她吓了一跳,这时她对皮埃罗的歉疚、怜悯、悲痛全都一下子又飞到九霄云外去了。

"四个法郎!您不怕撑死您自己!四个法郎!"

那人以一口诺曼底土腔说:"我凭什么给您白干?我得把我那些绳索、绞车全都搬去,把它们架起来,再带我儿子一同下去,还保不定要被您那条该死的小'干'咬上一口。我干这些难道只是为了要您高兴？当初，本来就不该把狗扔下去。"

太太气冲冲地走了。哼，四个法郎！

一回到家里，她立刻叫来萝丝，把挖井工人的要价告诉她。萝丝一向对主人百依百顺，也鹦鹉学舌地说："四个法郎，这可是一大笔钱啊，太太！"

然后，她又加了一句："是不是可以给小'干'扔点儿吃的东西下去，别让它饿死？"

勒费弗尔太太一听，十分高兴，很赞成这个办法。于是，主仆二人带着一大块抹了黄油的面包，又去了那个井坑。

她们把面包撕成小块，一小块一小块地扔下去，还轮流跟皮埃罗说话。而那小狗，刚吃完一块，马上就汪汪汪地要下一块。

她们傍晚时又去喂了一次，第二天仍然如此，天天照常。只不过，后来每天只喂一次了。

可是，有一天早上，她们扔下一块面包后，就听见坑底传来可怕的吠声。下面有两条狗了！又有人丢下去一条，而且还是一条大狗！

萝丝喊了一声："皮埃罗！"皮埃罗汪汪汪地回应。于是，她们就开始往下扔食物。可是，每扔一次，就可以清清楚楚地听见坑下一阵可怕的抢夺声。接着，是皮埃罗被同伴咬伤后的哀号声。那条狗比皮埃罗强壮，扔下去的东西，全都被它抢着吃了。

她们尽管很维护皮埃罗，扔一次就说一声："皮埃罗，这是给你的！"但是，无济于事，很明显，皮埃罗什么都捞不着。

主仆二人不知所措，面面相觑。最后，勒费弗尔太太以尖酸刻薄的语气说："我总不能把别人扔下去的狗全都包下来喂吧。只好不管了。"

她一想到坑里所有的狗，都得要她来喂养，就义愤填膺，扭头便走，并且还带走了剩下的面包，一边走，一边开始自己享用。

萝丝跟在太太后面，不停地用蓝色围裙的一角去擦拭眼泪。

瓦尔特·施那夫斯奇遇记

自从随军入侵法国以来,瓦尔特·施那夫斯觉得自己处处背时不顺,要算是最为不幸的人了。他身体肥胖,走起路来很费劲,老是喘气,他那双又肥又厚的平脚板,痛得他苦不堪言。何况,他这个人生性爱好和平,心地厚道,虽说不上是菩萨心肠,也绝非杀戮成性,他有四个孩子,对他们甚为钟爱,他妻子是个金黄色头发的少妇,每天晚上,他都要怀念妻子款款的温情、入微的体贴与销魂的情爱,异地相思,他实在是很苦。他在军中,早晨懒得起床,晚上早早就寝,碰到好吃的东西,他总是细嚼慢咽,仔细品尝,不时,还要到小酒馆去喝喝啤酒。他常这样想,人一死,世上一切良辰美景、欢快幸福岂不立即就化为乌有;因此,他打心眼儿里对大炮、步枪、手枪与军刀,怀着一种强烈的憎恨,既出于本能,又来自理性的思考,特别对刺刀,他更是恨之入骨,觉得自己不会使用这种玩意儿,来灵活而快速地保卫自己的大肚子。

每当夜幕降临,他裹着大衣躺在地上睡觉,旁边是鼾声如雷的弟兄,这时,他总要久久地思念着留在家乡的妻子儿女,想着自己前进路上的危机四伏。他想,如果他吃枪子丢了命,那他的孩子们怎么办?谁来养活他们?谁来培养他们?以目前的情况而言,他们过得就不富裕,虽然,他在临出发的时候曾借了一笔钱留给他们维持生活。瓦尔特·施那夫斯这么想着想着,有时禁不住就哭了。

只要每次战斗一打响,他就觉得两腿发软,真想就地躺下不动,但是,又害怕整支队伍会从他身上踩过。到了战场,子弹呼啸而过,吓得他全身的毛发都倒竖起来了。

九个月来,他一直就这么心惊肉跳,惶恐不安,度日如年。

他所属的那个兵团向诺曼底进发。有一天,他奉命跟一支小分队外出侦察,任务简单,无非是到某个地区察看一番,而后立即撤回。田野里一切似乎都毫无动静,丝毫看不出有对方抵抗的迹象。

于是,这些普鲁士人放心大胆走进了一个沟壑纵横的小山谷。突然,枪声大作,猛烈的火力阻挡了他们的去路,他们队伍中立即有二十来人被撂倒;一支游击队从一个巴掌大的小林子里迅猛冲出,刺刀上膛,直扑而来。

瓦尔特·施那夫斯起初愣在那里没动,敌人突如其来,他一时不知所措,竟忘了赶快逃命。随后,他才拔腿就逃,但立即又意识到自己绝对跑不过那些精瘦精瘦的法国人,他们像一群山羊那样连蹦带蹿,而自己却慢得像一只乌龟。这时,他看见,在他前方六步开外有一道宽宽的地沟,上面长满荆棘并有枝叶掩盖,他猛然双脚一并,纵身往沟里一跳,也顾不上沟有多深,正如从桥上往河里一跳那样。

他像一支箭,穿过一层厚厚的藤叶与尖利的荆棘,沉沉地跌坐在一堆石子上,脸与双手都被荆棘划破了。

他立即抬头一看,从自己所穿透的窟窿里,可以望见一块天空。他害怕这个窟窿可能使他暴露,赶紧手脚并用,小心翼翼地在沟里爬行前进,靠头顶上缠绕的藤枝当掩护,他尽可能地快爬,想离开战场远一些。爬了一阵子之后,他停下来,重新坐下,像一只野兔,躲藏在深深的枯草丛中。

有一段时间,枪声、叫喊声与呻吟声仍清晰可闻。后来,战斗的嘈杂声渐渐减弱,终于,完全消失。一切归于平静,寂寥无声。

突然,有个东西在他身边一动。吓了他一大跳。原来是一只小鸟落在一根树枝上,晃动了干枯的树叶。瓦尔特·施那夫斯被这事吓得好半天都没有缓过神来。

夜幕渐渐降临,沟里也更加晦暗了。这个普鲁士大兵开始盘算起来:他该怎么办呢?他会有什么遭遇?回自己的部队去吗?……怎么回去呢?从什么地方回去?如果回部队的话,那他又要去过开战以来那种叫他苦不堪言的生活,每天忧心忡忡,惊恐不安,疲劳难耐,痛苦不堪!不!他觉得自己再也没有过那种生活的勇气了!再也没有毅力去承受行军途中的劳累、去面对无时无刻都可能发生的凶险。

可是,到底怎么办呢?他总不能老待在这条沟里,一直到战争结束。不行,当然不行!如果一个人不吃饭肚子也不饿,这种前景倒也并不可怕,但一个人需要吃呀,每天都需要吃呀!

他眼见自己佩带着武器,穿着军装,就这么孤零零深陷在敌后,远离那些能救助他的同伴战友,他就不禁全身战栗。

他突发奇想:"如果我当上俘虏就好了。"此一奇想既出,他的心就兴奋地跳动起来,"当法国人的俘虏",成为了他强烈的、不可抑制的愿望。对！当上俘虏，就算得救了！关在看管严密的牢狱里，有吃有住，枪弹打不着，刺刀碰不上，什么都不用害怕了。就这么当俘虏，何其美哉！

他立即打定了主意：

"我要去投降当俘虏！"

他站起身来，决定刻不容缓去实施这个计划。但刚一站起来，他又呆立着不动了，心里又突然冒出令人烦恼的念头与新的顾虑。

他上哪儿才能当上俘虏呢？怎么去当呢？奔哪个方向去？一瞬间，一幅幅可怕的画面，一幕幕死亡的情景，全涌入了他的脑海。

他独自一人，头戴尖顶钢盔，在田野里乱闯，那肯定会碰到致命的危险。

如果碰到当地的农民呢？他们看见他这么一个掉队的普鲁士大兵，一个没有自卫能力的敌兵，肯定会把他弄死，就像弄死一条野狗似的！他们会用长柄叉、鹤嘴镐、镰刀、铁铲把他干掉！他们会狂热地发泄被侵占民族的一肚子愤恨，将他捣成一堆肉泥，一摊肉酱！

如果碰到法国的游击队呢？那批家伙可都是些无法无天、胡作非为的疯子，他们光为了开开心，光为了消磨时间，光为了取笑他的惨状，也会把他毙掉。想到这里，他觉得自己似乎已经背靠墙壁，面对着十多支步枪，黑圆黑圆的枪口正盯着他呢。

如果碰到法国正规军呢？他们的先头部队会把他当作对方一个胆大包天、狡诈非常的老油子侦察兵，肯定要把他射杀掉。他仿佛已经听见隐卧在荆棘丛中的法国兵，射出来的参差不齐的枪声，而他呢，暴露在一块田野中央，被子弹打得全身是孔，慢慢瘫倒在地，还可以感到一粒粒子弹钻进肉里的那种锐痛。

这么想着想着，他感到绝望极了，处境险恶，毫无出路，他无可奈何，又一屁股坐在地上。

夜幕突然降临，一片晦暗，万籁无声。他待在那里一动不动。夜色中只要有一点儿轻微的陌生的声响，他都要吓得打哆嗦。正好有只兔子屁股擦到窝边发出了响声，险些吓得瓦尔特·施那夫斯拔腿就逃。猫头鹰的叫声，更是把他的心撕碎了，使他感到一阵阵突如其来的恐惧，其痛楚的程度实在不下于一道道伤口。他瞪着一双大眼，使劲在黑暗中搜索，他仿佛听见无时无刻都有人在走近他。

漫漫长夜，极为难熬，如同在地狱中受罪，他总算透过头顶上树枝所构成的顶棚，看见天空渐渐亮白。这时，他才感到浑身轻松，四肢舒畅，元气陡增；他的心境平静下来，眼睛一闭，立即就进入了梦乡。

当他一觉醒来，太阳好像已经升到了顶空，该是晌午时分了。田野上一片死寂，没有任何声响打破这份宁静；这时，瓦尔特·施那夫斯突然发现自己已经饥肠辘辘，难忍难熬。

他连连打了几个哈欠，他不禁想到了香肠，一想到在部队里吃的美味香肠，他就口水直流，胃里饿得发疼。

他站起身来，走了几步，感到两腿发软，只好重新坐下细细思量。他足足思量了两三个钟头，一时这么想想，一时又那么想想，翻来覆去，不断改变主意，变更决定，各式各样的理由，互相矛盾冲突，使得他摇摆不定，左右为难，无所适从，懊恼沮丧。

终于，他觉得有一个主意倒还合情合理，切实可行，那就是暗地等候有个老乡打这里经过，只要那个人手里没有武器，也没有带可以伤人的工具,他就赶紧迎上去,让对方明白他是来投降的,然后任对方处置。

于是,他脱下尖顶盔,因为怕那尖顶会暴露自己,然后小心翼翼把头探出了藏身的地沟。

四周,远远近近都没有一个人影。在右边的远处,有一个小村庄,屋顶上炊烟缕缕,这就表明有人在做饭!在左边的远处,一条林荫路的尽头,有一座巨大的城堡,它的两翼是高耸的塔楼。

他就这么一直等着,直到天黑;除了阵阵飞过的乌鸦外,什么也看不见,除了自己饥肠辘辘的声响外,什么也听不见,时光难熬,真叫人受不了。

夜幕又一次笼罩了他。

他在隐蔽处躺下,因为饿着肚子,睡得极不安稳,迷迷糊糊,噩梦不断。

晨光又重新照临他头上。他又开始进行守望。但田野上渺无人迹,跟昨天一样。这时,他心里突然产生了一种新的恐惧,那便是害怕饿死!他仿佛看见自己直挺挺地仰面躺在沟底,双目紧闭。接着,就有好些虫子,各种各样的小虫子纷纷爬到自己的尸体上来,开始咬肉吸血,它们一拥而上,全面侵袭,在他衣服的底下爬行攒动,噬食他冰凉的躯体,而一只乌鸦,正用坚硬的利喙,啄食他的双眼。这么一想,他简直就要急疯了,他感到自己眼见就要饿得瘫痪了,再也走不动路。于是,他决定豁出性命,冒死一试,准备向村庄奔去投诚,正当此时,他看见三个老乡肩扛长柄叉,朝地里走去,他赶紧又缩回地沟里。

一直又到了夜幕降临大地的时候,他不失时机悄悄地爬出地沟,猫着腰,胆战心惊地朝远处的城堡走去,他宁肯去城堡而不愿去那个村庄,他觉得那里很可怕,就像有一窝老虎的洞穴。

城堡底层的窗户都透出灯光,其中有一扇窗还大大地敞开着;一阵浓浓的烧肉香从里面冲出来,直扑瓦尔特·施那夫斯的鼻孔,钻进了他的五脏六腑,使得他全身抽搐,呼吸急促,勇气骤增。有了一股子为吃上一口而胆大妄为的劲头。

于是,他不假思索,戴着尖顶盔就冒冒失失出现在那个窗口。

屋里有八个仆人,正围着一张大桌子吃晚饭。突然,有个女仆吓得张大了嘴,两眼直瞪,一动不动,手里的杯子砰然掉在地上。其余的人,都跟着她的目光看过去!

他们瞧见了敌人!

老天爷啊!普鲁士大兵攻进城堡了!……

开始,就这么一声惊呼,由八个不同的嗓音同时发出的惊呼,骇得人心惊胆战,毛骨悚然;紧接着,在场的人争先恐后站起来,一阵拥挤,一阵混乱,纷纷朝屋子尽头的一扇门逃去。椅子翻倒了,男人把女人挤倒在地,并从她们身上踩过去。转眼间,人就跑空了,只剩下那张堆满了食物的桌子,瓦尔特·施那夫斯则呆呆地站在窗前,对眼前的这一幕感到莫名其妙。

他迟疑了一会儿,就爬过窗台,朝那一桌食物走去。他已饿得发昏,就像发烧一样全身发抖,但由于害怕,他怯生生地裹足不前。他竖耳细听周围的动静。整幢房子似乎都在颤抖,有人在乒乒乓乓关门,有人在楼上地板上慌慌张张跑来跑去。这位普鲁士大兵惶恐不安,他使劲监听着这一片嘈杂声;接着,他又听见几记沉闷的声响,好像有人从二楼跳了下来,身子摔在墙根的软土上。

而后,所有一切活动,一切骚动都停止了,整个一个大城堡变得死寂无声，像一座坟墓。

瓦尔特·施那夫斯在一份未动用过的盘碟前坐下来，开始吃将起来。他狼吞虎咽，似乎唯恐有人前来搅局，打断他的美餐，叫他不能尽兴。他双手并用，将食物直往嘴里塞，那嘴张得老大，像一个陷阱；大块大块的食物接二连三掉进他的胃里，经过咽喉时，把他的脖子都胀粗了。有时，他也暂停一下，以防填得太满的食道被撑破。此时，他就拿起那罐苹果酒，来冲洗自己的咽喉，就像冲洗堵塞了的管道。

他将大大小小的菜盘菜碟和所有的酒瓶，都一扫而光；酒足饭饱，脸泛红光，满嘴油亮，醉意醺醺，连连打着饱嗝，脑子也昏昏然了，他把军服的纽扣解开，以便呼吸舒畅，但要挪动一步，他就完全做不到了。他的眼睛慢慢合上了，脑子里一片空白；双手交叉在桌面上，他把头枕着自己的手臂，不一会儿，他对周围的一切全失去了知觉。

下弦月幽幽地照着花园里那片树木之外的大地。这是黎明前寒冷的时刻。

矮树丛中，有许多人影在悄无声息地偷偷移动，在黑暗里，不时有一两把铜铁利器的尖梢，被缕缕月光照得闪闪发亮。

城堡静静地耸立着它黑魆魆的庞大的身影，只有底层的两房窗户犹有灯光。

突然，一声大吼，如雷贯耳：

"前进！他妈的！冲啊！小伙子们！"

一转眼，房门，窗板，玻璃窗全都被一大股人流冲开。这群人横冲直闯，乱砸乱摔，迅速抢占了整幢房子。又一眨眼，五十个武装到头发的士兵，蹦进厨房，瓦尔特·施那夫斯正在那里呼呼大睡，五十支上膛待发的枪一齐对准了他的胸口，他们将他打翻在地，揍得他满地乱滚，之后，才把他抓起来，从头到脚捆个结结实实。

他昏头昏脑，搞不清眼前发生了什么事，他挨了打，遭了揍，害怕得快要发疯，只是目瞪口呆地待在那里粗声喘气。

突然，一位军服上镶着金线的胖军官，一脚踩在他的肚子上，大喝一声：

"你被俘虏了！投降吧！"

这个普鲁士大兵只听懂了"俘虏"这个词，他呻吟着连连应声：

"是的，是的，是的！"

他被揪了起来，捆在一把椅子上；战胜了他的那些人，张着大嘴直喘气，用非常好奇的眼光审视着他。其中有几个因为又累又兴奋，已经支撑不住，而坐了下来。

瓦尔特·施那夫斯脸上露出了微笑，他，现在的确是面带微笑，因为他确认自己终于当上了俘虏！

又进来了另一位军官，他通报：

"上校，敌人已经逃跑，他们有些人大概都被我们打伤了。我军已经控制了全局。"

那胖子军官正在擦额头，一听就大声宣布道：

"我军胜利了！"

他从口袋里掏出一个小小的商用记事本，在上面做了记录：

"经过一场激烈的战斗，普军最后边战边退，携带着伤员仓皇逃走。据不完全估计，敌方有五十余人失去了战斗力，有多人被我军俘获。"

那年轻的军官又请示：

"上校，我该再做哪些部署？"

上校答道：

"为避免敌军以炮兵部队与优势兵力增援后进行反扑，我们应该立即撤退。"

于是，他发了一道转移令。

在城堡墙下的阴影里，这支法国队伍列队集合，开始转战他处，他们把被捆的瓦尔特·施那夫斯团团围在中央，还有六个荷枪实弹的战士看押着他。

司令官派出好几批侦察兵前去打探前方敌情，这支队伍小心翼翼地向前进发，时不时，就停下来歇上一阵子。

太阳升起时，队伍到达罗施-瓦泽尔专区政府的所在地，这支建立了赫赫战功的队伍，原来就是该专区的国民自卫队。

早已等候在那里的老百姓，急躁难耐，精神格外亢奋。他们一看见俘虏的铜盔，便爆发出一片震天的叫喊声，妇女们振臂欢呼，一些老太太则感动得哭了，有位老大爷义愤填膺，把自己的拐棍扔出去打那个俘虏，却误中了一个看押者的鼻子。

司令官不断高声大嚷：

"大家注意，要保证俘虏的安全！"

队伍终于到达了市政府。监狱的门也打开了，瓦尔特·施那夫斯松绑后被投进了监狱。

在监狱四周站岗放哨的，足有两百个全副武装的战士。

这个普鲁士大兵，虽然因为暴食暴饮了一顿而肠胃难受，此时却高兴得几乎发疯，他手舞之，脚蹈之，拼命地跳，大声地欢呼狂叫，一直折腾到筋疲力尽，倒在墙脚才了事。

他真的当上俘虏了！他真的保住了自己的小命！

香比尼城堡被普军占领，但为时不长，仅仅六个小时之后，我军即胜利收复。以上就是收复之战的过程。

在罗施-瓦泽尔专区国民自卫队中任上校之职的呢绒商罗什-瓦赛尔，率部立下了这场战功，因此，他荣获勋章。

我的叔叔于勒

献给阿希尔·贝努维尔先生

有一天,我们碰见一个白胡子穷老头在向人乞讨,和我同行的朋友约瑟夫·达弗朗什竟给了他一个五法郎的银币,我见此大感诧异,于是,他便向我解释说:

"这个可怜的老头,使我想起了一件往事,这些年来,它一直叫我念念难忘,我且说给你听听吧。"

我家原籍勒阿弗尔,家境不富裕,紧巴巴地过着小日子。我父亲有一份差事,每天上班要忙到老晚才能回家,但挣钱不多。家里人口不少,在我上头,还有两个姐姐。

我母亲对这种拮据的生活深感不满,她经常冲着自己的丈夫讲些尖酸刻薄的话，含沙射影、恶毒阴损地进行责难。碰到这种情况，我可怜的父亲总有一个习惯的动作，张开手掌去摸摸额头，似乎要抹去一滴其实并不存在的汗水，嘴里说不出一句话来，每当见他这样，我就感到心酸，我觉得他有一种无可奈何的痛苦。在我们家，处处都得精打细算，力求节俭；有人请吃饭，我们从不敢答应，以免回请。家里的吃穿用，买的都是便宜货，商店里的清仓品。两个姐姐穿的礼服，得由她们自己去做，为了在十五生丁一米的饰带上省点钱，两人要商量好半天。每天，全家老是吃肥油汤与仅仅调料有所变换的牛肉。据说，这么吃既卫生又有营养，可我还是宁愿吃点儿别的什么。

我衣服上的纽扣弄掉了，裤子撕破了，那都要挨一顿痛骂。

但是，每逢星期天，我们全家都要衣冠楚楚到防波堤上去散步，我父亲身穿礼服，头顶礼帽，戴着手套，用胳膊挎着我母亲，母亲也打扮得五彩缤纷，就像节日里挂满了彩旗的轮船。两个姐姐早早装扮妥善，只等出发的一声令下；可是每到最后一分钟，总能在一家之主的礼服上发现一个忘了擦去的污渍，于是，就得赶快用一块旧布蘸上汽油去把它擦掉。

在对父亲进行这番清理时，他头上仍然顶着礼帽，两只袖管褪下，露出背心，呆立在那里，等待清理完毕，而我母亲则戴上近视眼镜，把手套脱下，以免弄脏，正在为清理而忙乎。

之后,全家隆重上路了。两个姐姐手挽着手,走在前头。她们都已经到了出嫁的年龄,所以双亲大人总喜欢让她们在全城人面前显摆显摆。我走在母亲的左边,父亲则在她右边。我至今还记得我父母亲在此种星期天例行散步中的庄严神态,他们一本正经,举止凝重,腰板笔挺,双腿绷直,如此这般跨步前进,似乎他们的仪态绝非小节,而是关系到某种宏图大业。

每个星期天,只要看见从远方陌生国度驶回的巨轮进港,我父亲总要一字不差地发出同样的感叹:

"唉,要是于勒在这条船上,那该叫人多么惊喜呀!"

我父亲有一个弟弟,即我的叔叔于勒,从前他是全家的祸害,后来则成为了全家唯一的指望。我从小就听家里的人谈论他,对他非常熟悉,我觉得只要一见面也许就能认出他来。他动身去美洲之前的生活底细,我全都听说,尽管家人在谈起他那一段生活时,总是压低了声音。

据说,他以前不务正业,也就是说,挥霍过一些钱财,这对穷人家庭来说,要算是莫大的罪过,但对有钱人家而言,吃喝玩乐只不过是糊涂、没脑子而已,旁人顶多笑称他为花花公子。若是生活困苦人家的一个孩子,逼得自己的父母耗尽了家里的储蓄,那简直就是一个坏蛋,一个无赖,一个流氓了!

虽然,同是败家行径,但有差异,理应有所区分才是,因为一个行为的善恶是非,要视其后果影响而定。

总之，于勒叔叔把自己应得的那份遗产败得精光后，还将我父亲所指望的那一部分侵蚀掉不少。

按当时的惯例，他被送上一艘从勒阿弗尔驶向纽约的商船，被打发到美洲去了。

一到美洲，我的这位于勒叔叔就做起了说不清的什么买卖，不久，他写信回家说他已经赚了点儿钱，并希望补偿我父亲因他而受的损失。这封信使得全家人激动万分。于勒，过去被大家认为一钱不值的于勒，如今摇身一变，成为了一个正直的人，有良心的人，一个达弗朗什家合格的成员，跟达弗朗什家任何人一样，诚实正派。

此外，我们还从一个船长那里得知，于勒盘下了一个大铺面，做起了大生意。

两年以后，我们又收到了第二封信，信上说："我亲爱的菲利普，此信为报平安，以免兄为小弟的健康担心。我一切皆好。弟明日即去南美洲做长期旅行，兄或许好几年难得弟的音讯，如弟未能及时通报，我兄不必多虑。一旦弟事业有成，即将返回故里，但愿为期不久，你我兄弟届时欢聚一堂……"

他这封信成了家里的福音书，一有机会，我们就拿出来念念，碰见熟人，就拿出来展示展示。

果然，十年之内，于勒叔叔再没有来过信，但随着岁月流逝，我父亲的期望却与日俱增，我母亲也常这么说：

"等我们的好于勒回来了，家里就会富裕的，总算这一家子出了一个能人！"

从此，每个星期日，我父亲望见从天边驶近的巨轮，在天空中留下长龙般的黑烟时，总要重复他那句老话：

"唉，要是于勒就在这条船上，那该多好！"

而当此时，我们也都似乎看见于勒在船上挥动着手帕，朝我们喊道：

"喂，菲利普！"

他必将满载而归，我们对此做了种种规划，甚至打算用于勒叔叔的钱，在安古维勒附近的乡村购置一所别墅，我猜想我父亲很可能已就此进行过洽谈。

我大姐已经二十八岁了，二姐只小两岁，两人都在等着出嫁，这是全家的一大愁事。

终于有人来向二姐求婚了。他是个公务员，并不富有，但正派体面。我总觉得，这个青年人之所以终于下定决心向我二姐求婚，是因为有一天晚上，我们给他看了于勒叔叔的那封信。

我们家赶紧答应了他的求婚，并且决定，婚礼后，全家到泽西岛去做一次旅游。

泽西岛是穷人旅游的理想去处。它并不远，坐小轮船渡海，即可到达。小岛属于英国人，到了那里，就算出国到了异邦。也就是说，一个法国人，只要坐上两个钟头的船，就可以将邻国风光尽收眼底，还可以置身其中研究研究那个飘着英国旗的小岛上的风俗民情。不过，据那些直言不讳的人说，岛上的民风实在是没法儿恭维。

到泽西岛去旅行，成为了我们全家唯一的期望，无时无刻不在的梦想，成为了我们朝思暮想的大事。

盼来盼去，总算盼到了出发的一天。今天我回想当时的情形，就像昨天刚发生过的事。轮船在格朗维尔码头生火待发。父亲心神不定，慌乱失措，紧张地盯着我们将三个包袱带上船，母亲则不安地紧抓着我未婚大姐的胳膊。自从二姐出嫁后，大姐就像鸡窝里剩下的一只小鸡，形影孤单，似乎有点儿丧魂落魄了；在我们身后，是新婚夫妇，他们总是落在后面，使得我不时回头去看看。

轮船拉响了汽笛。我们都已经上了船。这时轮船离开堤坝，向海洋远处驶去，风平浪静，海面像绿色大理石一般平整。我们看着海岸迅速朝后退离，莫不扬扬得意，神采飞扬，就像很少出门旅行的人那样。

我父亲在礼服下挺着他的大肚子，这礼服上原有的污渍，当天早上经过家里人的仔细擦拭，都清除掉了，此刻，他随身发散着出门的日子惯常有的汽油味，每逢我闻到这股气味，我就知道是星期天了。

突然，他看见两位先生在请两位漂亮的太太吃牡蛎。一个衣衫褴褛的老水手用小刀把牡蛎一一剖开，递给两位先生，再由他们转手给两位太太。太太们享用的姿势很优雅。先用一块精美的手帕将牡蛎托起，再将嘴微微前伸，以免弄脏自己的衣裙。接着，嘴唇又轻又快地一吮，把鲜液吸得精光，然后将空壳扔进海里。

我父亲显然被如此雅致的景象所打动，在行驶着的海船上吃牡蛎！何其高尚文雅，多么风光有派！于是，他走到我母亲与两个姐姐身边，问道：

"我请你们吃牡蛎,怎么样?"

母亲舍不得花钱,甚为犹豫,但两个姐姐立即就同意了,母亲怏怏不乐地说:

"我怕吃了胃不舒服,只给孩子们买点儿吧,但别吃太多,吃多了会生病。"

说着,她转身向着我,说:

"约瑟夫嘛,就不必吃了,别把男孩子惯坏了。"

于是,我就只好留在母亲身边,对她此种区别对待甚为愤愤不平,我盯着我父亲,见他郑重其事地领着两位千金和那乘龙快婿,朝那个衣衫褴褛的老水手走去。

那两位太太刚好离开,我父亲就向我两个姐姐讲解如何吃牡蛎才能不流失掉鲜汁。他拿过来一只,要给她们做示范动作。他试着模仿那两位太太时,不意把牡蛎的汁液全滴在了他的礼服上,于是我听见我母亲咕哝了一句:

"他还是老老实实待着为妙。"

但是,父亲突然显得不安起来。他从那儿退离了几步,眼睛盯着拥挤在卖牡蛎老头儿周围的女儿女婿,然后,骤然朝我和母亲走来。他脸色煞白,目光也很古怪。他小声对我母亲说:

"天大的怪事,那个卖牡蛎的人怎么这样像于勒呀。"

母亲愣住了,她问:

"哪个于勒?"

父亲回答:

"就是……我的弟弟……若不是我知道他眼下正在美洲春风得意,我险些真以为是他。"

母亲也慌了起来,结结巴巴地说:

"你真疯了!明明知道那不是他,干吗还说这些蠢话?"

但父亲还钻牛角尖,说:

"你还是去看看吧,克拉丽丝,眼见为实,最好你自己去看个究竟。"

听此话,母亲就起身走到两个女儿那边去,这时,我也盯着那个人直瞧。他又老又脏,满脸皱纹,两眼直瞧着自己手里的那点儿活儿。

我母亲回来了,我发现她在发抖,她急促地说:

"我想就是他,你待会儿去向船长打听打听。可一定要特别小心,别让那无赖再来拖累我们。"

父亲立即就去了,我也跟着他,心里翻腾得特别厉害。

船长是个高个子,干瘦干瘦的,蓄着长长的络腮胡,正在甲板上散步,那不可一世的神气,就好像他是在指挥一艘开往印度的巨型邮轮。

我父亲走上前去,客客气气地与他搭讪,在问他行业营生情况的时候,又故意讲些恭维奉承话:

"泽西岛有什么重要性?岛上的物产有哪些?人口有多少?风土人情如何?土质状况怎样?……"

他俩这么谈着,旁听者真以为是在谈论美国的事呢。

后来,话题终于绕回到我们乘坐的这艘"快速号"

上，又谈到了船上的人员，父亲终于惴惴不安地发问：

"您船上那个卖牡蛎的，看起来挺有趣，您知道这个人的一些事吗？"

船长终于对这番谈话感到不悦了，他冷冷地回答：

"他是个法国老流浪汉，去年，我在美洲碰见他，就把他带回国来。据说他还有亲戚在勒阿弗尔，但他不愿去见他们，因为他欠了他们一些钱，他的名字叫于勒……姓达芒什，或者是姓达旺什，反正大同小异，就这么个姓，似乎他在美洲的时候，曾经一度很有钱，可是，您瞧，他如今落到了什么地步。"

我父亲的脸色变得惨白，眼神惊慌不安，嗓子梗塞，语不成声：

"啊！啊！好的……很好……这不奇怪……谢谢您，船长。"

他说完赶紧就走，船长见他急忙离去，感到莫名其妙。

父亲回到母亲身边，脸上惊慌失色，母亲忙安抚他：

"快坐下，别让旁人看出来了。"

父亲一屁股坐在长凳上，结结巴巴地说：

"是他，真是他。"

接着就问：

"我们怎么办？"

母亲不假思索就答道：

"必须把孩子们支开。约瑟夫既然已经全知道，就让他去把他们领回来，千万要小心，别让女婿知道这件事。"

父亲好像吓呆了，喃喃自语说：

"真是飞来横祸！"

母亲突然变得非常愤怒，说：

"我早就知道这个骗子干不成任何正经事，早晚会来拖累我们，谁能指望达弗朗什家的人会有点儿出息。"

父亲伸手抹抹额头，就像他每次挨太太的骂时那样。

母亲接着又说：

"给约瑟夫一点儿钱，叫他赶快去把吃牡蛎的钱付清。现在，只差被那个乞丐认出来了，真被他认出来，这船上就有热闹好看了。我们赶紧到船的那一头去，别让那家伙靠近我们。"

她站起来，交给我一枚五法郎的银币后，就和父亲两人走开了。

两个姐姐正在等父亲，见他不来正在纳闷儿。我对她们说，母亲有点儿晕船，然后就问那个卖牡蛎的：

"该付您多少钱，先生？"

我这时真想叫他一声叔叔。

他答道：

"两法郎五十生丁。"

我付给他五个法郎，他把零钱找回给我。

我瞧着他的手，那是一个水手满布皱褶的手，我又瞧他的脸，那是一张衰老凄苦的脸，愁云密布，疲惫不堪，我心里默想着：

"这是我的叔叔,我父亲的弟弟,我的亲叔!"

我另给了他十个铜子儿的小费。他向我道谢:

"上帝保佑你,我年轻的先生!"

他说这话,带着一个穷人得到施舍时的那种声调,我想,他在美洲时一定讨过饭!

两个姐姐一直看着我,对我的慷慨大方感到惊奇。

当我把剩下的两法郎还给父亲时,母亲诧异地问道:

"怎么花了三个法郎?这不可能。"

我理直气壮地宣称:

"我给了他十个铜子儿的小费。"

母亲吓了一跳,她两眼瞪着我:

"你简直就是疯了!把半个法郎给了那个家伙,给了那个无赖!"

她猛烈一下就打住了,因为我父亲指着女婿朝她使了个眼色。

于是,大家都一声不吭了。

这时,在前方,一个紫色的阴影,从天边的海面上露了出来,那就是泽西岛。

当轮船驶近堤岸时,我心里产生一股强烈的愿望,想再去看一看我的于勒叔叔,想走近他身边,对他讲些温情的话,安慰的话。

但是,由于这时再没有人去吃牡蛎,他也就撤走了,他一定是回到他栖身的底舱里去了,那该是一个臭气熏天的地方。

我们回来时,为了不再碰见他,改乘了"圣马洛"

号轮。自打重逢以后,我母亲一直忧心忡忡,焦虑不安。

从此以后,我再也没有见过我父亲的这位老弟!

您以后还会见到我拿出五法郎的银币施舍给流浪汉,为什么呢?原因就在这个故事里。

勋章到手了

有些人，与生俱来就有某种绝对控制着自己的本能，某种孜孜不倦的追求，某种难以割舍的向往，早在牙牙学语之年，省事开窍之日，便已初露端倪了。

萨克芒先生早从童年时代，脑子里就有一个愿望，那便是得到勋章。小小年纪，他就像时下的男孩儿老戴军帽一样，总在胸前挂着锌制的荣誉军团十字勋章；他挺起自己佩着红缎带与金属勋章的小胸膛，让他母亲牵着，神气十足地在街上走。

他的学业不佳，中学毕业会考没有通过，他无所事事，游手好闲，便娶了一个漂亮姑娘为妻，因为他家里很有钱。

他们两夫妇住在巴黎，就像富裕的有产者一样，只在自己的社交圈里走动，还没有混入上流社会，但认识一位可能当上部长的议员，还和两位司局长颇有交情，对此，他甚为得意。

但是，从孩提时代起，就在萨克芒先生脑子里扎根的那个获勋的念头，一直缠着他不放，多年来，他始终未获资格在自己的礼服上佩一根彩色缎带，为此深感失落，不胜痛苦。

在林荫大道上，每每碰见那些佩戴着勋章的人士，他就觉得心如刀扎，他斜眼瞟着他们，心里嫉妒得要死。有时，整个下午老长老长的，他闲极无聊，便逐个清点佩勋章者的人数。他心想："不妨瞧瞧，从玛德兰大教堂到特鲁伏街，我能碰见多少个获勋者。"

他慢慢悠悠地踱着步，从远处用老辣的眼光在行人礼服上搜索，看是否有佩戴勋章所露出的红缎带。当他走完了一遭，点出来的人数之多使他大吃一惊："八个四级荣誉勋章，十七个五级荣誉勋章，人数竟这么多，如此滥发勋章，真是愚蠢之至。我且往回再走一趟，看是否还有这么多。"

他又慢步往回走，来往行人熙熙攘攘，不时挡住他的视线，使得有可能漏点了一个两个，这真叫他感到遗憾。

他熟悉城里的街区，知道在哪些地方，可以更多地碰见这一类人。在王宫街一带，此类人比比皆是，多如牛毛。在歌剧院大道，不如和平街多，而大街的右行道则又比左行道多。

这一类人似乎更喜欢光顾某些咖啡馆与某些剧院。每当萨克芒先生看见一群白发苍苍的老者停聚在人行道上，影响交通时，他就心想："瞧，他们都是获四级荣誉勋位的！"此时此刻，他真想向他们举手致敬。

他每次都注意到，这一级获勋者，比起级别较低的获勋者来，自有一番迥然不同的风采气派。他们顶戴的行头就颇不一样。可以明显看出，他们享受更高的官方礼遇，拥有更广泛的社会影响。

有时，萨克芒先生也会满腔愤怒，对所有的受勋者都甚为妒恨，像社会主义者那样咬牙切齿。

每天，见到如此多获勋者冠盖满京华，他就像一个身无分文的饿汉从大食品店门口走过,深受刺激,愤愤不平,一回到家里,就大声嚷道:"到底要到何年何月,咱们才能摆脱这个肮脏的政府?"他妻子大吃一惊,问道:"你今天怎么啦?"

他答道:"天下乌鸦一般黑,世上到处都是不公道,我见了就生气,巴黎公社造反造得对!"

但是,吃过晚饭后,他又出门去了,他到装饰品商店去游逛参观。在那里,他仔细观赏各种式样、各种颜色的奖牌徽章。他真恨不得将它们都据为己有,然后,佩戴着出席公共仪式,在巨大的厅堂之中,人头攒动,贵宾云集,充满了欣喜赞叹的气氛,他走在队伍的前列,胸前自上而下挂满了一排排闪闪发光的勋章,胳膊夹着折叠式的高顶大礼帽,迈着庄严的步伐,犹如一颗光彩夺目的星星,引起了一片经久不息的赞美声,赢得了全场一致的敬意。

唉!空想而已,他毫无业绩可言,何能受勋获奖。

他心想:"我从未担任过任何公职,要获荣誉勋位奖,确比登天还难,但弄个文化教育奖章戴戴,倒还可以一试!"

但是,他不知道如何着手,从哪里入门,于是便去跟自己的太太商量,太太一听就愣住了。

"文化教育勋章?你凭什么可以得到?"

他顿时大为光火:"你得把我的意思听明白,我现在正是想找点儿事干干,你有时真不开窍。"

她莞尔一笑,说:"你说得有理,但是,我可没有办法。"

他有了一个主意:"你能不能去跟罗塞兰议员谈谈,他也许可以给我想个办法。我呢,你也知道,不便跟他谈这个问题。这事太微妙,太困难,你去跟他谈,就显得自然一些。"

萨克芒太太照他的话去办了。罗塞兰议员答应去找主管部长谈谈。萨克芒又催促了一次。终于，议员先生回话说，当事人应该写一份申请，并列出自己所有的资历职称。

他的资历职称？麻烦正出在这里。他甚至连中学会考也没有通过。

于是，他临渴掘井，开始从事学术研究，写起一篇题为《论民众的受教育权》的文章来。他脑子里空空如也，根本就写不出来。

他又去找一些容易写的题目，先后又换了好几个。起初，换了这么一个题目：《论儿童的直观教育》，他认为应该在每个贫困地区，为幼龄儿童建立起免费剧院，父母可以把孩子从最幼小的时候就带去观赏，通过幻灯的形式，教给孩子们各种知识。这就像正式上课一样。视觉效果会启发孩子的大脑，图像可以更深刻地留在记忆之中，这样，科学就变成看得见的东西了。

用这种方法来教通史、地理、自然史、植物学、动物学、解剖学，等等，岂不是再简便不过吗？

他将自己这篇大作付印出版，然后，给每位议员寄去一份，给部长寄十份，给总统寄五十份，巴黎每家报社与外省每家报社，则各寄五份。

他再接再厉，又接着研究街道图书馆问题。他建议国家在所有的街道上，设立流动小车，上面满载各种书籍，就像商贩小车上装着水果。每个居民付一个苏，每月即可借阅十回书。

就此，萨克芒先生还大发高论，说："老百姓只肯为娱乐消遣才动弹动弹，既然它不愿意费劲去接受教育，那么，教育就应当送上门去，等等。"

他这些论文未引起任何反响，但他仍坚持不懈，继续递状子,提申请。他得到的答复是,他的申请已经记录在案,有关人士正在进行研究。他把握十足,相信即将功成名就。他静候佳音,但仍然没有任何动静。

于是,他决定进行一些个人活动。他求见国民教育部长。接见他的是部长办公厅的一位秘书,年纪很轻,但表情严肃,一副自以为了不起的样子,他像弹钢琴一样,不时按动一个白色的按钮,召唤等候在前厅的接待员、侍者以及下属职员前来听候吩咐。这位先生向萨克芒确认,他申请的事正在顺利进行,并建议继续进行他出色的文化学术之作。

萨克芒便再接再厉,又投入了他的研究。

罗塞兰议员似乎对他的成功格外关心,甚至给他出了很多切实可行的好主意。在此期间,议员先生先获得了勋章,不知道他是凭什么获此殊荣的。

他指点萨克芒研究一些新课题,介绍他加入各种学术团体,这些团体为了沽名钓誉,专门研究那些特别高深莫测的题目。议员先生甚至在部里也护着他、支持他。

有一天,议员先生来到这位好友家吃饭,几个月来,他来此用餐已成习惯,他握着萨克芒的手,低声对他说:"我刚为您争取到一份大大的好差事。历史研究委员会委托您到全国各地的图书馆逐一进行调查研究。"

萨克芒一听,激动得晕头转向,当时连吃喝也顾不上了。一周以后,他便动身出发。

他从一个城市跑到另一个城市,查阅图书目录,在布满灰尘的藏书楼上翻来翻去,招得图书馆的人员对他恨之入骨。

然而,有一天晚上,他正在鲁昂,情不自禁,突发奇想,要回家去跟太太亲热亲热，他已经有一个星期没有见着自己的娇妻了。于是，就乘上九点钟一班的火车，预计夜里十二点就可以到家。

他身上带着钥匙，悄无声息地进入家里。他高兴得全身发抖，要突如其来给太太一个意外惊喜，以增添夫妻之乐。太太的闺门紧闭，真是叫人扫兴！于是，他隔着房门喊道："让娜，我回来了！"

他太太一定是吓了一大跳，因为他听见她从床上跳下来，像在讲梦话一样自言自语。接着，她又快步跑向洗手间，打开门，随即又关上，赤着脚在房间里来回跑动了好几趟，碰碰撞撞着家具，晃得桌上的玻璃器皿叮当作响。忙乎了一阵之后，太太终于发问："真的是你吗？亚历山大？"

他答道："当然是我，快开门吧！"

门开了，他太太扑进他怀里，结结巴巴地说："唉，真可怕！真没有想到！真叫人高兴！"

他进得门来，就像干例行公事那样，开始脱去自己的衣服。他不经意地从椅子上拿起他的外套，平时他总把外套挂在前厅里，这已成习惯。但是，突然之间，他惊呆了。那外套的衣扣上挂着一根红缎带。

他结结巴巴地说："这……这……这大衣上挂着勋章！"

这时，他太太急忙向他扑过来，把外套抓在手里，说："不……你弄错了……把大衣给我。"

但萨克芒始终抓住衣袖不松手，疯疯癫癫地重复着说："嗯？……为什么？你给我说清楚……这是谁的外套……这不是我的那件，这外套上有勋章！"

他太太惊慌失措，拼命想把大衣从他手里夺过来，她结结巴巴说:"你听我说,听我说……把外套给我……我不能告诉你……这是个秘密……你听我说。"

但是,他勃然大怒,脸色发青,质问妻子:"我想知道这件外衣怎么跑到这里来的?这不是我的衣服。"

于是,他太太冲着他的脸,嚷道:"是你的,你别说出来,向我发个誓……你听着……得啦!你已经获得勋章啦!"

心里猛然一阵激动,使得他不知所措,他松手放开那件大衣,一头坐倒在椅子上。

"我被……你说什么来着……我被……我被授勋了!"

"是的……这是个秘密,是个特大的秘密……"

他太太赶紧把那件光荣的大衣锁进衣柜,脸色苍白,战战兢兢走近丈夫。她又解释说:"是的,这是我刚给你做好的一件新外衣。但我发誓向你保密。授勋的事,要在一个月或一个半月以后才会正式公布,要等到你的调研任务结束,等你回来的时候才能让你知道。是罗塞兰先生帮你争取到手的……"

萨克芒差点儿昏过去,他嗫嚅着:"罗塞兰……勋章到手了……他让我得到勋章……我……他……哦!"

他不得不喝下一杯水。

一张小白纸片躺在地上,那是从大衣口袋里掉出来的,萨克芒捡起来一看,原来是一张名片。他念道:"罗塞兰……议员。"

"你看清楚了吧?"他太太说。

他高兴得哭起来了。

一个星期以后,政府公报宣布,萨克芒先生以其特殊的劳绩,而获得了荣誉勋位骑士级勋章。

绳 子

献给哈里·阿利斯

条条通过哥代维尔镇的路上熙熙攘攘，乡下人携家带口，纷纷朝镇上奔去；这天正是赶集的日子。男人们不急不慢地迈着步子，长长的罗圈腿每迈一步，整个上身就向前一蹿，要知道，艰苦的劳作早已使得他们的双腿变成了畸形，耕地时，上身压犁，左肩就得耸起，身子就得歪着；收割麦子时，两膝就得叉开，以便站得稳当，此外，地头还有好些别的繁重农活儿也都很磨人，如此如此，长年累月，他们的腿也就变了样。这天，他们身上穿着蓝布罩衫，浆得笔挺，闪闪发亮，像是涂了一层清漆，领口与袖口都有白线绣的小花纹。他们上身瘦骨嶙峋，衣衫罩在身上就像胀得鼓鼓囊囊的气球，似乎将要升空而去，从气球里伸出来的，是一颗脑袋，两只胳膊，两条腿。

有些人用绳子牵着母牛或牛犊，他们的女人跟在牲口后面，用带有叶子的树枝抽打牛的两肋，赶它们快走。她们胳膊上挎着大篮子，从篮里不时探出鸡脑袋，鸭脑袋。她们走起来，步子比男人小，速度却较为急促，干瘪的身子挺得笔直，披着狭小的披肩，用别针别在平塌的胸前，头上紧裹着白布，上面再扣一顶无檐儿的便帽。

一辆设有长凳、可以载人的大车驶过，拉车的那匹矮马有节奏地跑步前进，车上并肩坐着两个男人，车里一个女人，正饱受颠簸之苦，那女的紧紧抓着车沿，以免东歪西倒。

哥代维尔镇的广场上，早已是熙熙攘攘的人群，嘈杂的人声与牲畜声闹成一片。牛的犄角、富裕农民的长绒高帽与女人的头饰，在人群头上攒动。尖锐刺耳的叫喊声，吵吵嚷嚷，汇成一片喧嚣，时而，有某个快快活活的粗汉子爆发出一阵大笑，或者是一头蹲在墙角的母牛发出一声吼叫，声音洪亮，盖过了那一片喧闹。

集市上弥漫着牲口味，奶味、粪味以及草料味与汗水味，发散出人畜混杂，特别是庄稼人所特有的酸臭汗水味，刺鼻难闻。

布雷奥泰村有个老头儿，名奥希科尔纳，这天一到镇上，就径直朝广场走去，正好见到地上有一小段绳子。他是个地地道道的诺曼底佬，节俭成性，心想，凡是有用的东西都该捡起来；于是，他费劲地弯下身去，因为，他患有关节炎。他从地上拾起这段绳子，正要慢慢把它卷起来时，却发现马具匠玛朗丹站在自家门口盯着他。他们两个人过去在一起做过生意，结果闹翻了，两人都心眼儿狭小，喜欢记仇，至今仍未和解。奥希科尔纳老头儿见自己从牲口粪里捡一小根绳，却被自己的冤家对头瞧个正着，不由得羞惭难当，无地自容，他赶紧把绳子塞进褂子，接着，又藏进裤口袋里，然后，假装在地上找什么东西却没有找到的样子,最后,才弯着他那有风湿病的腰,探着脑袋,朝集上走去。

他很快就汇入人流之中,赶集的人吵吵嚷嚷,缓缓流动,不停地讨价还价,非常活跃,好生热闹。那些农民用手抚摸抚摸奶牛,走过去,又走回来,三心二意,拿不定主意,唯恐上当,还偷偷观察卖主的眼神,想要识破对方的花招儿,挑出牲口的毛病。

农妇们将自己的大篮子放在脚前,把里面的家禽捉出来摆在地上,那些可怜的鸡鸭,爪子被捆绑着,眼神惊恐,冠子通红。

她们听着买方的还价,无动于衷,表情冷冰冰的,仍然坚持自己的卖价,有时,却又蓦然改变主意,同意对方出的价钱,叫住正慢慢吞吞离去的买主,喊道:

"就这么着吧,安第姆大爷。我卖给你了。"

稍迟一点儿,集市上的人渐渐稀少起来,教堂敲响了午祷的钟声,住在远乡的农民纷纷前往客店。

茹尔丹客栈的大厅里,挤满了来用餐的客人,宽敞的院子里也停满了各式各样的车辆,有两辆运货车,有带篷的轻便马车,有带长凳的四轮车,有双人马车,还有好些叫不出名的手推车,车上沾满了泥泞污物,黄渍斑斑,车身变形走样,东拼一块,西补一块,有的车辕朝天,像两只胳膊,有的车头冲地,屁股上翘。

就餐的人都已经坐下,身后就是巨大的壁炉,炉火烧得正旺,把右排客人的背部烤得暖暖的。三根铁扦上都叉着小鸡、鸽子与羊腿,在炉火上转动,烤肉的香味与脆皮流油的香味,从炉膛里飘出来,叫人垂涎欲滴,兴味亢奋。

庄稼汉中的有钱人都来茹尔丹老板的店里用餐,茹尔丹既开客店,又贩卖马匹,为人狡诈,口袋里颇有几个钱。

菜肴一盘又一盘端了上来,用餐者一扫而光,黄色的苹果酒喝掉一罐又一罐。大家都在谈自己的买卖，卖出去什么，买进来什么。人们也在打听当年的收成。天气对草料很有利，对麦子来说，则雨水多了一点儿。

突然，屋前的场院上响起鼓声，除了个别几个人漠不关心以外，大家都站了起来，跑到门口或窗前，嘴里仍塞满饭菜，手里还拿着餐巾。

宣读告示的公差一通鼓敲罢，断断续续地一板一眼地宣读了起来："兹向哥代维尔的居民，以及所有前来赶集的乡亲们宣告，今天上午九点至十点之间，有人在伯兹维尔的大路上，遗失黑色皮夹一个，内有五百法郎及商业票据，如有拾到者，请立即送交镇公所，或送到马纳维尔的福尔菊内·乌尔布雷克老板家，将得到二十法郎的酬谢。"

公差宣读完便走了。不一会儿，在较远处又响起一通鼓声与公差的宣读声，只不过声音微弱了一些。

于是，饭厅里的人纷纷议论起这件事，有的说乌尔布雷克老板还有可能找回皮夹，有的说他不可能找回去了，众说纷纭，莫衷一是。

大家用完了午餐。

正当他们在喝咖啡的时候，警长出现在店门口。

他发问道：

"布雷奥泰村的奥希科尔纳老爹在这里吗？"

奥希科尔纳正坐在一张桌子的那一头，他应道：

"我在这儿呢。"

警长接着说：

"奥希科尔纳老爹，劳驾跟我到镇公所走一趟，镇长有话要同你说。"

奥希科尔纳老头儿好不意外,颇为不安,他将自己那一小杯酒一饮而尽,站起身来,这时,他的腰比上午弯得更厉害了,因为,每次坐歇之后站起来行走时,他感到格外困难,他一边走,一边咕咕哝哝:

"我在这儿呢,我在这儿呢。"

他跟随在警长的后头。

镇长正坐在靠背椅上等着他。这位一镇之长,在当地以公证人为业,身体肥胖,神情严肃,讲起话来喜欢夸大其词。

"奥希科尔纳老爹,"他开腔了,"有人看见您今天上午在伯兹维尔的大路上,捡了马纳维尔的乌尔布雷克丢失的那个皮夹。"

这乡下老头儿目瞪口呆,望着镇长,不知道为什么,这怀疑突如其来,使得他特别恐惧。

"我,我,我捡了那个皮夹?"

"不错,就是您。"

"以人格担保,我从来就没有见到过什么皮夹。"

"有人看见您啦。"

"有人看见我?谁看见我啦?"

"玛朗丹先生,那个马具商。"

这时,老头子才猛想起来,弄明白了事情的缘由,他气得满脸通红,叫冤道:

"唉哟,原来是他,这个混蛋!他看见我捡起来的,就是这根绳子,镇长先生,您瞧,就是这根。"

说着,他从口袋里掏出了那根绳子。

但是，镇长不相信，摇了摇头，说：

"您没法儿叫我相信，奥希科尔纳老爹，玛朗丹是一位讲信誉的人，他怎么会把一根绳子当成一个皮夹。"

这乡下佬愤怒起来，他举起一只手，又向旁边啐了一口，表示赌咒发誓，这么说：

"我讲的千真万确，镇长先生，一点儿也不假，我以我的灵魂发誓。"

镇长又说道：

"您捡到皮夹之后，还在泥土里找了半天，生怕皮夹里有硬币掉在地上。"

这个老实巴交的乡下人，又气恼，又害怕，几乎说不出话来。

"怎么可以说！……怎么可以说……这种谎话，来诬陷一个好人！怎么可以说……"

他的抗议毫无用处，对方根本不信他。

于是，就安排他跟玛朗丹先生对质，玛朗丹一再重复并坚持自己的证词，他们两人对骂了足足一个小时。根据奥希科尔纳的要求，镇长在他身上搜了一遍，结果什么也没搜出来。

最后，镇长束手无策，只好把他打发走了，不过对他讲明，此案还要上报检察院，等候命令再做处理。

这件事已在镇上传开了。老头儿一走出镇公所的大门，就被人围上，大家纷纷向他问这问那，有的一本正经带着好奇心，有的则是嘲弄的态度。于是，他把捡绳子的经过原原本本讲了一遍。大家都不信，哄然大笑起来。

他往前走着，时而，有人将他截住，时而，他截住自己的熟人，一遍又一遍讲他绳子的事，表示愤愤不平，还将自己的口袋翻个底朝天，证明自己的清白。

听故事的人，都这么打发他了事：

"算了吧，老滑头！"

没有人相信他的话，他气愤不平，极为恼火，心里既狂躁又痛苦，不知如何是好，于是，逢人便讲自己的遭遇，没完没了。

夜幕降临，该回家了。他与三个邻居同行，向他们指出了自己捡绳子的地点，一路上，又把自己的遭遇讲了一通。

当晚，他在自己的村子里走了一圈，为的是向乡亲们诉说自己的不幸，但是，没有人信他。

他彻夜未眠，如有大病缠身。

第二天，午后一点钟光景，依莫维尔村布雷克先生的农庄上，有个名叫马里尤斯·波梅尔的长工，把皮夹连同里面的钱钞票据，送还给了失主乌尔布雷克老板。

据这个长工说，他确实是在大路上拾到的，因为不识字，所以带回去交给了自己的东家。

这个消息立即传遍了周围四乡，奥希科尔纳老头儿很快也就听说了。他立即到各处转悠转悠，把真相大白的故事讲给乡亲们听。他胜利了。

"当时叫我痛心的，"他这么说道，"并不是那么一件事本身，您明白吧，而是有人故意撒谎，谎话害得你遭诬陷，受冤枉，没有什么比这更叫人难受的了。"

他整天都在讲自己的故事，倒苦水，在路上向遇见的熟人讲，在小酒店里向喝酒的人讲，星期日在教堂门口向做弥撒的人讲，甚至更硬拉住不相识的人讲。现在，他心情舒坦了，然而，他仍感到还有点儿什么东西使他不自在，而他又说不清究竟是什么。听他讲遭遇的那些人总是一副嘻嘻哈哈的神情，看上去他们并不真信他。他似乎觉得有人在他背后议论他。

到了下一个星期二，他又去哥代维尔镇赶集，一心只想在那里再讲讲自己的遭遇。

玛朗丹正站在自家门口，见他路过，便乐了起来。这葫芦里卖的什么药？

他走到克利格多村一个庄稼人跟前，又讲起自己的故事，对方没等他讲完，就在他肚皮上拍了一拍，冲着他的脸，高声说道："大滑头，得了吧！"说完便走开了。

奥希科尔纳愣住了，越来越感到不安。为什么人家把他叫作"大滑头"？

他来到茹尔丹老板的客栈，在桌前一坐下，又开始说道自己的遭遇。

蒙蒂维列埃的一个马贩子，朝他高声说道：

"得啦，得啦，老一套，我知道，还是你那根绳子！"

奥希科尔纳结结巴巴地说：

"那个皮夹，不是已经找到了吗？"

那马贩子说：

"别往下说啦，我的老爹，一个人捡到皮夹，另一个人又把它还回去，神不知，鬼不觉，天衣无缝，把别人蒙在鼓里。"

这乡下佬气急败坏，说不出话来。他终于恍然大悟，原来在他背后人家都认定是他捡到皮夹后，又让自己的同伙把皮夹还了回去。

他想抗议，厅里的客人却哄堂大笑起来。

他没有吃完饭，起身就走，在一片嘲笑声中离开了饭店。

他又羞又气回到家里,愤怒与羞耻堵得他憋气心慌。特别叫他气得发蒙的是,凭他那诺曼底人的狡猾,他本来完全能够做得出别人指责他的那种事,甚至还可以在事后自鸣得意,吹嘘自己手段高明。他模模糊糊感到,自己是跳进河里也洗不清了,因为,大家都认定他本来就老奸巨猾。一想到这种毫无道理的偏见,他就心如刀割。

于是,他又开始诉说自己的遭遇,每次讲述,都要添油加醋,补充一些新的理由,愤愤的情绪越来越激昂,赌咒发誓也越来越厉害。这些气话狠话,都是他独自一人时心里嘀咕出来的,要知道,他日所思夜所想,只有一件事,就是那根绳子。他为自己所做的辩解愈是周密细致,理由充足,别人就愈是不相信他。

"瞧他,明明在说谎,偏偏要狡辩。"在他背后,人家都这么说。

他感觉到了这一切,忧愤相加,内心如焚。他使出全身的劲去表白辩解,却无济于事,倒弄得自己精疲力竭。

眼见他萎靡憔悴,日胜一日。

那些爱取笑的人,为了拿他开涮,老逗他讲"绳子故事",就像请参加过战争的士兵讲述战斗故事一样。在毁灭性的打击之下,他整个精神彻底崩溃了。

十二月底,他病倒在床。

一月初,他死了,临终前,在昏迷之中,他仍在不停地表白:

"一小段绳子……一小段绳子……瞧,就在这里,镇长先生。"

小 酒 桶

献给阿道尔·达维尼埃

希柯老板驾着他的两轮轻便马车,在玛格洛瓦尔老婆婆的农场前停下。他是埃佩维尔镇上一个开客店的,长得人高马大,四十岁光景,红光满面,大腹便便,当地人都知道,他是个阴险狡诈的主儿。

他将马拴在栅栏的木桩上,走进院子里。他有一块地产紧紧挨着老婆婆的农场,早就对老婆婆的这份产业垂涎三尺,他曾经有二三十次试图把这个农场买下来,但都被玛格洛瓦尔老婆婆固执地拒绝。

"我生在这里,长在这里,一定要死在这里。"她这么说。

他走进院子时,老婆婆正在自己的门前削土豆。她已经七十二岁,干瘦干瘦,满脸皱纹,身体伛偻,但精力充沛,不停不歇。希柯友好地拍拍她的肩背,然后,在她身旁的一张小矮凳上坐下。

"好哇！大娘，您身子骨老这么硬朗？"

"还算不错，您怎么样，普罗斯佩老板？"

"唉，唉，小病小痛，总是不断，要不然的话，就要算过得称心如意了。"

"那太好了，太好了！"

她再也不说什么，一声不吭。希柯瞧着她继续在干她的活儿。她的手指筋节隆起，弯曲如钩，坚硬得像螃蟹的爪子，她用钳子的手势，从柳条筐里夹起一个个浅灰色的土豆，将它们放在刀刃之下很快地转动，削下一条条连绵不断的长皮。待整个土豆削成了黄色之后，她就把它扔进一个水桶里。有三只母鸡胆大包天，一个接一个钻到她裙子下面去啄土豆皮，然后叼着食物飞快逃走。

希柯似乎有些窘，他犹疑不决，心神不定，话到嘴边却吐不出来，终于，他下定决心，开口说话：

"玛格洛瓦尔大娘……"

"您有什么事要我帮忙吗？"

"这个农场，您还是不愿意卖给我吗？"

"这事不行。您别打主意了。这事已经说过了，说过了，您甭再提这件事。"

"可是，我想出了一个好办法，对你我双方都有利。"

"什么办法？"

"就这么着吧。您把农场卖给我，但仍然归您所有。您不明白我的意思吗？那您就听听我这个绝妙的设想。"

老婆婆停下手里的活儿，她那双锐利的眼睛深藏在皱纹密布的眼皮之下，牢牢地盯着客店老板。

希柯继续说：

"我来解释一下。我每月给您一百五十法郎，您得听清楚，每个月，我都赶着马车，给您送来三十个值一百苏的埃居[1]。除此之外，都一切照旧，什么都不变；您仍然住在您的农场里，您根本不用把我放在心上，您什么也不欠我的，您只管按月收我的钱就是了，这么办，您看行吗？"

他讲完后扬扬自得，高高兴兴地瞧着老婆子。

老婆子带着怀疑的神情打量着他，琢磨这里面有什么圈套。她问道：

"好处都给了我，您自己图什么呀，这个农场，不还是没有交给您吗？"

客店老板又道：

"这，您就不用操心啰。仁慈的上帝让您活多久，您就在这个农场住多久。这里仍然是您的家。不过，您得到公证人那里去立个小小的字据，写明农场在您归天之后归我所有。您无儿无女，只有几个侄子，都是您不喜欢的。您看，这么办行吗？反正在您有生之年，您的产业完全由您自己掌管，而且，我每个月要付给您三十个埃居，这对您来说，可是一笔纯收入呀。"

老婆婆仍然深感惊讶，心里七上八下，定不下神来，但诱惑当前，难免心动，便答道：

"我并不拒绝这个建议，只不过，我要把这件事想得明明白白，您下个星期再来谈吧，到时候，我会把想法告诉您。"

于是，希柯老板走了，他得意扬扬，就像一个国王刚刚征占

---

[1] 一埃居等于五法郎或一百苏，一个苏等于五个生丁。

了一个帝国。

玛格洛瓦尔老婆婆陷入了沉思。当天晚上,她彻底未能入眠。一连四天,她烦躁不安,举棋不定。她确实感到这里面有不利于她的某种猫腻,但是一想到每个月有三十枚埃居的进账,一想到这些漂亮的银币叮当作响滚进自己的兜里,简直是毫不费力就有财富从天而降,她就感到贪欲难熬了。

于是,她就去找公证人,把这件事原原本本讲给他听。公证人劝她接受希柯的建议,但要他每个月付五十个埃居,而不是三十个,因为她的农场至少也值六万法郎。

"如果您再活上十五年,他按这个数付款,总共才付出四万五千法郎。"公证人这样说。

一个月可以收进五十个埃居的这个前景,简直叫老婆子向往得全身发抖;但是,她仍然疑虑重重,总害怕天有不测之风云,害怕其中会暗藏着什么阴谋诡计。她在公证人那里磨磨蹭蹭直到晚上,不断提出各种各样的问题进行咨询,始终下不了决心。最后,她总算才吩咐公证人替她准备一个字据。她脑袋昏昏沉沉地回到家里,就像猛喝了四坛新酿的苹果酒。

当希柯来讨她的回话时,她故意让客店老板先恳求了半天,声称她不同意,实际上,她是心里在犯嘀咕,害怕希柯不会同意每月给她五十埃居。最后,由于希柯一再恳求,她终于开出了自己的价码。

希柯失望得跳了起来,当即一口拒绝。

于是,为了说服客店老板,她便开始推算自己还能活多久,她论证道:

"我最多再活五六年,决不会再多了。我眼下快满七十三岁,身子骨并不硬朗。有一天晚上,我以为自己快要死了,似乎我的五脏六腑被掏空了,而且孤立无援,得不到救助。"

但客店老板可不轻易上当:

"得啦,得啦,精明的老太太,您结实得像教堂里的钟楼。您至少能活到一百一十岁。将来,肯定是您给我送葬。"

这两个讨价还价,花费了整整一天。老婆子寸步不让,到头来,还是希柯同意了她的要求,答应每月付五十个埃居。

第二天,他们签订了契约。老婆子还额外要希柯付了十埃居的成交金。

三年过去了。那老婆子的身体仍然结结实实,像有魔法护身。她似乎一天也没有见老,希柯真是大失所望。他觉得自己付这笔月金似乎已付了半个世纪,他上当了,受骗了,倒了大霉。时不时,他跑去看望这位女农场主,就像在七月里,人们常到地里去,看麦子是否已经熟透,能否开镰收割,老婆子接待他时,眼里闪着狡黠的目光,似乎在庆幸自己成功地耍弄了对手;希柯一见她此种神情,很快就登上了他的马车,扬鞭而去,嘴里低声骂道:

"老骨头,你怎么还不死!"

对此,他无能为力,无可奈何。他一看见老婆子,就恨不得把她掐死。他的恨,可谓咬牙切齿,可谓恨之入骨,如同乡下人被偷被盗之后那样不共戴天。

于是,他开始想方设法,找法子,寻出路。

终于,有一天,他又来到农场看望老婆婆,他兴高采烈地搓着双手,像他第一次来跟她谈交易时那样。

两人闲聊了几分钟后，客店老板表明来意：

"我说，大娘，您到埃佩维尔时，怎么从来不到我的小店去吃顿饭？对此外界有人在说闲话，说咱们的交情破裂了。我听了很难过。您知道，在我那里吃饭，您不用付一个子儿，一顿饭的钱，我不在乎。只要您想来，您就尽管来吧，您的光临，只会叫我高兴。"

玛格洛瓦尔老婆婆可不等到他再次邀请，次日就满足了希柯的心愿。她坐上带篷马车，由长工塞莱斯坦驱车到市场去办事，途中，她就毫不客气地把马拴在客店老板的马厩里，通报她要吃客店老板许下的那顿饭。

希柯喜出望外，把她当贵夫人一样热情招待，给她端上子鸡、灌汤、香肠、鳗鱼、羊腿以及肥肉炖白菜。但是，她几乎什么也没有吃，因为她从小就节制饮食，一向只喝点儿汤，吃一块黄油面包，如此而已。

客店老板一个劲儿地劝她进菜，结果大失所望。她既不喝酒，也拒绝用咖啡。

客店老板央求道：

"您总该喝一小杯吧。"

"哦，那么，好吧，我就不拒绝了。"

于是，希柯使足了劲，朝客堂里面大声吆喝一声：

"罗莎莉，快拿白兰地来，要上等的，最好的，名牌十道线那种。"

女仆很快就来了，端着一个高高的酒瓶，上面贴着一张葡萄叶状的商标。

希柯斟满了两小杯，劝进说：

"请尝尝这个,大娘,这可是名酒。"

那无心的老婆子一小口一小口,慢慢地喝起来,细细品尝美酒的味道,她把那一杯喝得精光,点滴未剩,然后作评道:

"不错,不错,真是好酒。"

她话音未落,客店老板又给她斟上一杯。她本想拒绝,但为时已晚,于是,她又慢慢地喝将起来,就像喝第一杯那样。

客店老板还想让她喝第三杯,她极力辞拒,而对方则极力劝说:

"这酒,简直就是牛奶。您瞧,我能喝上十杯、十二杯,也不费劲。喝它就像喝糖水一样,既不胀肚,也不上头;好像在舌头上就蒸发掉了。没有什么比这玩意儿更能强身健体的了!"

其实,老婆子心里想喝,表面推辞,眼下希柯一再劝说,她哪能扛住?于是也就让步,但只喝了半杯。

这时,希柯兴高采烈,慷慨之情大发,高声说道:

"好吧,既然您喜欢这种酒,我就送您一小桶吧,为了证明咱们两人永远是朋友。"

善良的老婆子没有表示不要就走了,她已经略有醉意。

第二天,客店老板驱车进了玛格洛瓦尔老婆婆的院子,从车里搬出一个箍着铁圈的小木桶。他要老婆子立即就尝尝,以证明是一模一样的上等好酒。他们每人又都喝了三杯,然后,客店老板起身告辞,他说:

"哧,您听我说,这酒您喝完了,只管跟我说,别客气,我还有,我决不小气。您越早喝完,我越高兴。"

说完,他就登上了他的马车。

四天后,他又来了,老婆子正在房门口忙着切面包丁、做汤。

客店老板走到她跟前,向她问好,他凑近老婆子的鼻子说话,为了闻闻她呼吸吐纳的气味。他闻出了老婆子的嘴里有一股酒气,不禁喜形于色。

"您愿意请我喝杯酒吗?"他问。

于是,他俩就对饮起来。后来,他们又这么对饮过好几次。

但是,不久之后,当地就有了传闻,说玛格洛瓦尔老婆婆常常一个人喝得酩酊大醉。有时在自家厨房里,有时在农场的院子里,有时在附近的大路上,她醉倒在地,需要有人搀扶,有时,还在外面醉得不省人事,像一具死尸,那就得把她抬回家了。

客店老板再也不上她家了,而且,只要有人跟他谈起这个乡下女人时,他就面带愁容喃喃地说道:

"在她这种年纪,染上这么个嗜好,真是不幸得很啊!您瞧,人一上了年纪,就无可救药了。这件事呀,不久就会使得她倒大霉的!"

果然,这嗜酒的毛病,很快就使得她自食其果了。就在第二年冬天,快到圣诞节的时候,她喝得烂醉,摔倒在雪地里,死掉了。

客店老板希柯继承了农场,他对人说:

"这个乡巴佬,要是她滴酒不沾的话,肯定还能再活十年以上。"

烧伞记

奥莱依太太讲求节俭,凡事都精打细算。她深知每一个铜子的可贵,为了积攒钱财,她奉行一大套法规守则,从不逾越半步。她的女仆想在柴米油盐上报虚账揩油,那简直比登天还难;即使是她的夫君奥莱依先生要弄点儿零用钱,那也得费好大的劲。其实,他们家的经济状况甚为宽裕,况且,又无儿女负担。但是,对奥莱依太太来说,眼见白花花的银币从手里流出去,那就是一种天大的痛苦,无异于从她身上挖掉一块肉。每当要支出一笔数目较大的款子,即使该支出绝无任何省免压缩之余地,她也难受得彻夜不眠。

奥莱依经常对自己的太太说:

"既然我们的收入绰绰有余,从未动过老本,你也该松松手了。"

太太答曰:

"天有不测风云,谁知道什么时候要有大笔花销,钱还是多攒一些为好。"

她是个小个子女人,已经四十岁了,灵活多动,脸上有皱纹，爱好整洁利索，经常生气发火。

她丈夫时不时就要抱怨她老让自己在这种节衣缩食的日子里受罪，有些东西欠缺得使他尤为难堪，因为实在是有损他男子汉的尊严。

奥莱依是国防部的高级雇员，他之所以在政府供职完全是听命于太太，为的是另辟财源，增补家里原有的积蓄。

可是，两年以来，他老是挟着那把打着补丁的雨伞上班，成为了同事们的笑料。他终于忍受不了这班人的嘲笑，坚决要求太太给他另购一把新伞。奥莱依太太从一家大百货店的降价柜台上，买了一把八法郎五十生丁的廉价伞给他，部里的同事一看见这样一把在全巴黎满街上都有的便宜货，又开始冷嘲热讽了起来。奥莱依羞愧难当，无地自容。这把伞果然毫不顶用，不过三个月，就破损不堪，没法儿再使了。这在部里又招来了一番哄笑。有人还编了一支小曲在部里传唱，从早到晚，从楼上到楼下。

奥莱依忍无可忍，命令妻子重新给他买一把新伞，必须是优质的绸面伞，要二十法郎一把的，还一定要取发票为证。

她打了个折扣，只买了一把十八法郎的，然后，怨气冲冲，满脸恼怒，将伞往丈夫面前一撂，命令道：

"这把伞，你至少得用五年。"

奥莱依得意扬扬，在办公室里获得了一片喝彩声。

傍晚，他回到家里，太太盯了一眼他那把伞，带着担惊受怕的神情，告诫他说：

"你不该用松紧带箍着伞，那会把丝绸伞面箍坏的。你该爱惜着用，我决不会三天两次再给你买新伞。"

她把伞拿过来，解开带扣，将折褶抖开，顿时，她惊呆了，伞面的中央部分，竟有一个钱币大小的窟窿赫然在目，是烟头烧的！

她气急败坏地追问：

"这是怎么回事？"

她丈夫若无其事，没有正眼瞧她，答道：

"谁呀，什么怎么回事？你说什么来着？"

她怒不可遏，语不成声：

"你……你……你烧了……你的伞，你是……疯了！你是要咱们倾家荡产呀！"

他转过身来，脸色变得惨白：

"你说什么？"

"我说你烧坏了你的伞。你瞧，你瞧。"

她朝丈夫扑过去，气势汹汹，就像要揍他一顿，并把伞上的小圆窟窿，恶狠狠地杵到他鼻子前。

他看着这个窟窿，不知所措，嘟嘟囔囔地说：

"这个，这个……这是怎么回事？我，我可不知道！我向你发誓，这不是我弄的，我不知道这把伞是怎么回事。"

这时，她嚷了起来：

"我敢担保，你一定是在办公室里拿伞闹着玩了，用它玩杂耍了，逢人便打开去显摆显摆。"

他辩解道：

"我只打开过一次，让大家看看这伞多漂亮，就这么回事，我向你发誓。"

但她仍不依不饶，使劲跺脚，大发雷霆，家庭内战的这种架势，对于他这样一个爱好和平的男人来说，简直比实战中枪林弹雨的场面更为可怕。

她从旧雨伞上剪下一块绸子补在圆窟窿上，只是颜色不同。第二天，奥莱依挟着这把补丁的伞，老实巴交地上班去了。他把伞往柜子里一搁，再也不去想它，就像抛开一段痛苦的回忆。

　　但是，到了晚上，他刚跨进家门，太太就将那伞一把抓过去，撑开来加以察看，一场无可挽救的灾难赫然在目，看得她目瞪口呆，心惊肉跳。原来那伞面上布满了马蜂窝般的小窟窿，显然都是被烧坏的，好像有人把燃着的一斗烟灰全倒在上面了。这伞完蛋了，无药可救！

　　她两眼紧紧地盯着，愤怒得上气不接下气，说不出一句话来。奥莱依也一样，全神盯着那把伞，呆若木鸡，既惊愕不解，又沮丧害怕。

　　然后，两夫妻互相看了一眼，但先生立即把眼光垂下。愤怒的太太将破伞直朝他脸上扔去，在歇斯底里的狂怒中，她又高声吼骂起来：

　　"啊，你这个坏蛋，坏蛋，你是故意的！你得为这事付代价，倒大霉的！你再也甭想买伞了！"

　　接下来，又是一场责骂，风暴持续了个把小时，最后，总算轮得上他分辩两句了。他发誓对雨伞被毁一事毫不知情，他认定是有人出自恶意，存心报复，除此以外，不可能有别的缘故了。

　　此时，门铃响了起来，将他从太太的整肃中解救出来。来者是一位朋友，应邀来吃晚饭。

　　奥莱依太太向这位朋友投诉了雨伞被毁事件，至于想再买一把新伞，那是做梦！她丈夫永远也甭想买伞了。

　　这位朋友不以为然，他倒言之成理：

　　"夫人，照您这么办，他这身衣服很快会淋坏的，衣服肯定比伞更贵。"

这小个子女人仍然怒气冲冲，反驳道：

"那么，就让他用厨娘的那把伞好了，我不会再给他买绸缎面的新伞。"

听这话，奥莱依奋起反抗，他宣称：

"你要这么做，我就去辞职，我，我不能拿着厨娘的雨伞到部里去上班。"

那位朋友又打圆场说：

"把伞送到店里去换个面，花不了多少钱。"

奥莱依太太又火了起来，结结巴巴说：

"换个面至少得八法郎，加上原来的十八法郎，总共是二十六法郎，为一把雨伞花二十六法郎，简直就是疯了，是神经有病！"

这位朋友是个家境清寒的市民，灵机一动，想出了一个好主意：

"去要你们的保险公司付钱呀，保险公司应该赔偿被烧毁的物品，只要是在你们家里被毁的就行了。"

一听这个高招，小个子的奥莱依太太立即平静下来，她考虑了一下，对丈夫说：

"明天你去部里上班之前，先到马代纳尔公司去一趟，让他们看看你的伞，要求他们赔偿。"

奥莱依先生吓了一跳：

"我可怎么也不敢去！不就是损失十八个法郎吗，如此而已，缺这点儿钱我们又不会饿死！"

第二天，奥莱依先生出门不带雨伞，而是带了一根手杖，幸亏运气不错，天晴未雨。

太太一人独自在家，为损失了十八个法郎而心里难受。那把雨伞仍放在餐厅的桌子上，她围着餐桌转来转去，始终拿不定主意。

她一心在打那家保险公司的主意，但她实在不敢去领受公司接待员嘲讽的目光，因为她一到人前就容易怯场，为一点儿鸡毛蒜皮的小事也会羞红了脸，跟陌生人说话打交道，总是不知所措。

但是，十八法郎的损失，就像一个伤口那样让她痛苦。她实在不愿为此事烦心，但这笔损失的记忆却挥之不去，纠缠不休，搅得她坐立不安。怎么办呢？时间一分一秒地过去，她仍然犹疑不决。突然，她像胆小鬼吃了豹子胆，猛下决心：

"我去保险公司，咱们走着瞧吧！"

不过，她先得在这把伞上做点儿手脚，使灾情显得颇具规模，以便赔偿的要求易于为对方接受。她从壁炉上拿来火柴，把两根伞骨之间的伞面烧掉巴掌大的一块，然后，将残破的绸面仔细地卷将起来，再用松紧带把伞箍好，这才披上披肩，戴上帽子，急促朝保险公司所在的里伏利街走去。

可是，离保险公司越近，她的脚步却越慢。她怎么对他们说呢？那些人又会怎么回答她呢？

她看着一家家店铺的门牌号。还有二十八个铺面，太好了！她还有时间思考思考。她走得越来越慢。猛然，她吓了一跳，她已经到了保险公司的门前，门上有金字招牌闪闪发亮："拉·马代纳尔保险公司，专营火灾保险业务。"这么快就到了！她停步一两秒钟，心里既焦躁又羞惭，然后，她走过那门面，一会儿又返回来，再走过去，又返回来。

终于，她下定决心：

"怎么也得进去,早进去比迟进去为好。

但是,一走进保险公司,她发觉自己的心在激烈地跳动。

她走进一间宽敞的大厅,四周有一些窗口,每个窗口都露出一个男人的脑袋,其身躯则被隔板遮住了。

一位先生走了出来,手里拿着文件,她停步下来,怯声怯气地问道:

"对不起,先生,您能不能告诉我,要求赔偿被烧毁的物品,得找哪个部门?"

那位先生嗓音响亮,答道:

"二楼,左边,灾难办公室。"

灾难一词使她愈加发怵;她想溜之大吉,就此收兵,舍弃那十八个法郎了事。但是,刚一想到这笔钱,她又恢复了勇气,于是,她上气不接下气地上了楼,每上一个台阶就暂歇一下。

到了二楼,她看到那个办公室的门,敲了一下,室里有清脆的声音答道:

"请进!"

她走进办公室,但见宽敞的房间里站着三位先生,胸前都佩戴着勋章,表情凝重,正在商谈着什么事。

其中一位问她:

"夫人,有何贵干?"

她不知说什么是好,结结巴巴地答道:

"我来……我来……是为……是为一桩灾难。"

这位先生彬彬有礼,指了指一把椅子,说:

"请您坐下,我马上就来跟您谈。"

他转向另外两位先生,接着他们原来的话题继续说:

"先生们，敝公司认为，对你们应赔偿的数目不能超过四十万法郎，你们要求我方再多付十万法郎，我们不能同意。再说，估价问题……"

那两位先生中的一位打断了他的话，说：

"先生，咱们先谈到这里，法庭会做出判决的。我们只好告辞了。"

那两人又是致意，又是握别，把告辞的礼数用尽后，才走出了房门。

啊，如果她有勇气跟着这两个人走出房间，她一定这么做了，她宁可临阵脱逃，放弃一切！但她能这么办吗？那位主管先生送客回来，对她欠了欠身，问道：

"夫人，有什么事需要我效劳？"

她嗫嗫嚅嚅，几乎说不出口：

"我来是为了……为了这件事。"

那位主管低头看了一下她递过来的那把伞，脸上流露出率真的诧异惊讶神色。

她用哆哆嗦嗦的手，去解除箍在雨伞上的松紧带。经过好一番努力，终于将它解开，然后她猛的一下打开了支离破碎的伞架。

那位先生用同情的口气说：

"这伞确实坏得够呛。"

她有点儿迟疑地说：

"我花了二十法郎买的。"

"是吗？这么贵！"他惊讶地说。

"的确贵，它原来非常漂亮。我请您看看这伞现在毁成什么样子了。"

"很好，我看清楚了，毁得够厉害的。可是，我不知道这同敝公司有什么关系。"

她感到不安了，这家公司也许不赔偿小物件的损失，但她仍要一试，说：

"可是……它确实烧坏了……"

这位先生对此并不否认：

"确实烧坏了。"

她无言以对，张口结舌。这时，她猛然明白过来了，发觉自己忘了说明来意，就连忙补充说：

"我是奥莱依夫人。我们是在贵公司投了保的，我来此是要求赔偿损失。"

她害怕对方会断然拒绝，连忙又补了一句：

"我只要求贵公司给我换个伞面。"

这位先生感到为难了，他说：

"可是……夫人……我们不是卖伞的，我们无法承担这类小修理的事。"

这小个子女人觉得自己已经定下了神。必须据理力争呀。那么就去争个水落石出吧！这时，她胆子壮了，坚持自己的要求说：

"我只是要求贵公司付修理费，我自己会去找人修理。"

这位主管显得有些尴尬，说：

"夫人，说实在话，这没有几个钱。从来没有人要求我们赔偿如此微不足道的损失。您应该明白，像手绢、手套、扫帚、旧鞋子所有这些东西，既不值钱，每天又容易被火烧毁，我们是无法赔偿的。"

奥莱依太太满脸涨得通红,火气直往上冲:

"可是,先生,去年十二月,我家壁炉失火,至少给我们造成了五百法郎的损失,我家的先生并没有向你们索赔,因此,公司今天为我这把伞支付修理费,是再公道不过的!"

主管先生看出她在说谎,就笑嘻嘻地对她说:

"夫人,您得承认,你们家的奥莱依先生遭受五百法郎的损失而不来索赔,却要我们赔偿五六个法郎的修理费,这不是咄咄怪事吗?"

奥莱依夫人方寸不乱,镇定如故,立即进行反驳:

"对不起,先生,那五百法郎的损失是由奥莱依先生掏腰包,这五六法郎的修理费,得由奥莱依夫人来承担,这不是一回事。"

那位先生看出来自己很难摆脱这个女人的纠缠,而且,一陷进她这个泥坑里,他整个一天就都完蛋了,于是,他口风松动了,说:

"请说说,火灾是怎么发生的。"

奥莱依太太感到胜利的曙光在望,就编起故事来:

"先生,在我们家的前厅里,有那么一个青铜器具,用来插伞与手杖。那一天,我回家后就把伞插在里面。我得告诉您,就在那铜器的上边,有一块放蜡烛与火柴的小板。我伸手拿来四根火柴,划了一根,没着。我又划了一根,着了,可立即又灭了,我又划了第三根,还是灭了。"

主管先生打断她,说了一句俏皮话:

"是政府批准上市的火柴吗?"

她没有听懂其中的弦外之音，只顾继续编下去：

"大概是吧，第四根火柴总算着了，我点上了蜡烛，就进卧房睡觉去了。可是，过了一刻钟光景，我似乎闻到了一股烧焦的气味。我这个人呀，从来就最怕火灾。要是我家出来什么事故，那绝不是因为我不小心！特别是自从刚才告诉您的那次壁炉失火事件之后，我总是提心吊胆地过日子，于是，我立即起床，走出卧室，到处寻找，像猎犬一样这里闻闻，那里闻闻。最后，才发现是伞烧着了。很可能是有一根火柴掉进去了，您瞧瞧，它烧成什么样子了……"

主管早已胸有成竹，他问：

"您估计得赔多少钱？"

奥莱依太太不敢贸然开价，她先是一声不吭。过了一会儿，为了显示自己慷慨大方，她说：

"您去找人修理吧，我全都听您的。"

对方不同意，说：

"那不行，夫人，我不能这么办。您给我开个价吧！"

"可是……我觉得……您看，先生，我并不想占您的便宜，咱们这么办吧，我把伞送到伞店去，换上一个优质耐用的绸面，随后我把发票给您送来，这样行吗？"

"好极了，夫人，就这么一言为定。这是给出纳科的一张便条，他们会给您报销修伞费用的。"

随即，主管先生把便条交给了奥莱依太太，她接过后，便起身离去，边走边道谢，她唯恐这位先生反悔改主意，急急忙忙就走出了保险公司。

现在，她迈着轻快的步子走在大街上，要找一家铺面堂皇高雅的伞店。她终于发现有一家正符合她的高标准，便走了进去，用斩钉截铁的语调吩咐道：

"这把伞要换一个绸面，必须要上等的优质绸，反正要用你们店最最好的料子，你们开什么价，我都不在乎。"

一个儿子

献给勒内·梅泽洛瓦

花园里百花盛放,春意盎然。有两个老朋友正在散步。

一个是上议院议员,另一个是法兰西学院院士。他们都道貌岸然,谈吐严谨而又冠冕堂皇,均为地位显赫、声望卓著的庙堂人士。

他们起初在谈论政治,两人各抒己见,不过并未涉及政治理念,而是专论政治人物的是非短长,因为在这个行当里,人们重视脾性品格甚于理念观点。而后,又提起了几件往事,随即就沉默无语了,继续并肩漫步。暖风轻拂,他们浑身都感到懒洋洋的。

一个圆形的大花坛里种满了桂竹香,散发着甜美而优雅的清香,另有一片鲜花,品种各色各样,色调千差万别,在微风中吐露芬芳。还有一棵金雀花树,上面挂满了一串串黄色的花朵,随风散布着细微的花粉,好似一片金黄色的烟雾,闻上去则沁人心脾,它将花种洒满了整个空间。

上议员停下步子,深深地吸了一口在空中飘荡、具有繁殖力的轻雾,端详着那棵金雀花树。它金灿灿的像是太阳,而花粉飞扬则如春情怒放。他睹物生情,感慨万分地说:"想来也颇为有趣,这些极其细微的芳香原子,将要飘散到千百里之外,去生根发芽,成树开花,棵棵雌树的纤维又将颤动,树液又将流淌,再长出有无数根须的植物。一颗种子衍生出生命,这与我们人类并无区别,有生有死,生生死死,繁衍不绝,这与我们人类有什么不同!"

随着阵阵微风,光华耀眼的金雀花树飘散着沁人心脾的香气,上议员站立在它面前,继续发表感想:"啊,老兄,如果要您统计统计您到底有过多少孩子,您一定会感到很为难。您看这一棵树,它轻而易举地在繁衍后代,它把自己的种子任意挥洒而毫无顾忌,用不着担心这些种子的着落。"

院士补充说:"我们人类也是如此,我的朋友。"

上议员又说:"是的,我不否认。有时,我们也将自己的骨肉抛弃不管,不过,我们至少知道自己骨肉的下落,而这,正是我们人类的优越性所在。"

但是,院士却摇摇头说:"不,我说的不是这个意思。您想想看,我亲爱的朋友,世界上几乎没有一个男人不曾有几个自己不知其下落的子女。这些所谓的'其父不详'的孩子,几乎都是男人在不经意之中播的种,就像这棵树不知不觉就繁殖了后代。

"您刚才询问,这棵金雀花树究竟繁殖过多少后代,它是答不上来的。同样,如果要统计我们曾和多少女人有过关系,我们也会心中无数,感到为难的。

"在十八岁到四十岁这个年龄段里，如果把那些短暂的邂逅相遇与那些个把小时的逢场作戏都计算在内的话，可以有把握地说，我们每个人都曾跟两三百个女人有过……亲密关系。

"那么，我的朋友，在这么一个庞大数目里，你敢说就没有任何一个女人怀上了您的骨肉么？您敢说，您就不会也有一个儿子流落街头，沦为无赖，还曾抢劫谋害过我们这些正派人，最后落进了大狱里么？您敢说，您就不会也有一个女儿流落风尘、沦为妓女了么？或者运气好一点儿，她被其母抛弃后，现今正在谁家当厨娘么？

"请您再想一想，几乎所有那些被我们称为娼妓的女子，每人总生有一两个孩子吧，这些孩子是从那一二十法郎一次的搂搂抱抱中产生出来的种，他们的父亲是谁，连那些女人自己也说不清楚。在所有的行业里，都是有赚有赔。这些私生子女就是娼妓这个行业里的'赔本''亏损'。父亲是什么人呢？就是我们这些上流人，就是您，就是我。这些孩子就是我们这些人在寻花问柳时制造出来的，而我们这种放浪行为实在很司空见惯，每当朋友们愉快地聚餐之后，每当狂欢的夜晚之际，每当饱暖思淫欲的时候，都会去放纵一番。

"总而言之，小偷、流氓，所有那些坏蛋，都是我们这些人的儿子。这对我们来说，总比我们是他们的儿子要好一些，因为这些坏蛋同样也会生殖的。"

"就我来说吧，我就有过一段糟糕透顶的经历，一直使我良心不安，我愿意讲给您听听。这件事给我带来了没完没了的悔恨，更糟的是，还带来纠缠不清的疑惑与举棋不定的为难，真把我折磨得苦不堪言。"

二十五岁那年，有一次我和一个朋友在布列塔尼做徒步旅行，这个朋友如今已经是国务参事了。

我们发狂似的一口气步行了半个多月，走遍了整个北滨海省与菲里斯太尔省的一部分，这就到了杜瓦尔奈内。从那里，又沿着特雷帕塞湾走了一天，便抵达偏僻荒凉的拉兹海角，在一个叫什么什么奥夫的村子歇下。但是，第二天早晨，我的同伴却感到一种莫名其妙的乏力，卧床不起。我这里称之为"床"，只是出于习惯，其实这床只不过是两捆干草。

在这样一个穷乡僻壤病倒了，可是件不得了的事。因此，我逼着他爬起来又动身。下午四五点钟，我们到了奥迪叶纳。

第二天，他身体稍为好了一点儿，于是我们又动身出发。但是在路上，他又难过得受不了，好不容易我们才熬到了拉贝桥。

幸好那儿还有一家客店。我的朋友病倒了。从坎佩尔请来了一位医生，医生查出他在发高烧，但诊断不了是什么病。

您知道拉贝桥这个地方吗？不知道？好！我来告诉您，从拉兹角到莫尔比昂的这一大片地区，一直保留了布列塔尼的民俗、风习与传说逸闻的精华，而拉贝桥则是这个地区里最富有布列塔尼情调的城市。直到今天，这个城市几乎没有任何改变，风貌依旧。我之所以说"直到今天"，是因为我现在每年都要到那里去一趟。

247

整个城市像一座古堡，它的塔楼的基座浸没在一大片水泊之中，水面上成群成群的野鸟飞来飞去，满目凄凉。一条小河从水泊中流出，沿海行驶的小海船由此溯流而上，可以直达城边。狭窄的街道夹在古老的房屋之间，街上行人熙熙攘攘，男人都戴着大帽子，穿着绣花背心与四件重重叠叠的衣裥，最外面的裥子只有巴掌那么大，顶多只遮盖住肩胛，最里面的那件则一直垂到裤裆上。

　　姑娘们个个身材高挑，娇嫩靓丽，穿着一种像护胸甲的呢坎肩，把胸脯紧紧束住，束得那么紧，简直叫人想象不出里面还有一双丰满而备受挤压的乳房。她们头上的装扮也颇为特别：两鬓各有一块彩色刺绣板片镶着脸蛋，并压住头发，那头长发像瀑布似的从脑后泻下，然后又绾将上去，堆在头顶，上面罩一顶式样独特的小帽，小帽是用金线或者银线织成的。

　　我们那家客店有个女仆，顶多不过十八岁。她有一双蓝蓝的眼睛，淡蓝之中透出两点黑色瞳仁。她一笑起来，总是露出两排短小而整齐的牙齿，看上去结实得像能嚼碎花岗石。

　　她像大多数当地人一样，只会说布列塔尼地方话，一句法语也听不懂。

　　我朋友的身体迟迟不见好转。虽然未确切诊断出什么病，但医生还是不准他动身，要求他绝对静养。这样，我白天总是陪在他身边。那个年轻女仆有时给我端吃端喝，有时给他送汤送药，不断地进进出出。

她来的时候，我常逗弄逗弄她，看样子，她对此也颇为乐意。当然，我们从来没有交谈过，因为双方都听不懂对方的话。

有一天夜里，我在病人身边待得很晚，回自己房间去时，在走廊里碰见那个姑娘，她也正要回自己的房间。当时，我的房门大开，我不假思索，就像是闹着玩似的，猛然一下将她拦腰抱住，还没有等她从惊吓中回过神来，就抱着她进了房间，并顺手带上了门。她又惊又怕，不知所措，只瞧着我，不敢叫嚷，唯恐闹出丑闻，先是被老板撵走，丢了饭碗，说不定还要被父亲赶出家门。

我本来不过是打打闹闹，开个玩笑，但一旦把她推进我的房间，我就起了占有她的欲望。于是，接下来的就是一场闷声不响的多回合搏斗，像运动员扭在一起进行摔跤，胳膊忽而伸张、忽而弯曲、忽而蜷缩，气喘吁吁，浑身流汗。哎哟！她抵抗得可真激烈。我们一下碰到桌子，一下撞上板壁，一下翻倒椅子。两个人都害怕吵醒了别人，有时就互相扭着，一动也不动地停上几秒钟，然后又重新开始激烈的搏斗：我继续进攻，她拼命抵抗。

最后，她精疲力竭地倒了下去，我就在地板上粗暴地占有了她。

她一爬起来，就奔向房门，拉开门闩，飞快地逃走了。

在以后几天里，我难得碰见她。她也不让我靠近她。后来，我的朋友病好了，我们又该动身上路了。动身的前夕，时至半夜，我刚回到自己的房间，就见她穿着衬衣、光着脚走进来。

她扑进我的怀里，充满激情地搂抱着我。一直到天亮，她都在拥吻我，爱抚我，同时不断在哭泣、呜咽。她无法用法语向我倾诉她的爱情与绝望，就用尽了一个女人所能献出的一切情爱方式来进行表达。

一个星期以后，我早把这次逢场作戏的事忘得一干二净。这类艳遇，在我们这些人的旅途中太司空见惯了，本来嘛，旅店里那些侍女就是供旅客们这么消遣的。

三十年过去了，我从来没有回想起这件事，也没有再到拉贝桥去过。

想不到，在一八七六年，我为了搜集资料，要深入考察该地区的实情，我又游历了布列塔尼，可巧又到了拉贝桥。

在我看来，那里似乎并没有什么变化。城堡的灰墙依然立在小城入口处那一片水泊里。我住过的那个旅店仍在，不过经过翻修与改建，式样比较时髦了。一进门，就有两个十八岁的布列塔尼姑娘迎上来接待。她们长得娇艳、可爱，穿着紧身的呢料背心，戴着银色的帽子，耳侧还有两大块绣花片子。

当时是下午六点钟左右。我坐下来吃晚饭，店老板亲自出来侍候我。看来是命中注定，我鬼使神差似的问起："您认识这家店从前的老板吗？三十年前，我曾经在这里住过十来天。这可是老话了。"

他回答说:"那就是我的父母,先生。"

于是,我就跟他谈起我是怎么在这儿住下的,怎么因为同伴生病而耽搁下来。他不等我讲完就说:

"哦,我全想起来了。当时我十五六岁,您就住在尽头那间客房,您的朋友住在临街的一间,也就是我现在住的那间。"

直到这时,那个年轻女仆的形貌才栩栩如生地重现在我的脑海里。我问:"您还记得当年令尊店里有一个挺漂亮的小女仆吗?如果我没有记错的话,她有一双好看的蓝眼睛,有一口白白的牙齿。"

他回答说:"是呀,先生,你们来过这里以后,过了些日子,她在分娩中死去了。"

他用手指向院子,院子里正有一个又瘦又瘸的男子在翻动马粪,他说:"那人就是她的儿子。"

我笑了起来:"他长得可不好看,一点儿也不像他母亲,准是像他父亲吧。"

店老板说:"那倒很可能,不过,没有人知道他的父亲是谁,他母亲到死也没有说出来。我们这里的人也都不知道她有过相好,大家听说她怀了孕,都大吃一惊,没有一个人肯相信。"

我突然打了个寒噤,心里很不舒服。我们每逢大祸临头,心里总会有这一类不祥的预感掠过。我朝院子里的那人看了两眼。这时,他刚给那些马匹打好水,正拎着两只桶,一瘸一拐,那较短的一条腿要格外使劲,显得特别痛苦。他身上穿得破破烂烂,脏得令人恶心,黄色的长发乱糟糟地纠缠在一起,像一根根绳子牵拉在脸上。

店老板接着说:"他干不了多少活儿,把他留在店里只是因为可怜他。他要是一生出来就像别人一样有人抚养,也许就不至于如此了。但是,有什么办法呢,先生,没爹,没妈,又没有钱。我的父母可怜这孩子,收留了他,不过,毕竟不是自家的人呀!这个理,您一定很懂。"

我什么也没有说。

我还是在原来住过的那个房间宿下。一整夜都在琢磨那个叫人恶心的马夫,我反复思索:"他会不会是我的儿子?难道是我害得那姑娘走上了绝路,是我造出了这个孽种?不管怎么说,这是可能的呀!"

我决定跟那个家伙谈谈,问清楚他出生的日期,只要差上两个月,那我就可以打消疑虑了。

第二天,我叫人把他找来。但是,他也不会讲法语。他一副愚昧无知的样子,懵里懵懂。我要一个女仆替我问他多大岁数,他也答不上来。他像一个白痴似的站在我面前,两只骨节粗大、脏得令人厌恶的手,不停地摆弄着他的帽子,他傻乎乎地笑着,不过笑的时候,嘴角与眼角都有点儿像他母亲。

恰好店老板回来了,他去找这个可怜虫的出生证书。他是在我旅居拉贝桥之后八个月零二十六天出生的,因为我记得很清楚,我是在八月十五日到达洛里昂的。证书上注明"其父不详",其母名叫让娜·凯拉代克。

一看此证,我的心跳动得急剧起来,我觉得呼吸急促，一句话也说不上来了。我瞧着这个牲畜般的家伙，他那一头黄色的长发简直就像一堆粪肥，甚至比牲口的粪肥还更脏。这个叫花子被我瞧得直发窘，收起傻笑，扭转头去，迟迟疑疑地走了。

我沿着小河徘徊了一天，痛苦地反复思考，但考虑来考虑去有什么用呢？还是什么也不能确定！一连好几个钟头，我把种种正面的理由与反面的理由掂量来掂量去，想要决定担负还是不担负做父亲的义务。各种各样错综复杂的设想把我纠缠得心烦意乱，但总是回到原来那个可怕的疑问，即他究竟是不是我的亲骨肉？而最后，我仍然不得不确定那残酷可怕的判断：那人就是我的孽种！

我吃不下晚饭，早早回房就寝，但久久不能入睡。后来总算睡着了，却做了很多噩梦。我梦见那个粗野的家伙冲着我的脸嘲笑我，叫我"爸爸"。接着，他又变成了一条狗，咬我的腿肚子，不论我怎么躲逃，他总是紧追不舍，而且他不再朝我狂吠，而是像人那样进行侮骂。然后，他又出现在法兰西学院我的那些同事面前，他们正在开会裁定我是否他的生父，其中一位院士喊道："这是确凿无疑的！请诸位看看他长得多么像他父亲！"的确不假，我自己也看出来那怪物真像我。我从梦中醒了过来，两人相像的这个想法已经深深扎根在我脑海里了，而且还产生了一个无法抑止的愿望，想弄弄清楚我们在相貌上究竟有没有相像之处。

第二天是星期日，我趁他去做弥撒时，跟他走到了一块儿。我给了他五个法郎,就在此时,我惴惴不安地打量着他。他接过法郎,猥琐地笑了起来,随后又因我紧盯着他而发窘,嘴里含糊不清地咕哝了一句什么,就赶紧溜了。他咕哝的那句话,肯定是表示感谢。

和头一天一样,这一天我也是在苦恼中度过的。傍晚,我把店老板找来,跟他谈起这个可怜虫,我谈得谨慎小心、世故圆滑、巧妙迂回,我说,此人举目无亲、一无所有,如此可怜,我对他甚为关切,愿意做点儿什么事帮帮他。

但是,店老板很不以为然,他说:"您就别转这个念头啦,这家伙一钱不值,您去帮他只会白受气。我嘛,雇他打扫马厩,他只干得了这个。为此,我管他吃喝,让他跟马一块儿睡,他也不需要别的了。您要是有条旧裤子,那就赏给他吧,不过,出不了一个星期,就会破成碎片。"

我打算再仔细斟酌一番,所以当时也就没有继续坚持原意。

晚上,那个混账东西喝得醉醺醺地回来了,大发酒疯,差点儿放火把房子烧掉,还用铁锹打伤了一匹马,最后淋着雨倒在泥浆里睡着了,而这一切都是我的慷慨施舍所带来的后果。

第二天,店方要求我别再给他钱,他口袋里只要有两个子儿,他就要拿去喝酒,一喝了酒,他就会无法无天。店老板还说:"给他钱就是送他去死。"的确,他手里从来就没有过钱,除非有的旅客扔给他几个子儿,况且他根本就不知道，这种金属钱币除了可买酒喝以外，还有别的什么用处。

我在自己房间里待了几个钟头，打开一本书假装在阅读。其实，我什么也没有干，一直在暗中观察那个家伙，我的儿子！我的儿子！我想在他身上发现有没有像我的地方。找来找去，我在前额与鼻根处似乎找到了几根相像的线条。于是，我就确认我们的确长得很像，只不过因为我们穿着打扮不同，再加上他那一头可怕的长发，而不容易看出来罢了。

我担心在这里老住着不走，会引起人们的猜疑，只好给老板留下一些钱，用来改善他家这个雇工的生活。然后，心情黯然地离开了拉贝桥。

六年以来，这一桩心事，在这桩事上的犹疑不决、举棋不定以及围绕这事的疑云，一直纠缠着我，使我痛苦不堪。每年，总有一股不可抗拒的力量把我拉到拉贝桥去。每年，我都要让自己去受一次罪，到那里亲眼看着那个家伙在粪堆里干活儿，心里惦记着他就是我儿子，不断想方设法要帮他、解脱他，但又始终束手无策。每年，我从拉贝桥回来以后，总是更加彷徨，更加痛苦，更加焦躁不安。

我曾经想送他去受些教育，但他是一个无可救药的白痴。

我也曾设法使他在生活上少受点儿累、少受点儿穷，但他又是一个无可救药的酒鬼，我给他的钱，他都拿去喝得精光，甚至把给他的新衣服也变卖掉换酒喝。

我也曾多次拿钱出来，打动店家的怜悯心，让老板多给他一点照顾。最后，店老板倒感到不解了，他合情合理地回答我说："先生，您为他所做的这一切，只会害了他。对他就必须像对待犯人。他只要一闲下来，或者过得轻松点儿、舒服点儿，他就要胡作非为。您要是愿意行善、做好事，被遗弃的孩子多着呢，您可以领养一个，不过要挑一个值得您去费心费力的。"

对此，还有什么可说呢？

折磨我的那些问题，如果被人有所猜测、有所觉察，这个蠢货就一定会起坏心，他会敲诈我、损害我，把我给毁了。他会像我梦见的那样，叫我"爸爸"。

我想，是我害死了他母亲，也耽误了这个低能儿，让他在马厩的肥堆里像蛆虫一样长大。他如果也像别人一样得到抚养教育，那他也肯定会成长为一个正常人。

只要一面对着他，我就想到，他出自我的血统，是我的亲骨肉，作为父与子而血肉相连。我就想到，根据可怕的遗传法则，在数不清的生理因素上，他就是我的一部分，血是我的，肉是我的。我还想到，他甚至跟我有相同的疾病基因，有相同的七情六欲，请您想象一下，我一面对他就想到所有这一切时，那种奇特而复杂的感受，是多么叫人难以忍受。

但我偏偏老是想去看他，这种愿望牵肠挂肚，挥之不去，而一见到他时，我又感到非常痛苦，经常是一连好几个钟头待在窗前，看着他翻动牲口的粪土，然后用车拉走，看着看着，我就自言自语地重复着："我的儿子，这就是我的儿子。"

有时，我真忍不住想去亲亲他，但我至今却从未碰过他那双脏手。

院士说完就不再出声了。他的那位政治家同伴，轻声喃喃道："是呀！我们真应该多关心关心那些没有父亲的孩子。"

一阵微风掠过那棵高大的金雀花树，摇动着繁盛的花串，从树上飘洒而下的芳香轻雾，笼罩着这两个老人，他们都深深地呼吸着这阵阵香风。

最后，上议员又补充了一句："不过，说真的，二十五岁的确是黄金年纪，哪怕会留下这么几个孽种。"

莫兰这头公猪

献给乌迪诺先生

一

"请等一等,我的朋友,"我对拉巴尔布说,"你刚才又提到'莫兰这头公猪'几个字。见鬼,为什么我从来没有听人谈起莫兰时不把他叫'公猪'的呢?"

拉巴尔布如今已经当上议员,他一听我的问话,就像猫头鹰一样瞪着眼睛瞧着我:"怎么?你不知道莫兰的故事?亏你是拉罗舍尔[1]的本地人。"

我承认自己没听说过莫兰的故事。于是,拉巴尔布搓了搓手,开始给我讲这个事件:

---

[1] 拉罗舍尔,法国西部海滨城市。

"你认识莫兰,对吧,你还记得吗?他在拉罗舍尔河边大道开过一家服饰店,规模相当大。"

"是的,我完全记得。"

"很好。事情经过是这样的,在一八六二年或一八六三年,莫兰为了观光游玩,到巴黎来过半个月,不过借口是到这里来采购货物。你知道,对一个外省人来说,在巴黎过上半个月,那意味着什么。那简直就是往你血里点了一把火,每天晚上可以观赏各种各样的演出,与形形色色的女人摩肩接踵,整个人的精神都会处于持续的兴奋状态,人会变得变质失态。两眼所见,只有身穿紧身衣的跳舞女郎,袒胸露臂的女艺人,圆润的大腿,丰腴的肩膀,所有这一切都近在咫尺,可是既不能碰,又不能摸,犹如远在天边,无可奈何,只能偶尔去吃一两顿低级菜肴,聊以解馋。离开巴黎的时候,仍然春心荡漾,心火旺盛,嘴唇痒痒的,渴望着亲嘴接吻。

"莫兰买好车票,准备晚上八点四十分乘快车回拉罗舍尔,直到此时,他还处于上述那种魂不守舍的状态。他怀着依依不舍、惋惜烦乱的心情,在奥尔良火车站的大厅里踱来踱去。突然,他在一个年轻女人的跟前站住。这女子正在和一位老太太拥抱告别,短短的面纱已经撩起。莫兰大为惊艳,不禁心醉神迷,低低叹了一声:'哎哟!好一个美人!'

"那女子向老太太道别后,走进了候车室,莫兰跟踪而至;她走过月台,莫兰又紧跟其后;她登上一节空车厢,莫兰也跟着进去了。

"乘快车的旅客很少。火车鸣过汽笛,很快就开动了。车厢里只有他们两人。

"莫兰贪婪地盯着她。她看上去大约十九到二十岁。头发金黄，身材修长，举止大方。她取了一条旅行毛毯裹着双腿，躺在长椅上闭目休息。

"这时，莫兰暗自思忖：这是一个什么样的女子呢？无数的猜想、无数的计划在脑海里纷至沓来，一一闪现。他对自己说：火车上的艳遇，听人讲过不知有多少。也许今天我碰上的就是一桩。谁知道呢？好运说来就来，叫人喜出望外。看这样子，我只需拿出勇气就行了。丹东[1]不是说过吗：'勇敢，勇敢，再勇敢。'这话如果不是丹东说的，那就是米拉波[2]说的。究竟是谁说的，无关紧要。不错，我缺少的正是勇气。这是成败的关键所在。唉，要是我能洞察一切，能看透别人的心灵深处，那就好了！我敢打赌，我们每天都跟各种各样的良机好运擦身而过，只不过没有察觉而已。其实，她只要稍作表示，就可以让我明白她也巴不得……

"于是，他就开始设想如何猎艳才能得手的种种方案。他想象出起初结识的方式应该是充满骑士风度的，当然先要向她献一些小殷勤，然后是进行生动活泼、风雅多情的谈话，谈到最后是表白自己的爱情，表白完之后是……究竟是什么，你自己去想吧。

"但是，他想来想去，就是不知怎样开头才好，他找不到借口。他不禁心烦意乱，六神无主，只好坐待良机。

"然而，黑夜渐渐逝去，那美丽的少女一直沉睡未醒，而莫兰却在旁边想方设法要她失身于人，开始堕落。天色发亮，不久，太阳照射出了它的晨曦，一道明亮的光芒从远处的地平线长

---

[1] 丹东（1759—1794），法国大革命时期的政治领袖。
[2] 米拉波（1749—1791），法国大革命时期的风云人物。

驱而来，一直投在那贪睡少女柔和的脸蛋上。

"她醒了，坐起来，看了看四野，看了看莫兰，粲然一笑。像一个幸福女人那样一笑，笑得那么动人，那么愉快。莫兰如触电般地颤抖了一下。在他看来，这个微笑无疑是冲着他来的，这是一个委婉的邀请，是他已等待多时的一个理想中的信号。这一笑的意思是说：'昨天晚上一整夜，您就一直像根木桩似的守在您的位子上．什么也不敢做，难道您是个木头人？是个傻子？是个笨伯？'

"'您好好瞧瞧我，我不是很可爱吗？可您就这么靠近一个美女过了整整一夜，却毫无作为，您真是个大傻子。'

"这少女一直看着他笑，甚至开始笑出声来。这时的莫兰，简直昏了头，他想找一句得体的话，一句恭维的话，总之，想找句话说说，不论什么话都可以，但是他就是找不到，什么话也找不到。于是，他像懦夫一样逞一时之勇，铤而走险，他想：算了吧，活该，老子豁出去啦！说时迟，那时快，他招呼也不打，突然就张开两臂，身子往前一压，伸出贪婪的嘴唇，将那少女一把搂在怀里就吻。

"她一下就跳了起来，大叫大嚷：'救命！救命！'同时发出惊吓的喊声。她打开车门，两条胳膊伸出车外，使劲地抖动，她甚至吓得发疯，想往车下跳。莫兰见此，惊慌失措，怕她真会从车上跳下去，就赶紧抓住她的裙子，结结巴巴地说：'太太……啊呀……太太……'

"火车放慢了速度，最后停下来了。两个列车员朝这个发出紧急信号的年轻女人奔了过来。她一下就倒在他们的怀里，吞吞吐吐地说：'这个人要对我……要对我……'说着就晕过去了。

"火车停在莫泽站。值班宪兵上车把莫兰抓走了。

"受到他施暴行径伤害的少女,苏醒过来后提出了申诉。官方做了笔录。这位倒霉的服饰用品商,直到夜里才得以回到自己家里。他遭此迎头一击,因在公共场合犯有伤害风化罪而必须等候法院的判决。"

二

"当时,我在《夏朗特明灯报》任主编。每天晚上,都在商贸咖啡馆里见到莫兰。

"出事的第二天,他就来找我,说他不知道该怎么办。我对他坦率直言:'你简直就是一头公猪。要是别人,决不会像你那么干。'

"他哭个不停,说老婆揍了他,他的生意眼见已经一蹶不振,面临破产;他的名声也一败涂地;他的朋友个个恼怒,见了面再也不跟他打招呼。说着说着,他终于引起了我的怜悯,我把我的同事里维叫来商议。里维个子矮小,爱开玩笑,擅长出谋划策。

"里维建议我去找帝国检察官,此人本来就是我的一个朋友。我把莫兰打发回家,然后就去找这位司法官员。

"我打听到,被侮辱的那个少女名叫亨利埃特·博内尔,刚在巴黎考取了教师资格。她父母双亡,坐火车是为到舅父舅母家过假期,他们是莫泽地方上正派的小资产者。

"对莫兰的处境大为不利的是,少女的舅父已经提出了控告。如果控告撤回,检察官即可同意不予起诉。这正是我要争取达到的目标。

"我回头又去找莫兰。我见他正躺在床上,因为焦急与发愁而病倒了。他的老婆人高马大,骨骼粗壮,脸上的汗毛浓得像胡子,对他不停地骂骂咧咧。她领我进了卧室,冲着我的脸嚷道:'您不是要看莫兰这头公猪?瞧,他就在这里,这个混蛋!'

"她两手叉腰,威风凛凛地站立在床前。我介绍了去找检察官的情况;莫兰又央求我去向那一家人求情。这个任务可很棘手,不过,我还是答应了。那个倒霉蛋一遍又一遍地表白说:'我向你保证,我实际上并没有吻着她,真的没有吻着,我可以向你发誓!'

"我反驳他说:'那还不是一样吗,你反正是一头公猪。'他交给我一千法郎,要我酌情使用,我也就收下了。

"我坚决不愿单独一人贸然闯进那姑娘的亲戚家,要求里维陪同我一起去。里维同意了,条件是要立即动身,因为第二天的下午,他在拉罗舍尔还有一件急事要办,必须尽快赶回来。

"两个钟头之后,我们俩在一幢漂亮的乡间房舍前拉响了门铃。一个美丽的少女来给我们开门。我猜一定是她,就悄声对里维说:'该死,我总算能够理解莫兰了。'

"她的舅父,多纳莱先生,正好是《明灯报》的订阅者,在政治主张上,是我报的热烈信徒。他张开双臂欢迎我们,赞扬我们,祝贺我们,紧紧握着我们的手,他因为他信奉的报纸有两位编辑光临他家而感到非常高兴。里维在我耳边悄悄地说:'看这样子,我们能够顺利解决莫兰这头公猪的事。'

"外甥女走开了。我开始提起那桩敏感的公案。我反复强调事情闹大了可能会变成一桩丑闻;我提出,这么一件事情传开以后，势必使得年轻姑娘反倒遭受鄙视，因为，人们不相信事情会那么简单，仅仅只是吻了一下而已。

"这位大好人似乎犹疑不决；他在他太太回来以前什么也不能决定，而太太要当晚很迟才能回来。他灵机一动，得意地叫了起来：'瞧，我有个好主意。我不让你们走，把你们留在这里。你们两位就在这里吃晚饭，今夜就在这里睡。等我太太回来以后，我相信很快就能谈妥。'

"里维先生对此安排面有难色，但是，他也一心想帮莫兰这头公猪摆脱困境，最后还是决定留下来。这样，我们便接受了主人的邀请。

"这位做舅父的站起来，兴高采烈地把他的外甥女叫来，提议在他家园子里散散步，他说：'正经事，咱们晚上再谈。'

"里维和他开始议论政治。

"我呢，我很快就退在他们后面几步，与那个少女并排走着，她真是迷人啦，迷人到了极点！

"我小心翼翼地开始跟她谈起她的那次遭遇，尽可能地设身处地为她着想。

"但是，她丝毫没有显出尴尬的神情，倒是像个局外人，在听我说故事消遣。

"我对她说：'请您想一想，小姐，您将碰到的种种麻烦吧。您必须在法庭上露面，必须承受那些不怀好意的目光，必须当着那些人讲话，公开叙述车厢里那件不愉快事情的经过与细节。现在，我们私下里不妨这么说吧，如果当时您什么也不讲，也别呼喊列车员来救命，只是叫那下流坯放老实些，然后干脆换个车厢，那是不是更好一些呢？'

"她笑了起来，说：'您说得真对！但有什么办法呢？我当时害怕呀，一个人害怕了，就会晕头转向。

"'等我明白过来以后，我很是后悔，我当时不应该叫喊，但后悔也来不及了。而且，请您也想一想，那头蠢猪像发了狂似的向我扑过来，闷声不响，那张脸就像一个疯子。我甚至不知道他要干什么。'

"她直盯着我的脸，既不慌张，也不羞怯，我心里想，这姑娘倒是挺大方的，我现在明白了，莫兰这头公猪当时为什么判断失误。

"我开玩笑地说：'瞧，小姐，您应该承认，那也是情有可原嘛，因为，面对您这样一个如花似玉的美女，不可能不产生吻吻您的愿望。人皆好美，天经地义。'

"她笑得更厉害了，露出一口贝齿，她说：'不能有什么愿望就采取什么行动，先生，总得恪守尊重他人的原则。'

"她这句话有点儿怪怪的，虽然意思不太明朗。我突然问她：'好吧，如果我现在吻您呢，您会怎么办？'

"她站住，将我从上到下打量了一番，然后平静地说：'啊，您嘛，那就是另一码事了。'

"见鬼，我当然知道那是另一码事，因为我在全省有美男子之称，而且我正年轻，只有三十岁。不过，我还是明知故问：'那为什么呢？'

"她耸耸肩，回答说：'瞧！因为您不像他那么蠢。'接着，她偷偷瞅了我一眼，又说：'也没有那么丑。'

"我突然想进行袭击，趁她不防，还没来得及躲避，我就在她脸颊上足足地吻了一下。她朝旁边一跳，但为时已晚。她说：

'嘿！您，您真不害臊。以后，请您别再开这种玩笑。'

"我装出一副谦恭的样子，低声说：'啊，小姐，至于我，如果我心里有一个愿望的话，那就是以莫兰那种罪名上法庭受审。'

"轮到她反问了：'为什么？'这时，我神情严肃地凝视着她。

"我回答说：'因为您是世界上最美丽的女人之一，因为曾经企图对您施加暴力这样一个罪名，对我来说，将成为我的一份资格证书，成为我的一个头衔，成为我的一种光荣。因为，人们见到您以后，都会说："拉巴尔布这小子固然罪有应得，但他得遇美女，运气实在是好。"'

"她又笑了起来，笑得真是开心。

"'您这个人真怪！'她这个'怪'字还没有说完，我已经把她紧紧搂在怀里，发狂似的吻个不停，只要够得着的地方就吻，吻她的头发，吻她的前额，吻她的眼睛，有时还吻她的嘴，吻她的脸颊，吻遍了她整个头部。她不断躲避不断遮拦，总是顾此失彼，连连失守。

"最后，她挣脱身子，满脸涨得通红，颇为恼火，说：'您这个人太粗野，先生，我悔不该听您胡扯。'

"我抓住她的手，有点儿难为情，结结巴巴地说：'请原谅，请原谅，小姐，我冒犯了您，我太鲁莽！请您别恨我。如果您知道我为什么……'我搜索枯肠，想找一个说法，可是没找到。

"她过了一会儿说：'我一点儿也不想知道您为的是什么，先生。'

"这当儿，我总算找到了一个说法，我大声说：'小姐，因为我爱上您已有一年了。'

"对我这个说法，她的确深感意外，抬起眼睛端详我。我接着说下去：'是这么回事，小姐，请您听我讲。我并不认识莫兰，我也犯不着管他的事。他进不进监狱，上不上法庭，都跟我无关。其实，我去年就曾经在这儿见过您，当时您就在那道栅栏门的前面。一见到您，我的心就为之一动，从此，您的倩影再也没有离开过我。不管您相信我，还是不相信我，对我都无关紧要。我觉得您非常可爱，从那之后我一直思念难忘，一心就想再见到您。这次抓住莫兰这个蠢货作为借口，来到了这里。在这种情况下，我不由得自己做了出格的事。原谅我吧，我求您啦，原谅我吧！'

"她盯住我的眼睛，想要看出我讲的是不是实话，而且，眼见她又要笑出来了。她低声咕哝了一句：'您可真能说笑。'

"我举起了手，用真心诚意的声调（甚至我现在仍相信我当时是真心诚意的），说道：'我向你发誓，我没有说谎。'

"她只简单地说了一句：'得了吧。'

"这时，我们两人单独在一起，只有我们俩。小径曲折幽深，里维与她舅舅已经看不见了。于是，我认认真真地向她表白我的爱情，我娓娓道来，情意绵绵，我握住她的手，吻她的手指。她听着我倾诉，似乎在听一件既令人愉快又使人感到新奇的事情，还拿不准自己该不该相信。

"说着说着，我最后激动得不行了，觉得自己说的真是那么回事。我脸色苍白，呼吸急促，浑身战栗。我轻柔地搂住了她的腰。

"我贴近她耳边的鬓发，低声地诉说。她沉浸在梦幻之中，仿佛已经失去了知觉。

"后来,她的手碰着了我的手,把我的手紧紧握住。我循序渐进地用我发抖的胳膊把她的腰越搂越紧。她一动也不动了。我用嘴唇去轻轻触掠她的脸蛋。突然,我的嘴唇不用去找,自然而然就与她的嘴唇胶合在一起。这是一个长吻,长长的吻;这个吻本来要没完没了,黏黏糊糊下去,但这时我听见在我身后几步外,有人哼哼了两声。

"她急忙穿过树丛逃掉了。我转身过去,一看是里维,他是专来找我的。

"他站在小路中央,脸上没有一丝笑容,很不以为然地说:'好嘛,你就是这样来调解莫兰公猪案的!'

"我得意扬扬地回答:'各尽其能嘛,我亲爱的朋友。她的舅舅同意了没有?你有什么收获?对外甥女的工作,包在我身上。'

"里维答道:'跟她舅舅打交道,可没有你这么快活。'

"我挽着他的胳膊,回到屋里。

三

"用晚餐的时候,我已经是晕头晕脑,心醉神迷了。我坐在她旁边,我的手在桌布下不断碰碰她的手,我的脚就压在她的脚上,我们的目光相遇,两情交融,难分难舍。

"饭后,大家在月光下散步。我把自己从心田里冒出来的柔情蜜意,直往她心田里灌。我将她紧紧地搂着,时时不断地亲她吻她,以我的嘴唇润湿她的嘴唇。她的舅父与里维走在我们前头,他们正在进行争论,身后的影子在沙子路上紧紧跟随着他们。

"回到屋里没多久,电报局的邮差送来了她的舅母打回家的电报,说她将于第二天早上七点钟,乘第一班火车回家。

"她的舅父说:'好吧,亨利埃特,把两位先生领到他们的卧室去。'我们与这位好心人握过手,就上楼了。她先领我们上里维的房间,里维悄声在我耳边说:'你放心,她决不会领我们先上你那个房间。'接着,她又领我去我的卧室。等到她单独跟我在一起时,我又将她抱在怀里,企图使她乱了理性,战胜她的抗拒。她几乎快要把持不住了,但终于还是逃走了。

"我钻进被窝,心里又是不快,又是激动,又是羞愧,我知道这一夜我会通宵失眠。当我正在思索自己有何失策导致失手时,忽然有人轻敲我房间的门。

"我问:'谁呀?'

"一个低低的声音答道:'是我。'

"我急忙穿上衣服,打开房门。她进来了,说:'我忘了问您,您明天早餐喝什么?巧克力、茶还是咖啡?'

"我猛然一把抱住她,发狂似的抚摸她,含含糊糊地回答她的问题:'我喝……我喝……我喝……'但她挣脱了我的怀抱,一口把蜡烛吹灭,又逃之夭夭。

"我一个人待在黑漆漆的房间里,感到很恼火,想找火柴,又没有找到。费了好大的劲,最后总算找到了。于是,我端着蜡烛,出了我房间,来到走廊上,这时的我,已经处于半疯狂状态了。

"我要去干什么?我已经丧失了理智,我只想找到她,我只想得到她。我走了好几步,没有考虑任何后果。突然,我想到了一点:'如果我闯进了她舅父的房间,我该怎么解释?'这问题使我脑子一蒙。我呆若木鸡似的站着,心口怦怦跳个不停。几秒钟后,我就找到了答案:'见鬼,我可以解释说我在找里维的房间,我有一件紧要的事要跟他讲。'

"我开始察看一扇扇房门,想找出哪一扇是她的房间门。但我找不出任何迹象。这时,我随便抓住一个门把钥匙转动了一下。没想到,门开了。我走了进去……亨利埃特正坐在床上,她惊慌失措地望着我。

"于是,我轻轻地闩上门,踮着脚走近她,对她说:'小姐,我忘了问您要本书看看。'她抗拒着,挣扎着,但是,我很快就打开了我要找的那本书。那本书是何书名标题,恕我不相奉告。那真是世界上最美妙精彩的一部小说,是最神奇动人的一篇诗歌。

"一旦翻开了第一页,她就让我尽兴地读下去。我阅读了那么多那么多的章节,直到我们的蜡烛都燃完了为止。

"最后,我向她道了谢,蹑手蹑脚地回我的房间去。在走廊里,突然,一只手粗暴地抓住了我。又是这个里维,他冲着我低声说:'这么说,莫兰公猪案,你还没有调停完?'

"早上七点钟,她亲自给我送来一杯巧克力。我从来没有喝过这样好的巧克力,一杯使人神魂颠倒、飘飘欲仙的巧克力,它美味可口,香甜醉人。我的嘴唇根本就无法离开她那只杯子妙不可言的边儿。

"少女刚出我的房门,里维就进来了。他看起来有点儿烦躁,不痛快,像是整夜没有睡好。他满不高兴地对我说:'你要明白,你若是再这么搞下去,肯定会把莫兰公猪案搞砸。'

"八点钟,她舅母回来了。双方讨论的时间不长。这一家好心人决定撤回控告,我则留给他们五百法郎,作为对当地穷苦人的捐献。

"事情既已解决,这一家人挽留我们再多待一天,他们甚至准备安排一次游览,带我们去参观当地的一些古迹。亨利埃特在她舅父舅母的背后,朝我点头示意,要我们同意留下来。我当然是接受了,但是,里维却坚持要走。

"我把他拉到一旁,央求他、怂恿他。我这么说:'哎呀,我的好里维,你就为了我留下吧!'但是,他看来甚为恼火,毫不讲情面地冲着我反复说:'你听好了,我对莫兰公猪的事已经是厌烦到了极点。'

"我无可奈何,只好跟着他离开这一家。这是我一生中最难过的时刻之一。我情愿用我一辈子的时间来调停这件事。

"告别时,默默无言,使劲握手。之后,我与里维进了车厢,我对他说:'你这人太不通人情。'他回答说:'小老弟,你已经把我惹得恼火极了。'

"到了《明灯报》办公室,有一群人正等在那里,一见我们出现,他们就嚷了起来:'嗨,你们把莫兰公猪的事件调解好了吗?'

"这个事件早就轰动了整个拉罗舍尔。在火车上,里维的恼怒已经烟消云散,现在见大家如此关注,好不容易才忍住笑。他大声说:'是呀,多亏拉巴尔布的努力,已经调解好了!'

"接着,我们就去莫兰家。

"他躺在一把安乐椅上,腿上涂着芥子泥药膏,头上敷着凉水毛巾,已经愁得奄奄一息。他不停地咳嗽,咳声短促,看来已病重垂危。谁也不知道，他这次重感冒是怎么得来的。他的老婆虎视眈眈地盯着他，仿佛要一口把他吃掉。

"他一见我们来到，就紧张得手脚抖个不停。我说：'得啦，调解好了，下流坯，以后可别再干这种事。'

"他站了起来，说不出话，抓着我的手，像吻帝王的手那样吻着，他哭了，哭得几乎昏倒过去。他又拥抱里维，甚至还拥抱自己的老婆，但她却使劲一推，把他推倒在安乐椅上。

"事件虽然平息，但他却未能从这次打击中缓过来，他精神上承受的刺激实在是太猛烈、太沉重了。

"从此，所有的当地人都只叫他'莫兰这头公猪'。每当他听见了这个称呼，他就觉得有一把利剑刺在自己身上。

"在街上，一听见有小流氓骂一声'猪'，他就会本能地转过头去。他的亲戚朋友也经常开一些玩笑，拿他打趣开涮。如每次吃火腿，他们就问他：'是不是你身上的？'

"两年后，他死了。

"至于我，在一八七五年，我参加议员竞选，到杜塞尔去对当地新来的公证人贝尔隆克尔先生做了一次有关竞选事务的拜访。出来接待我的是一位高个子妇女，她又丰满又漂亮。

"'您不认识我了吗？'她说。

"我支吾着说：'不，不认识……太太。'

"'我是亨利埃特·博内尔。'

"'啊！'我感到自己的脸刷的一下就白了。

"她看上去神色自如，若无其事，带着亲切的微笑瞧着我。

"她留下我单独跟她的丈夫洽谈。她丈夫抓住我的两手，使劲地紧握，简直就像要把它们握碎似的。他热情洋溢地说：'亲爱的先生，很久以来我就想去拜访您。我的妻子常常跟我谈起您。我知道……是的，我知道您是在她多么痛苦的时候认识她的，我也知道您当时的作为的确十全十美，您非常体贴入微、非常机灵巧妙、非常热心助人地化解了……'他犹疑了一下，好像有什么脏话难以出口似的，然后压低了声音说：'……化解了莫兰这头公猪的事件。'"

一个农庄女工的故事

一

　　天气晴朗，农庄里的人吃午饭比平时吃得快，一吃完就下地干活儿去了。宽敞的厨房里，只剩下当女佣的少女萝丝。炉灶上的锅里盛满了热水，炉膛里的余火在慢慢熄灭。她不时从锅里舀水，慢吞吞地洗涤餐具，偶尔停下来，凝视着投射在长桌上的两块四四方方的阳光，阳光透过窗户把玻璃上的残缺也照在光影里。
　　有三只母鸡胆子特大，跑到椅子底下来觅食面包渣儿。家禽饲养场的气味，牲口棚里发酵的热气，从半开着的房门飘进来。炎热的中午，十分寂静，偶尔有公鸡在啼鸣。
　　姑娘干完手上的活儿，又把桌子擦干净，把炉灶清理好，把一堆餐具搬放到餐具架上。那架子位于厨房里端，靠近一个嘀嗒嘀嗒声甚为响亮的木壳钟旁边。干完这些事之后，她才舒了一口气，不知怎么的，却感到有点儿头晕，有点儿气闷。她望了望发黑的土墙，被熏黑的屋梁，梁上挂着蜘蛛网、熏鲱鱼和一串串洋葱。随后，她便坐了下来。周围是一块被人踩来踩去，踩得硬硬实实的泥地，经年累月，不知有多少汤汤水水泼在上面后又干掉，在这炎热的天气，便蒸发出一股陈腐难闻的气味，还混杂着隔壁那间阴凉的屋子里牛奶在凝结奶皮时发散出的酸味，这些气味熏得她不大舒服。不过，她还是想按照自己的老习惯，随手做点儿针线活儿，但是她浑身绵软乏力，便走到厨房门口去透透气。

于是，她沐浴在阳光之中，接受了它温热的爱抚，便感到有一股香甜直润心田，一种舒畅遍及四肢。

门前，那堆厩肥不断地冒出微薄的蒸汽，在阳光下闪闪发亮。一些母鸡在厩肥上打滚儿，它们侧身而卧，不时用一只爪子扒扒，以觅食小虫。在母鸡堆里，昂然挺立着一只公鸡。它不时就要选定一只母鸡，围着打转，咯咯求爱。被选的母鸡便懒洋洋站起来，无动于衷地接待对方，弯下腿，用翅膀托住它，事后，自己抖抖羽毛上的尘土，重新又躺在厩肥堆上，而那只公鸡则咯咯咯地叫着，欢庆着自己的胜利。与此同时，其他院落里所有的公鸡，纷纷以叫声呼应，似乎从一家庄户到另一家庄户的公鸡，互相在发出进行爱情比赛的挑战。

女用人看着这些鸡，脑子里什么也没有想。接着，她抬起头来，望见盛开着白色花朵的苹果树，像是满头扑上了白粉，光华灿灿，让她两眼为之豁然一亮。

突然，一匹马驹子，兴奋得发狂，从她面前狂奔而过，沿着栽了树木的水沟来回跑了两趟，又猛然停住，扭头望望，仿佛在纳闷儿怎么只有它单独一个在跑。

萝丝也想跑跑，想活动活动躯体，同时也想躺下来，把四肢伸展开，在这宁静而热烘烘的空气中好生休息休息。她走了几步，但犹疑不决，于是闭上两眼，全身感到一种本能的舒适。然后，她慢慢走到鸡棚里，拾了十三个鸡蛋，拿回厨房，放进碗柜。厨房的气味使她感到不舒服，于是她又反身出来，走到草地上坐下。

农庄大院被葱郁的林木环绕，这时仿佛正沉沉酣睡。青草茂盛修长，如春天时那般嫩绿。草丛中点缀着黄色的蒲公英，如一盏盏亮闪闪的小灯。苹果树的影子在树脚下浓缩成一团，房舍的屋脊上长着叶子呈刀剑形的鸢尾，草顶上微微冒出热气，似乎是牲口棚与仓房里的潮气在蒸发。

女佣走进大棚，里面停放着各种车辆。大棚旁边的沟里，有一个大坑，绿油油的，长满了堇菜属的植物，芬芳四溢。从沟沿望去，能看见广阔的田野上长着庄稼，还有几片小林子散落着，更远处，有几个正在干活儿的人，看上去小得像布娃娃，拉犁的白马也像儿童玩具那样小，扶犁的人则只有手指头那么大。

她从仓房抱来一捆干草扔在坑里，先在上面坐了一会儿，但感到并不够舒适自在，便打开捆结，把干草铺开，然后头枕着两条胳膊，伸直两腿躺了下来。

她渐渐闭上了眼睛，沉浸在懒洋洋的惬意中，昏昏欲睡。正当她要进入梦乡时，忽然感到有两只手在抚摸她的胸脯，便猛地坐了起来。原来是农庄上的打工仔雅克。这小伙子个头高高的，身体健壮，是庇卡底地方的人，近来一直在追求她。这天，他正在羊圈里干活儿，看见萝丝在阴凉地方躺下，便屏住呼吸，蹑手蹑脚地溜过来，兴奋得两眼发光，头发上还挂着羊圈里的草屑。

他搂住姑娘就亲，但萝丝跟他一般健壮，立即就扇了他一个耳光。他心怀鬼胎，居心叵测，却假装求饶。这样，两人就并排坐下，很亲切地聊了起来。他们谈到好天气，说对庄稼有利，可望得到丰收；谈到他们的雇主，说他是个厚道人；然后又谈到附近的邻居，谈到这一带的情况，谈到他们自己，自己的村子，自己的童年，自己的往事以及自己久别多时、今生也许再也见不着的父母。萝丝想起这一切就心潮起伏、百感交集；而那个打工仔则得寸进尺，越来越靠拢萝丝，紧紧蹭着她，这时他浑身战栗，亢奋不已。萝丝继续说道：

"我已经很久没有见到妈妈了，隔得这么远，实在叫人受不了。"

她两眼出神，极目远眺，目光似乎穿越了空间，飞驰往北，一直到达她离弃了的那个遥远的村庄。

小伙子突然袭击，搂住她的脖子又亲了一口。萝丝猛地朝他脸上狠狠一拳，打得他鼻血直流。他站了起来，走去把头靠在一棵树干上。见此，姑娘心软了，走到他身边，问道：

"打疼了吗？"

不料，他倒笑起来了。不疼，算不了什么，只是打个正着，不偏不倚。他咕哝了一句："真厉害！"同时，不由得又赞赏又钦佩地看着萝丝，心中萌生出一种异样的感情，对这个健壮的高个子姑娘，有了真正意义上的爱。

血止住之后，小伙子提议去转一圈，害怕再这么并排坐着会重演刚才的一幕，又要吃拳挨揍。但一走起来，姑娘自己却主动挽上他的手臂，就像情侣傍晚在林荫大道上散步那样。她对小伙子说：

"雅克，你刚才那样瞧不起我，可不应该呀！"

小伙子极力否认，他哪里瞧不起她呢，他不过是爱上了她，情不自禁就是了。

"那么，你愿意娶我吗？"萝丝问。

雅克犹豫了一下，趁她出神远望的时候，从侧面端详她。她的脸蛋红润而饱满，丰满的胸脯在印花布短衫里挺拔耸立，肉感的嘴唇特别鲜艳，脖颈几乎全部裸露，上面沁出了细细的汗珠。他感到欲望重新又控制了自己，便把嘴凑到她耳边，轻轻说道：

"是的，我愿意娶你。"

姑娘一听此话，两臂就搂住了他的脖子，主动吻他，这个长吻持续了好一会儿，吻得两人都喘不过气来了。

从此以后，他们之间便开始了那种海枯石烂的爱情。两人常在僻静的角落调情嬉乐，在月光下到草垛后面幽会，吃饭的时候互相在饭桌下用脚勾来蹭去，铁掌大皮靴都给对方的腿上留下了不少青紫的印痕。

后来，雅克渐渐对姑娘腻烦了，总是躲着她，几乎不再跟她讲话，也不找机会跟她幽会。因此，姑娘心里疑虑丛生，十分担忧。不久，她就发现自己怀孕了。

起初，她感到很沮丧，继而转为愤怒，而且怒火与日俱增，因为雅克总千方百计地躲着她避开她，让她怎么找也找不到。

后来，有一天夜里，农庄的人都入睡之后，萝丝穿着衬裙，光着脚，悄悄出门，穿过院子，推开马厩的门。几匹马的上方有一只铺满了干草的木箱，雅克正睡在箱里，他听见萝丝进来，就假装打呼噜。但她爬了上去，跪在他身边，不停地推他，一直推到他坐起来为止。

雅克端坐后，问道："你要干什么呀？"

萝丝气得浑身发抖，咬牙切齿地说："我要，我要你娶我，你答应过要跟我结婚。"

雅克笑了起来，答道："哎呀！凡是搞过的姑娘都要娶，那还了得！"

萝丝气急败坏，一把扼住他的喉咙，将他按倒，叫他没法儿挣扎。她边掐着他的脖子，边凑近他的脸，大声嚷道："我肚子大啦！听见没有，我肚子大啦！"

雅克喘不过气来，两人就在夜的寂静中这么僵持着不动，只听见有匹马从草料架上扯着干草慢慢咀嚼的声响。

终于，雅克感到了她的力气比自己更大，便结结巴巴地说："那好吧，既然这样，我就娶你。"

可是，姑娘不再相信他的许诺。

"那得马上，"她说，"你得马上就去让教堂公布结婚预告。"

雅克答应说：

"马上。"

"你向天主发誓。"

"我向天主发誓。"

萝丝这才放开手，再没有说什么，就走了。

此后的几天，她没有机会跟雅克说话，马厩的门每天夜晚都上了锁，她不敢声张，害怕闹成丑闻。

不久，一天早晨，她看见进厨房来吃饭的是一个新雇工，便问道：

"雅克走了吗？"

"走了，"那人答道，"我来代替他。"

萝丝一听，浑身发抖，抖得特别厉害，甚至连铁钩上的汤锅也取不下来，等大伙儿都上工干活儿去了之后，她上楼回到自己的房间里,便大哭起来,为了不让别人听见,她把自己的脸埋在枕头里。

这整整一天,她尽量打听消息,又竭力避免人们产生怀疑。但是,自己的不幸总是在脑子里缭绕,挥之不去,甚至觉得她所询问过的人都在偷偷笑她。无论如何,她什么也打听不出来,只知道雅克消失得杳无踪迹了。

二

于是,她那苦难绵绵不断的生活开始了。她像一架机器那样,不停地干活儿,而根本不去想自己是在干什么,脑子里只有一个念头:"让人知道就糟啦!"

这个念头纠缠不休,使她简直丧失了思考能力,明明感到那件丢脸的丑事日益临近,回天无力,像死亡一样在所难免,她也不去想个什么法子遮盖弥补。

每天早晨,她比别人起得早一些,总要拿一块梳头用的破镜子去照自己的腰身,非常焦躁地想知道这一天会不会叫人看出来。

白天,她时常撂下手里的活儿,从上往下观察,看着自己的大肚子是不是把围裙顶得太明显了。

几个月过去了。她几乎不再开口说话,别人问她什么事,她也听不清楚,张皇失措,目光迟钝,两手哆嗦。主人见她这副样子,不免对她说:

"我可怜的姑娘,近来这些日子,你怎么变笨了呢?"

她上教堂时,总躲在廊柱后面,再也不敢去忏悔,特别害怕碰见教堂神父，觉得他有超人的能力，可以看透世人的内心。

在饭桌上，伙伴们的眼光如今使得她惶恐不安了，她总以为自己的事已经被那个小牛倌发现了，那小子懂事早，心眼鬼，一双闪闪发亮的眼睛老盯住她不放。

一天早上，邮差交给她一封信。她从没有接到过任何信件，心里不免有点儿紧张，便不得不坐下来。也许是雅克的信吧？可惜她不识字，面对着这张满是墨迹的信件，心里着急，两手发抖，最后，仍旧把信塞进衣兜里，还不敢向别人透露这件事。干活儿的时候，她经常停下来，好久好久傻看着这封信，想从那行距相等的字迹末尾的签名中，隐约猜出自己灵机一动而领悟的含义。她既焦急，又放不下心来，简直就快要疯了，最后终于去找小学教师。那人让她坐下，把信念给她听：

我亲爱的女儿，这封信专为告诉你，我病得很重；由我们的邻居唐蒂师傅代笔。如果可能的话，要你回来一趟。

你亲爱的母亲
塞萨尔·唐蒂代笔

萝丝一声不吭便走了。但她一看周围没有人的时候，就两腿发软，瘫倒在路边，在那儿一直待到天黑。

回农庄后，她把家里的不幸告诉了雇主。他答应她回家一趟，需要多久就回去多久，庄里先找一个打短工的姑娘来临时代替她，等她回来后再重新雇她。

她母亲病重垂危，在她到家的当天就去世了。次日，萝丝早产，生下一个仅怀胎七个月的男孩儿，婴孩瘦得只剩一副小骨头架，令人看了不寒而栗，他似乎时时刻刻都不舒服，那双像蟹爪一样枯瘦的小手，一直在痛苦地抽搐着。

那孩子居然活下来了。

萝丝谎称自己已经结婚，但不能带孩子；她把儿子寄养在邻居家，这家人答应替她好生照应。

萝丝又回到原来的农庄。

她那长久以来深受伤害的心里，这时仿佛有一线曙光升起，萌生出一种前所未有的陌生的爱，对那个留在家乡的瘦弱生命的爱，甚至这种爱构成一种新的痛苦，无时无刻不在揪她的心，因为她与孩子分隔两地。

折磨她最厉害的，要算那种强烈的渴望，拥抱孩子、亲吻孩子的渴望，要以自己的躯体去感受孩子小身子的温暖的渴望。每到晚上，她一干完活儿，就坐在炉前凝视火苗，像一些人思念远方亲人时常有的那样。

人们甚至开始议论她，跟她开玩笑，说她一定是有了爱人，还问她：那个对象相貌英俊不英俊，个子高不高，有没有钱，什么时候结婚，什么时候要孩子，等等。这些问题像针扎进心里一样叫她难受。她总是跑开，躲起来独自哭泣。

为了排解自己的烦恼，她开始拼命干活儿；她念念不忘孩子，想方设法要为他多攒些钱。

于是，她把周围的活儿全揽了过来，这导致一个女工被辞退，因为她干起活儿来一个顶俩，那女工也就纯系多余了。而且，她处处节俭，在面包上，食油上，蜡烛上，别人大手大脚用来喂鸡的谷物上以及难免有所浪费的牲口饲料上，她无不精打细算。她花主人的钱，就像花自己的钱一样吝啬。她还善于做买卖，农庄的产品经她的手就能卖个好价钱，农民向农庄出售东西时玩弄的花招儿她也能识破，因此农庄里买进卖出、安排活计、统筹用粮，都由她一人负责办理，不久她就成为了农庄里不可或缺的人了。由于她凡事都照料得非常好，认真尽职，农庄也就欣欣向荣、蒸蒸日上了。方圆几里，老乡们都纷纷称赞这个"瓦兰庄主的女佣"，而她的农庄主更是到处津津乐道："这么一个好姑娘，真是千金难求呀！"

然而，月复一月，她的工资却始终没有变，她的辛勤劳作被视为理所当然，仅仅是任何一个忠于职守的女工都应该做到的。她想，每一个月，农庄主靠了她可以多赚五十到一百埃居，而她每年的工资却不过是二百四十法郎，一个子儿不多，一个子儿不少，这么一想，她不禁黯然神伤。

她决定提出涨工资的要求。有那么三次，她去找主人，但一到他面前，就谈别的事去了。她总不好意思开口要钱，似乎这是一件丢人现眼的事。终于，有一天，她见主人独自一人在厨房吃饭，便怯声怯气地对他说想单独跟他谈谈。农庄主诧异地抬起头来，两手放在桌子上，一只手拿着刀子，刀尖朝上，另一只手捏着一小块面包，两眼盯着她直瞧。萝丝被他瞧得心里发慌，就改口说自己不大舒服，要向他请一个星期的假，回家去一趟。

主人立即准假，随即又不大自然地加了一句：

"等你回来后，我也要跟你谈谈。"

三

孩子快满八个月了,她根本认不出来了。小家伙长得白里透红,脸蛋圆乎乎,浑身胖嘟嘟,就像一小包油脂。他的小手指肉鼓鼓的合不拢,小手慢悠悠地摇摆着,一看就知道他挺称心如意的。萝丝猛扑了上去,就像野兽捕食一样急不可待,她使劲地亲他吻他,吓得孩子哇哇大哭。这时,她流下了眼泪,因为看到孩子不认得她这个亲娘了,而见到奶妈却立刻伸出了双手。

不过到了第二天,孩子就看惯了她的面孔,一见她就咯咯发笑。她把他抱到田野里,伸直手举着他,发疯似的奔跑,然后坐到树荫下平生第一次敞开心扉,尽管孩子听不懂,她还是向他倾诉自己的忧伤、劳累、忧虑和希望,同时又那么激动、那么使劲地爱抚着孩子,简直把那小家伙弄烦了。

她揉他捏他,给他洗澡,给他穿衣服,从中得到无穷无尽的乐趣。她甚至给他洗尿洗屎,也感到很幸福,似乎这种无微不至的照料,才足以证明自己是孩子的亲娘。她常常仔细端详这小家伙,总觉得这竟是自己的儿子,简直就不可思议。她将他抱在怀里摇呀摇的,一边低声反复念叨:"这是我的小乖宝,这是我的小乖宝!"

她一路上哭泣着回到农场,刚一到,农庄主人就在他屋里叫她。她走了进去,不知为什么既感到惊讶,又颇为激动。

"坐在这儿吧。"农庄主说道。

萝丝坐下来,两人就这么并排坐了好一会儿,都显得局促不安,胳膊耷拉着,不知怎么放才好,而且谁也不看谁,完全是乡巴佬见面时的样子。

农庄主是个四十五岁的胖子，两次丧偶，脾性快活而倔强，此时他一反往常，明显地感到很拘束。终于，他下决心开口以表明心意，但是吞吞吐吐，两眼望着远处的田野，似乎是心不在焉。

"萝丝，"他说道，"你从来就没有想过要成家吗？"

萝丝的脸霎时变得惨白，像死人一样。农庄主见她一声不吭，就继续说下去：

"你是个好姑娘，又本分，又勤快，又节俭，娶上你这样的妻子，一定能发家致富。"

萝丝坐在那里一动也不动，眼神慌乱，不明白对方是什么意思，脑子里一片混乱，就像大祸临头似的。农庄主停顿一下，接着说：

"要知道，一个农庄没有女主人，总是不行的，哪怕已经有了一个像你这样的女佣，也还不行。"

他停下来，不知再说什么才好。萝丝则惊恐万状地瞧着他，似乎面对着一个要行将杀人的家伙，准备一见他稍有举动就赶紧逃跑。

五分钟过去了，农庄主又问一句：

"怎么样，你同意吗？"

萝丝带着可怜兮兮的表情问道：

"什么呀，东家？"

于是，他脱口而出：

"当然是嫁给我啦！"

萝丝霍然惊起，随即又瘫倒在椅子上，一动不动，就像大祸临头似的。农庄主终于不耐烦了：

"好，你说说，你还要怎么样？"

萝丝惊慌失措地望着他，接着，突然一阵心酸，眼泪就涌上来了，她哽咽着连说了两遍：

"我没法儿办！我没法儿办！"

"为什么？"那男子问道，"好啦，别犯傻了，我让你考虑考虑，明天再给我回话。"

他赶紧走了。迈出了这最难的一步，他如释重负，他深信，到了第二天，他的女佣准会接受这桩婚事。对她来说，这是喜出望外的一件事；对他自己来说，则是一桩极好的买卖，这个女人带给他的收益肯定要超过当地有上好陪嫁的其他女人，跟她一结婚，就可以永远把她拴在自己身边了。

况且，在他与她之间，也无需有门不当、户不对的顾虑。因为在乡下，人与人几乎相差无几，农庄主也像雇工一样干活儿，雇工变成农庄主的例子也屡见不鲜；同样，女佣也经常有当上女主人的，不过，这并不会给她们的生活与习惯带来什么变化。

萝丝通宵未能入眠。她精疲力竭，回屋就一屁股坐在床上，连哭的气力也没有了。她呆呆地坐着，对自己的身体都浑然不觉，思绪纷乱，就像有人用工具弹扯羊毛床垫那样在扯碎她的脑子。

偶尔，她也能把支离破碎的想法聚拢一下，一想到可能会发生的事，她就吓得心惊肉跳。

她越来越感到恐惧，房子里寂静无声，厨房里那个大座钟每次慢悠悠打点，都要吓得她出身冷汗。她的脑子陷入了昏沉迷离的状态，噩梦接二连三。房里的蜡烛熄了，她的神智也开始更为迷乱。这是一种难以言喻的神经迷乱，在乡下人身上颇为常见，他们自以为遭到了厄运，就疯狂地想要出走，想要逃离，想要避开不幸,就像航船竭力逃避风暴一样。

有只猫头鹰叫了一声,她打了个寒战。她站起身,双手从脸摸到头部,又发疯似的抚摸全身,然后,像梦游一样,走下楼去,到了院子里。这时,快要落下去的月亮仍将皎洁清光洒遍田野,为了不被在外面闲荡的人撞见,她便趴到地上,往前爬行。她没有打开栅栏门,而是从沟沿翻过去,到了田野边上,这才站起来往前走。她迈开小跑的步伐,直往前奔,不时,下意识地发出一声尖叫。在她身边的地面上,她那长得出奇的身影,跟随着她一道奔跑。偶尔,有一只夜鸟飞来,在她头上盘旋。一只只农家院里的狗,听见她经过,就纷纷狂吠;有一条狗甚至跳过护院的壕沟,追过来要咬她。她猛然回头,朝那狗一吼,就把它吓得赶忙逃走,钻进自己的窝里,再也不敢吭声。

有时,一窝小野兔在地里嬉闹。但当这个疯女人像发狂的狄安娜[1]奔跑过来时,这些胆小的动物就四处逃窜,小兔和兔妈妈伏在垄沟里躲避;兔爸爸则撒开腿飞奔而去,那竖起的大耳朵与一窜一跳的身影,从沉落的月亮前一闪而过。这时,月亮已经落到地平线的尽头,像是置放在天边的一个巨大的灯笼,用它的光线斜照着平原大地。

繁星——在天空的深处隐没消失;有几只鸟雀开始叽叽喳喳叫起来,天色渐渐发亮。萝丝喘着气,她已跑得精疲力竭了,在太阳从紫红色的朝霞中喷吐而出时,她终于停下了脚步。

她双脚肿胀,举步维艰,这时她看见一片水塘,那水塘很大,停滞的水面在崭新一天的霞光的照射下,红得像血一样。她

---

[1] 罗马神话中的女神,司狩猎。

双手按着心口，一瘸一拐地小步走过去，想把两腿放进池塘里浸一浸。

她在草丛上坐下，脱下满是尘土的笨重靴子，又脱下袜子，将发紫的小腿浸入水中，水面静止不动，但时而有气泡冒出。

一种清凉舒适的感觉，从脚跟一直升到喉咙，她两眼直愣愣地凝视着这一片深深的水塘，忽然感到一阵晕眩，感到要投身于深水之中的强烈愿望。埋身水底，痛苦也就结束了，永远结束了。她不再考虑孩子了，她需要安宁，她要完全彻底地休息，永无止境地长眠。于是，她站起来，举起双臂，朝前走了两步。这时，水已经没到大腿，她正准备朝水里扑倒下去，猛然感到踝骨上有一阵剧烈的刺痛，便不由自主地往后一跳，并惨叫了一声，原来从她膝盖一直到脚尖，叮满了一条条又黑又长的蚂蟥，正吸着她的血而在膨胀。她不敢去碰，只是发出恐怖的叫喊。她惨厉的叫声引来了一个在远处赶车的老乡。他把蚂蟥一条条捉下来，用草将伤口敷紧，再赶车送她回了农庄。

萝丝病倒了，半个月卧床不起，在刚能起床的那天上午，她正坐在门口，农庄主突然来了，站在她面前说：

"怎么样，那事就算定下来了，是吧？"

萝丝没有立即回答，但他站在跟前，两眼紧紧盯住她，她这才吃力地答道：

"不行，东家，我没法儿办。"

农庄主一听就火了：

"你没法儿办，姑娘，你没法儿办，究竟是为什么？"

萝丝又哭起来，一遍又一遍说：

"我没法儿办，我没法儿办。"

农庄主凝视着，冲着她的脸直嚷：

"这么说，你有了情人？"

萝丝羞得无地自容，结结巴巴地回答：

"也许是这么回事。"

这个男人满脸涨得通红，气急败坏，舌头也不灵便了：

"好哇！你终于承认了，骚货，那个家伙是个什么东西，你说说，是个臭要饭的，是个穷光蛋，是个二流子，是个饿死鬼？你说说，到底是个什么东西？"

他见萝丝不吭声，就接着说：

"哼！你不愿意说……我替你说出来吧，就是若望·博迪吧？"

姑娘高声否认：

"唉！不是，不是他！"

"那么就是皮埃尔·马丁啦？"

"唉！也不是，东家。"

他怒气冲冲，把当地的小伙子都数了一遍。萝丝神情沮丧，一一否认，不停地用蓝围裙的边角去拭眼泪。不料，农庄主生来就是倔性子，非常固执，一定要打破砂锅问到底，非挖出她心里的秘密不可，就像猎犬闻到洞里有野兽的气味，就整天用爪子刨土，一定要把动物挖出来一样。突然，他一下子叫了起来：

"哦，对了，是雅克，就是去年的那个雇工雅克，难怪别人都说，他总跟你讲话，你们约定要结婚。"

萝丝喘不上气来，血往头上涌，满脸通红，但眼泪却突然枯竭了，挂在脸颊上的泪珠很快地干掉了，如同水珠落到烧红的铁板上。她高声掩饰：

"不，不，不是他，不是他！"

"你这话不假？"这狡黠的农民问道，他多少嗅出了一点儿真相。

萝丝又赶紧回答：

"我可以向您发誓，我可以发誓……"

但她却找不出什么来起誓，因为她不敢以神圣事物的名义。农庄主打断她的话说：

"可是，他常跟你到偏僻的角落里去，一到饭桌上，他那双贼眼简直就想把你吞掉。你说，你是不是答应他啦，嗯？"

这一下，她抬头看着她东家的脸了，说：

"不，绝没有，绝没有。我可以以天主的名义发誓，如果他今天来向我求婚，我也要拒绝。"

她那样子显得极为诚恳，倒使农庄主将信将疑。他好像在自言自语：

"这就怪了，是怎么回事呢？你并没有碰见什么不幸的事呀，否则，大家都会有所耳闻。要是没有什么特别的缘故，一个女佣是绝不会拒绝东家的。这里面肯定有点儿名堂。"

萝丝不再回答什么了，这时，她心里已经不堪其苦，而喘不过气来了。

农庄主又问了一句："你一点儿也不愿意吗？"

萝丝叹了一口气，说："我没法儿办呀，东家。"一听此话，农庄主转身就走了。

萝丝以为总算摆脱掉了麻烦，因而这天剩下的时间里，她就过得相当平静。可是，她深深地感到疲惫不堪，浑身乏力，好像她代替了庄上那匹老马，一大清早就上了套，拉着脱粒机打转了一整天。

她尽可能早就上了床,一躺下就沉沉入睡了。

半夜里,有两只手在她床上摸来摸去,把她弄醒了。她吓了一大跳,但立即就听出是东家的声音。农庄主对她说:"萝丝,不要怕,是我,我来找你谈谈。"

萝丝先是感到惊讶,接着,见他要往她被窝里钻,才明白他来干什么。于是,她全身都开始强烈地颤抖起来,因为,她光着身子躺在床上,仍睡眼惺忪,而想占有她的男人就在身边,在这黑夜里,她完全处于孤立无援的状态。她当然不愿意顺从,然而,她反抗得并不坚决有力,因为她还要与自己的自然本能做斗争,而在天性淳朴的人身上,这种本能偏偏特别强烈;同时她这时更需要靠自己的坚强意志以自保,但像她这样性格柔弱、自主精神疲软的人,正好是意志力不坚强的。她把脸时而转向墙壁,时而转向房里,躲避农庄主要亲吻的嘴唇。她的身子在被窝里不断轻微地扭动着,由于与对方搏斗而渐渐疲乏了。那男子却欲火如焚,动作越来越粗野,猛然一下把被子掀开。萝丝明白自己再也无法进行抵抗了,这才停止自卫,仅仅出于羞耻心理,她用双手蒙着自己的脸,就像鸵鸟那样。

农庄主整夜跟她睡在一起;第二天夜里,他又来了。此后,夜夜如此。

他们同居在一起了。

一天早上,农庄主对她说:"我已经要教堂公布结婚预告,我俩下个月举行婚礼。"

萝丝没有回答。她能说什么呢?她也没有进行任何抵制,她又能做什么呢?

四

萝丝嫁给了农庄主,颇有掉进了够不着边的深坑之感,今后,永远也别想再爬出来了,而种种灾难则像巨石一样高悬在头上,随时可能砸下来。她总觉着丈夫像是她偷来的,迟早有一天他会发现真相。她也总是想着自己的孩子,那是她在人世间整个不幸的根由,但也是她全部幸福的源泉。

每年,她回家乡两趟去看望孩子,每趟回来都更为忧郁。

然而,久而久之,她也习以为常了,她的种种忧患也渐渐消解,心情也平静下来了,她生活得更为自信,只是心头还隐隐约约飘浮着一两丝忧虑。

日子一年一年过去,孩子长到了六岁。现在,萝丝觉得生活是相当美满了,不料农庄主的心情却变得糟糕了。

这两三年以来,他似乎一直在担心着什么,郁郁不乐,心病越来越见长。吃过晚饭,他总是久久地待在那里,两手捧着头,愁眉苦脸,忍受着忧郁的煎熬。他一开腔说话,总比以前急躁,有时甚至还很粗暴,对自己的妻子好像也产生了偏见,回她话时老是恶狠狠的,还带有几分火气。

有一天,一个邻家的孩子来取鸡蛋,萝丝正在忙别的活儿,对那孩子不大客气;她丈夫突然来到面前,恶声恶气地对她说:

"如果这是你自己的孩子,你就不会这么待他了。"

萝丝吃了一惊,瞠目结舌,答不上话来。随后,她回到屋里,从前的种种忧虑又重新涌上了心头。

吃晚饭时，丈夫不跟她说话，连看都不看她一眼，好像是很厌恶她，很瞧不起她，好像终于知道了什么真相似的。

萝丝不由得惊慌失措，吃完饭就溜了出来，根本不敢与丈夫单独待在一起，她朝教堂跑去。

天黑了，狭窄的殿堂甚是晦暗，但是在一片寂静中，圣坛附近有走动的脚步声，原来是圣器管理员在点燃圣体龛前的那盏长明灯。那摇摇曳曳的一点烛光，虽然淹没在拱顶下的一片黑暗之中，在萝丝看来却好似最后的一线希望。她凝神注视它，扑通一下跪倒在地。

随着一阵铁链声响，那盏幽明的长明灯又吊到上空。接着，又响起了木板鞋在石板地上均匀的走步声，还有绳子在地面上拖动的窸窣声。一口小钟将夜晚三钟经幽幽的清音，送入那渐渐加浓的暮霭之中。圣器管理员正要出去的时候，萝丝追上他，问道：

"本堂神父先生在他的住所吗？"

对方答道：

"我想他一定在，他总是在敲三钟经时吃晚饭。"

于是，萝丝来到神父住宅前，哆哆嗦嗦地推开栅栏门。

神父正在吃饭，他立刻请萝丝坐下，说：

"是呀，是呀，我知道了，您来我这里要说的事，您丈夫已经跟我谈过了。"

可怜的萝丝，几乎要昏倒在地，神父又说道：

"您想怎么办呢，我的孩子？"

他一勺一勺很快地喝着汤，汤水一滴滴洒在被肚子顶挺起来的道袍上，那上面满是斑斑点点的污渍。

可怜的女人不敢再说什么，也不敢提出任何恳请与哀求，她

起身要走,神父对她说:

"坚强些……"

她走出神父的住所。

回到农庄,她不知道自己在干什么。丈夫在等着她,在她外出的这段时间,雇工们吃完饭都走了。她扑通一下跪在丈夫面前,泪如泉涌,痛苦地呻吟:

"你究竟为什么事怪罪我?"

她丈夫骂骂咧咧地嚷道:

"怪你没有给我生孩子!他妈的!一个人娶老婆,决不是只要两个人冷冷清清活到老。我就是怪你这件事。一头母牛不下崽儿,就一钱不值。一个女人不生娃,也是一钱不值。"

她一边哭,一边结结巴巴地重复说:

"这不是我的错!这不是我的错!"

她丈夫的态度稍稍温和了一点儿,补充道:

"我并没有说就是你的错,不过,这终归是件叫人不痛快的事。"

五

从这天起,她心里只有一个念头:生一个孩子,另外生一个孩子。她把这个愿望告诉了所有的人。

有一个女邻居教她一个法子:每天晚上给她丈夫喝一杯放一撮炉灰的水。农庄主欣然照办。然而,此法并未奏效。

夫妻二人商议:"也许还有别的秘方吧。"于是,他们到处打听。又听说十法里外住着一个老羊倌。一天,农庄主就套上一辆轻便双轮马车,动身前往讨教。老羊倌给了他一个画了兆符的面包,那面包里还掺了草药,夫妻二人夜里同房前后要各吃一小块。

面包吃光了,仍然不见效果。

又有一位教书先生向他们透露了一些秘方与乡下人一无所知的房中术,据说这些术法一用就灵。然而,仍然毫无用处。

本堂神父建议他们到费冈去朝拜"圣血"。萝丝去了,跟着一大群信众在修道院里跪拜,把她的心愿跟那些农民心里发出的粗俗心愿混在一起,祈求芸芸众生都前来求拜的那位神明,保佑她再怀一次孕。然而,她这次朝拜也是白费力气。于是,她胡思乱想,以为她过去犯了一次罪过,现在是遭了报应,因而心里感到无限悲苦。

她忧心忡忡,容颜日损;她丈夫也明显见老,随着希望一次又一次破灭,他精力也日渐衰竭,正如世人所言,"耗尽了心血"。

于是,夫妻之间的战争开始了。丈夫辱骂妻子,动手打她。整天整日,他跟她吵个不停,到了夜里,在床上,他气呼呼,恶狠狠,把侮辱的话、脏话全往妻子头上扔去。

有一天夜晚,他实在想不出新花样去折磨妻子,就强迫她起床,站到门外去淋雨到天亮。萝丝不从,他就扼住她的脖子,用拳头揍她的脸。萝丝一声不吭,一动也不动。他狂怒之下,跳将起来,用膝盖压住她的肚子,咬牙切齿,狠狠地揍个不停。萝丝忍无可忍,猛然奋起反抗,愤怒地使劲一推,把他推到墙边。她霍地坐了起来,声音大变,嘶哑着说:

"我生过一个孩子,哼!我生过一个!是跟雅克生的;你认识他,那个雅克,他本来说要娶我,后来他溜掉了!"

丈夫惊愕万分,愣在那里,同他妻子一样异常激动,他结结巴巴地说:

"你,你说什么?你说什么?"

这时,妻子失声痛哭,泪如雨下,边哭边诉:

"就是因为这个缘故,当初我不愿意嫁给你,就因为这个。当时,我没法儿跟你说,怕你会把我赶走,让我和孩子没饭吃。你没有过孩子,没有,你不懂做父母的苦衷,你不懂!"

丈夫越来越惊讶,他机械地重复道:

"你有个孩子?你有个孩子?"

妻子呜咽着说:

"你是硬要娶我的,我当时根本就不愿嫁给你,现在,你该完全清楚了吧?"

说到这里,丈夫下了床,点亮蜡烛,背着手在房间里走来走去。妻子倒在床上,仍在哭泣。突然,他走到妻子面前站住,说道:

"这么说,我跟你没有孩子,问题出在我这里?"萝丝没有作答。

他又来回走动,然后,又站住,问道:

"你那小孩儿几岁啦?"

萝丝咕哝道:

"快满六岁了。"

他又问:

"你为什么不早告诉我?"

萝丝叹道:

"我怎么能告诉你呢?"

他站在原地不动。

"好吧,你起来吧!"他说。

萝丝吃力地爬起来,靠墙站着。她丈夫突然哈哈大笑起来,笑得跟他快活的日子那样开心。他见妻子仍然心慌意乱,就补充说:

"得啦,既然我俩生不出孩子,那就把那个孩子接到我们家来吧。"

萝丝一听,大为惊恐,要不是浑身已经软乏无力,她肯定会拔腿就逃。但是农庄主搓着双手,低声说:

"本来我就想领养一个孩子,现在可有啦,现在可有啦,我过去还找过本堂神父呢,要他帮我领养一个孤儿。"

他笑个不停,还去吻了吻泪流满面、神情发傻的妻子的两颊。他大声高喊,似乎是怕她听不见,说:

"走哇,孩子他妈,你去看看还有没有菜汤,有一锅我也能喝下去。"

萝丝穿上裙子,就在妻子跪着又点燃灶火时,丈夫乐不可支,在厨房里继续大步大步地走来走去,嘴里反复叨唠:

"嘿,老实说,这件事真叫我高兴;我可不是光嘴上说说,我的确真是高兴,我是太高兴了!"

珠 宝

朗丹先生在副科长家的一次晚会上,遇见了这个少女,他一下就坠入了情网。

这少女的父亲是外省一位税务官员,去世已经好几年了。后来,她随母亲来到巴黎,母亲指望她结下一门好亲事,便常到附近那些有钱的上流人家去走动走动。

母女二人生活清贫,但为人正派,娴静端庄,温良贤淑。那年轻的姑娘可谓窈窕淑女的典范,正是有头脑的青年男士梦寐以求的结婚对象。她恬静婉约,具有一种天使般贞洁的魅力,嘴角老挂着蒙娜丽莎式的笑意,那就像是她内心灵光的流露。

人人都对她赞赏有加,凡是认识她的人,无不这么夸她:"能把她娶到手的人,那真叫三生有幸。谁还能找到比她更好的女子呢?"

朗丹先生那时在内政部任主任科员,每年的薪俸是三万五千法郎。他向她求婚,成功地把她娶到了手。

他跟新婚妻子在一起,幸福得飘飘欲仙。她治理家政,精打细算,聪明能干,使得两口子的生活过得应有尽有,优裕阔绰。

她对丈夫真可谓是关爱备至、体贴入微、浓情蜜意。何况，她自己又是如此地具有魅力，令人神魂颠倒，所以结婚虽已六年之久，他却比在初恋的日子里更为爱她、更为迷恋她。

他对爱妻颇为不满、稍有微词的只有两件事，那就是她爱上戏院与喜欢假珠宝。

她认识几个小官吏的妻子，她们经常能替她疏通门路，请她坐包厢、看时髦的戏剧演出。她不管丈夫愿意还是不愿意，总是拖他一道去看。但是，丈夫上了一天的班已感疲劳，此种消遣就成为他额外的负担。于是，他恳求爱妻找一位相识的女友陪她去看戏并能送她回家。妻子认为这个办法不大合适，一直不同意，最后，为了讨好丈夫，才决定让步。为此，丈夫当然对妻子感激不尽。

然而，这种爱上戏院的嗜好，很快就引发了她爱打扮的需要。不错，她的服装倒是仍旧一如既往，保持了朴素简约的风格，既雅致又简朴；她那种温柔的韵味、令人倾倒的情致，含蓄而喜人的美貌，仿佛从她简朴的衣着里更平添了一种新的风韵。但是，她的确有了一个变化，那就是逐渐养成了一个习惯，爱在自己耳朵上戴两颗硕大硕大的貌似钻石的莱茵石，还戴假珍珠项链、镀金手镯与镶着玻璃珠子的发梳，珠子五颜六色，叫人误以为是宝石。

她的丈夫有点儿不满意她这种对假珠宝的爱好，常常这么叨唠："亲爱的，对于买不起真珠宝的女士来说，美貌与风韵就是她的盛装，再说，这也是世界上最稀罕的珠宝呀。"

对此，她妩媚一笑，总是这么回答说："有什么办法呢？我就是好这一道。就算是我的缺点吧。我也知道你言之有理，但我是本性难移呀。我何尝不愿有真珠宝呢！"

她一边用手指转动着珍珠项链，或者摆弄宝石，让切面闪闪发光，一边赞美说："你倒是瞧瞧呀，做得真是巧夺天工，简直跟真珠宝一样。"

他微笑着，表示颇不以为然："你的趣味，倒是跟吉卜赛人一样。"

有时候，在晚上，只有他们两口子依偎在炉火旁，她就把那个装着朗丹先生所谓的"便宜货"的摩洛哥皮盒子端到茶桌上，开始热情洋溢地赏玩那些假珠宝，似乎从中体味出了某种深不可测、微妙动人的乐趣。她甚至还一定要把一串项链挂在自己丈夫的脖子上，而这么做仅仅是为了挂上后，自己开怀大笑一阵，嚷嚷着："瞧你这德行，多滑稽！"接着，就扑到他怀里，疯狂地亲他吻他。

一个冬天的夜里，她从歌剧院回来，冻得全身直发抖。

第二天，她不停地咳嗽。一个星期后，就害肺炎死去了。

朗丹先生差一点儿跟随爱妻进了坟墓。他是那么的悲痛欲绝，以致不到一个月的时间，头发全都变白了。他从早哭到晚，难以忍受的痛苦把他的心碾得粉碎；往事，音容，浅笑，百般温情，千种妩媚，尽都萦绕于脑海，栩栩如生。

时间并没有抚平他的痛苦。经常在上班的时候，同事们正在闲聊当天的新闻，忽见他两颊一鼓，鼻子一皱，眼睛里满含着泪水，脸上露出一副难看的怪相，接着就呜咽着哭起来了。

他让亡妻的卧室维持原状。他每天都要把自己关在那里面思念她；所有的家具用品，以至她的衣物，都如她香消玉殒之日那样，放在原来的地方。

但是，更为严酷的是，日常生活对他来说是越来越艰难了。以前，他那点儿薪水放在爱妻手里，经她一调派，家里的吃穿用皆富足有余。而今，他一个人过日子，反倒拮据起来了。他很纳闷儿，妻子怎么有那么大的本领，居然能够让他每天都喝上等的酒，吃精美的食物，而他现在用自己的这些薪水，是怎么也办不到了。

他借了几笔债，像穷得走投无路的人那样，老要为钱而奔波。终于，有一天早晨，他发现自己手头已经是一个子儿也没有了，而离下个月领发薪水还有整整一个星期。出于无奈，他就打主意变卖点儿什么。首先，他就想变卖他妻子的那些"便宜货"，因为时至今日，他心里仍对那些以前叫他反感的"冒牌货"存有积怨，甚至每天这些货色一进入他的眼帘，他就觉得损害了他对自己爱妻的回忆。

他在妻子遗留下来的那一堆假珠宝中找来找去，找得颇费工夫，因为妻子直到香消玉殒前几天，还不断地在购买这种假货，差不多每天晚上都要带一件新东西回家。朗丹终于决定卖掉那一串大项链，它虽为假货，但做工考究，好像格外得到他妻子的珍爱，他想，这玩意儿总可以卖七八个法郎吧。

他把项链放在口袋里，沿着一条条大街，朝部里那个方向走去，想找一家信誉好的珠宝店。

他终于看到一家，便走了进去，但一想到自己这副穷酸相，跑来变卖这么一件不值钱的东西，就不禁感到十分羞愧。

"先生，"他对珠宝商说，"请您给这件东西估个价。"

那人接了过去，翻来覆去仔细审视了一阵，又掂了掂分量，再拿起一个放大镜细查，还把店里的职员叫来，低声地交换了意见,然后,再把项链放在柜台上,从远处看效果如何。

朗丹先生被珠宝商这一番煞有介事之举,弄得颇不自在,他正想开口说:"唉,我自己知道它不值几个钱。"但珠宝商却先开口了:"先生,它值一万二千至一万五千法郎;不过,你得先把它的来路告诉我,我才能收购。"

这个鳏夫两眼睁得大大的,愣在那里,简直不相信自己的耳朵。临了,他结结巴巴地问道:"您说什么?您没有估错吧?"对方误会了他惊愕的原因,冷冷地说:"您不妨到别的店里去问问,看有没有人肯出更高的价钱。照我看,它顶多值一万五千法郎。如果您在别处找不到更好的价,再来找我好了。"

朗丹先生一时间全傻了。他心里很乱,需要一个人好好考虑考虑,于是,收起项链出了店门。

但他一到街上,却反而想笑了。他想:"傻瓜呀,傻瓜!要是我刚才就卖给他呢?居然有这么一个认不出真假的珠宝商人!"

他到了和平街街口,又走进另一家珠宝店。老板一见这项链,立即就叫了起来:

"哎呀!我可认识这串项链,它是从我们店卖出去的。"

朗丹先生感到很惊慌,忙问:

"它值多少?"

"先生,我是两万五千法郎售出的,我愿意花一万八千法郎再收回来。不过,按照法律规定,您得先把怎么得到它的途径告诉我。"

这一下,朗丹先生更是惊慌得两腿发软,他坐了下来,又说:

"不过,先生,您再仔细瞧瞧,我一直以为这项链是……假货。"

珠宝商又问：

"您愿意告诉我您尊姓大名吗，先生？"

"当然愿意。我姓朗丹，是内务部的职员，住在殉道街十六号。"

珠宝商打开账簿，查了一番，说：

"没错，这串项链的确是送到了朗丹太太的住宅，殉道街十六号，日期为一八七六年七月二十日。"

两人互相盯着对方，四目对视，这位职员惊奇得快要发疯了，珠宝商则怀疑他是个贼。

这商人接着说：

"您愿意把这项链存放在我店里二十四个小时吗？我可以给您开一张收据。"

朗丹先生结结巴巴地回答：

"当然可以。"他把收据折好，放进衣袋里，走出店门。

他穿过大街，直朝前走，走了一会儿，发现自己走错了路，又转过身来往回走，到了杜伊勒里宫，过了塞纳河，一看还是走错了，于是又回到香榭丽舍大街，一路上，脑子里乱成一团，理不出个头绪。他使劲地思索，想弄明白是怎么回事。他妻子根本就没有能力购买这么贵重的首饰。没有，绝对没有。那么，那就是别人送的一件礼品啰！一件礼品！是谁送的呢？是为什么送的呢？

他停步下来，呆呆地站在大路中间。一团可怕的疑云掠过他的脑海。莫非她有外遇？这么说，其余那些珠宝全是别人送的礼品！这时，他猛然觉得天旋地转，似乎有巨物劈面坍倒下来，他张开双臂奋力自救，但昏倒在地，不省人事。

他苏醒过来后，发现自己是在一家药房里，原来是过路的行人把他抬过来的。他请人送他回家。一到家，就把自己关在房间里。

他一直哭到天黑，哭得撕心裂肺，为了不至于号啕出声，便使劲咬住一块手帕。最后，疲劳与悲痛压倒了他，他倒在床上沉沉大睡。

一道阳光照醒了他，他慢吞吞地起了床，准备到部里去上班。遭到如此沉痛的打击之后，再要去工作实在是很困难。他考虑了一下，觉得可以向上司请个假。于是，就写了个便条。接着，他想自己应该再到那家珠宝店去把事情办完，但一想到这里，他就羞惭得满脸通红。他犹疑再三，反复考虑。最后认定，不管怎么说，总不能把那串项链老留在那家店里吧。于是，他披上衣服就出门了。

天气晴和，蓝色的天空覆盖着这个笑意盈盈的城市。街上有一些无所事事的人，两手插在衣袋里在漫步闲逛。

朗丹看着他们走过，心里这么想："有财产的人真幸福啊！一个人有了钱，就可以凡事不愁，爱上哪里就上哪里，可以旅行，可以寻欢取乐！啊，我要是有钱就好了！"

他感到自己肚子饿了，因为，前天晚上以来，他一直没有吃东西。但是，现在他正囊中羞涩，于是，他不禁又想起了那条项链。一万八千法郎！一万八千法郎呀！这可不是一个小数目呀！

他走到和平街，开始在珠宝店对面的人行道上踱来踱去。一万八千法郎！一连二十次，他都差点儿走进店里去，但每次都被羞耻心挡住了。

饥肠辘辘，令人难熬，偏偏口袋里又没有一个子儿。他猛然把心一横,为了不让自己再犹疑反悔,就一口气跑过大街,冲进了珠宝店。

那珠宝商一见他,赶忙笑脸相迎,彬彬有礼地给他端来一把椅子。伙计们也都过来了,他们不停地瞟着朗丹,眼睛里、嘴角边都充满了笑意。

珠宝商说道:"我已经弄清楚了,先生,如果您还是想要变卖,我可以立刻按上次出的价给您付款。"

这位政府职员结结巴巴地回答:"是的,当然是的。"

珠宝商从抽屉里取出十八张大票子,点了一遍,交给了朗丹。朗丹在一张小收据上签了字,用一只颤巍巍的手,把钱放进衣袋。

他本打算出门,却突然转过身来,两眼低垂,对那个脸上一直挂着微笑的店主说:

"我还……我还有一些别的珠宝……都是从同一个人那儿继承来的。您愿意全都收购下来吗?"

店主鞠了个躬说:"当然愿意,先生。"

见此,一个店伙计忍俊不禁,跑了出去,他想痛痛快快地笑出声,另一个伙计则使劲地在擤鼻子。

朗丹满脸通红,以若无其事、一本正经的口气说:"我马上给您拿来。"

他叫了一辆马车,回家去取妻子的首饰。

一个钟头之后,他回到珠宝店,直到此时,他还没有来得及吃饭。他跟店主逐一察看这些珠宝,一件一件地估价。所有这些东西几乎全都是从这个店里售出去的。

到了这个地步,朗丹可顾不得脸面了,他不停地跟店主讨价还价,他老发火,一次次要店主把出售的账簿拿给他查看,随着要价越来越高,他的嗓门儿也越来越大。

大颗的钻石耳坠估两万法郎,几个镯子估三万五千法郎,胸针、戒指与链坠儿共估一万六千法郎,一件祖母绿与蓝宝石镶成的首饰估一万四千法郎,一条项链式的金链连同坠在上面的单颗钻石估四万法郎,总数共计十九万六千法郎。

珠宝商用揶揄嘲笑的口吻说:

"这些物件的女主人,一定是把她所有的钱都存进珠宝里了。"

朗丹严肃认真地回应说:"这倒的确也是一种存钱的方法。"

接着,他又和店主约好,第二天还要请行家来做鉴定,进行复查。然后,他就出了珠宝店。

到了街上,他看见高耸的旺多姆纪念柱,自己的心气骤然飙升,特想攀援而上,就像玩夺彩竿的游戏那样。此时,他感到自己身轻似燕,只要纵身一跃,就可以跟纪念柱顶端上那高耸入云的拿破仑皇帝雕像一比高低了。

他到佳邻饭店用了餐,喝的是二十法郎一瓶的上等酒。

吃完饭,他叫了一辆马车,到布洛涅树林去兜风。看着路上来来往往的车马,心里却有一股子瞧不起的傲气,恨不得向行人大叫大嚷:"我也有钱。我有二十万法郎!"

这时,他突然想起他供职的衙门,便叫马车送他到了内务部。他派头十足地走进他上司的办公室,宣告说:

"先生,我是来辞职的。我已经继承了三十万法郎的遗产。"

接着,他又去和老同事们一一握手告别,并把自己今后的新生活计划告诉他们。然后，他就到美国咖啡馆去吃晚饭。

他正好坐在一位看上去颇有身份的绅士旁边，他心里烧得慌，特想炫耀炫耀。于是，就告诉这位绅士，自己刚刚得到了四十万法郎的遗产。

有生以来，他第一次对看戏不感到厌烦，之后，他又跟几个妓女过了一夜。

六个月以后，他又结婚了。他的续弦太太规矩正派，老实可靠，但性格古怪，不好侍候，给他带来了好多的苦恼。

壁 柜

用毕晚餐，大家侃起了妓女，要知道，男人们相聚而侃，如不以此为题，焉有其他的谈资？

我们这群侃友中的一位，对大家宣告：

"请听我讲，在这个门道上，我碰见过一桩稀奇事。"

接着，他讲述了这么个故事。

去年冬天，有一天晚上，我突然感到一种带毁灭性的、难以承受的厌烦情绪，此类情绪总不时来袭我等的身心。当时我孤独一人在家，清晰地意识到，自己这么傻待下去，肯定会因郁闷而精神崩溃，如若发生此类情形，那就会导致一个人自杀。

于是，我穿上外衣，走出大门，漫无目的。到了林荫道上，我就沿着那些几乎人去店空的咖啡馆，踟蹰而行。这时，正下着雨，下着那种既打湿衣服又打湿心情的雨，那不是从天而降、把气喘吁吁的行路人赶到门洞里躲避的滂沱大雨，而是润物细无声的毛毛雨，它绵绵不断地将难以觉察的雨丝洒落在你身上，要不了多久，就在衣服上留下一层苔藓般的雨水，冰冷而湿透了衣服。

干什么去？我来来回回地转悠，想找一个能消磨一两个钟头的地方，这才第一次发现，夜巴黎之大，竟难找到一个消遣的去处，最后，我决定到"牧女狂欢厅"去看看，那是一个妓女云集、有乐子好找的场所。

大厅里空空荡荡，长长的马蹄形游廊里，只有一些不三不四的人，他们的举止、衣着、发式、髭形以及帽子与色调，都大同小异，一看就俗不可耐。难得见到有一位梳洗得干干净净、穿得体体面面的人士。至于那些妓女，几乎都一个样式，个个都令人生厌，即丑陋不堪，又神情疲惫，皮肉松弛。她们迈着步子寻找猎物，天知道为什么，偏还装出一副愚蠢的对谁都不屑一顾的样子。

我心里暗想，这里的女人萎靡不振，说她们胖，倒不如说她们是一身肥油。这一块臃肿凸显，那一处却又干瘪瘦削，她们挺着的肚子像议事司铎的那么肥大，两腿则像长脚鹭鸶的那么细长而弯曲，说实话，根本不值她们最后好不容易挣得的那个成交价一枚金路易，更不用说她们的开口价五枚金路易了。

突然间，我发现了一个娇小的女人，看上去相当可爱；她并不很年轻，但颇为娇丽，甚有情趣，楚楚撩人。我叫住她，并且不假思索就开出了过夜的价钱。我不愿意回到家里去孤单独宿，我想要搂着这么个女人一起过夜。"

于是，我跟随着她。她住在殉道者街一幢很大很大的楼房里，楼道里煤气灯已经灭了。我跟着她慢慢往楼上爬，不时要点亮一根蜡烛，有时难免脚碰着了楼梯，踉踉跄跄。我靠前面裙子窸窣声的引领，举步艰难，心里颇为恼火。

爬到五楼，她停下来。关上外门后，她问我：

"你打算一直待到明天吗？"

"当然喽，咱们不是已经谈妥了吗？"

"那好，我的猫咪，我只是随便问问。你待在原地等我一分钟，我马上就回来。"

她把我一个人留在黑暗的过道里。我听见她又开开关关了两道门，好像还跟谁说了两句话。我想那里边可能藏有一个靠着她吃软饭的男人同伙，既深感意外，又惶恐不安。但我自信拳脚麻利身板硬，心想：咱们走着瞧吧！

我全神贯注，竖起耳朵监听着。我听见里面有动静，有人在走动，走得蹑手蹑脚，小心翼翼，接着，有另一扇门打开的声音，似乎又有人在说话，但话音极小。

她回到我身边，手里端着一支点燃的蜡烛，对我说：

"你可以进来了。"

她这种以"你"而不是以"您"来昵称我的方式，表明了她已归我所有。我进了房间，穿过一间看来久已废置不用的餐室，来到妓女们共用的卧室，室内家具齐全，挂着棱纹布的窗帘，床上有大红绸面的鸭绒被，被子上到处都有形迹可疑的污点污渍。

她又说了：

"你就随心所欲吧，我的猫咪。"

我满腹狐疑地审视了这个房间，但并没有发现任何可疑之处。

我还没有脱去外衣，她就飞快地脱得精光，钻进了被窝。她笑了起来，说：

"喂，你怎么了？为什么发呆？来吧，快点儿来吧！"

我学她的样，也脱光了衣服，跟她睡在一起了。

五分钟以后，我恨不得穿上衣服立刻就走掉。但是，一想到独自在家时那种难以忍受的厌世感，便又留了下来，再也毫无动弹之力。尽管对这张人人都来纵欲的床铺深感厌恶，我仍然凑合将就。我原来觉得，这个女人在游乐场吊灯的光照下，肉欲的魅力四散，而现在一搂在怀里，就兴味全无了。此时，紧贴我肉体的，只不过是一个俗不可耐，司空见惯的妓女，她的吻虚情假意，装腔作势，还散发出大蒜的臭味。

我开始跟她闲聊。

"你在这里住了很久了吗？"

"到一月十五号就半年了。"

"以前住在哪里？"

"以前住在克洛泽尔街，可是，那个看门女人老跟我作对，我就搬走了。"

于是，她打开话匣子，没完没了讲述那看门女人如何如何造谣毁谤她。

忽然间,我听见离我们很近的地方有响动。最初是一声叹息,接着是轻轻的响声,轻虽轻,但很清晰,好像是有人在椅子上转了一下身。

我立即从床上坐了起来,

"什么声音?"

她镇定自若,从容答道:

"别害怕,我的猫咪,是邻居家的声音。壁板太薄,隔壁房间的声音,这边全都听得清。这房子真差,就像是用纸板搭成的。"

我全身慵倦乏力,便又钻进了被窝,继续跟她闲聊。这时,我也像很多男人一样,被某种愚蠢的好奇心所驱使,想打听打听这种女人第一次失身的经历,想撩开她们原罪的面纱,似乎是为了从她们遥远的历史中找到清白无辜的痕迹。也许还为了通过她们迅速追忆中某一两句流露出真情、诚挚与天真无邪的话语,而爱上她们。因此,我紧盯着她盘问最初是跟哪些人偷食禁果的。

我知道她很可能不会讲真话。那无关紧要,我总能从她的谎话里,发现某种真挚感人的东西。

"说吧,告诉我那人是谁?"

"是个自己有游艇的阔佬,我的猫咪。"

"原来如此,那么告诉我是在什么地方?"

"那时我在阿尔让特伊。"

"你当时是干什么的?"

"我在一家饭店当使女。"

"哪家饭店?"

"水手饭店,你知道吗?"

"当然知道,博南芳开的那家。"

"就是。"

"那个家伙是怎么把你弄到手的?"

"我正在为他铺床时,他就强暴了我。"

这时,我突然想起了我的一位医生朋友的妙论,他是一位既善于观察又有哲学头脑的人,长期在一家大医院里任职,每天都能接触到那些未婚先孕的姑娘与公开卖淫的妓女,耳闻目睹了那些妇女的种种羞耻与苦难,深知那些口袋里有钱、到处拈花惹草、淫害女子的阔佬。

他常对我大发妙论,说:

"一个女孩子头一次失身,倒经常是被她那个阶级中与她身份地位相同的男人拖下水的,在这方面,我做了不少册的考察纪录。人们总是谴责有钱人摘取了普通百姓女孩儿的童真之花。其实,真相并非如此。富人经常是用钱去购买已经采下来的花朵,他们有时也采花摘花,不过摘下来的都是第二茬开放的花,他们老采不到第一茬的鲜花。"

一想起这番妙论,我便转过身来,对眼前的这位性伙伴,笑着说:

"你该知道,你的故事我了如指掌,那个有游艇的家伙并不是你的第一个相好。"

"哦,他就是,我的猫咪,我向你发誓。"

"你撒了谎,我的小猫咪。"

"没有，我保证没有。"

"你的确撒了谎，得啦。老老实实告诉我吧。"

她颇感惊愕，好像犹疑了一下。

我乘势逼问，说：

"我的小美人，我乃魔法师是也，会催眠术。假如你不说实话，我就施魔法让你入睡，到时候我就全知道了。"

她和别的女人一样，也是头发长见识短，当即被我吓住，就结结巴巴地不打自招：

"你是怎么猜着的？"

我催促她说：

"快坦白吧！"

"哦，第一次，那真算不上什么。那是在当地举办的一次欢庆活动，临时请来了一名厨师，人称亚历山大先生。他一来，就飞扬跋扈，唯我独尊，他发号施令，什么人都要指挥，对老板、老板娘也不例外，简直就像是国王……他是个高高大大的英俊汉子，即使是在当炉掌勺的时候，也不安静老实，总是高声呼叫：'喂，快拿黄油来——快拿鸡蛋来——快拿料酒来。'别人就得立刻把这些东西送到他手里，要不然，他就发火，破口大骂，骂出来的话下流难听，羞得你大腿根都发臊发红。

"一天的活儿干完之后，他就站在门口抽他的烟斗。我端着一摞盘碟从他身边蹭过，他就对我这么说：'喂，小妞儿，带我到河边去看看风景。'我就像二傻子似的带他去了；我们刚到河边，他就将我按倒在地，动作麻利，速度迅速，甚至我还没有来得及发现究竟发生了什么。事后不多久，他就乘九点钟的火车走了。从此以后，我再也没有见过他。"

我问：

"就只这些？"

她吞吞吐吐地说：

"哦，我想弗洛朗坦就是他的种。"

"弗洛朗坦是谁？"

"我的儿子呀！"

"好哇！妙得很呀，于是你就骗那个有游艇的阔佬，说弗洛朗坦是他的，对吧？"

"当然啰！"

"那个游艇主有钱吗？"

"是的，他给弗洛朗坦名下留了三百法郎的年金。"

我觉得她的故事挺有意思，就接着问下去：

"很好，我的乖乖，很好，你们这种人，个个并不像别人想象的那么傻。现在，弗洛朗坦有多大了？"

她答道：

"已经十二岁啦。开春就要第一次领圣体了。"

"好哇，从那时起，你就心安理得干起你这一行了？"

她叹了口气，无可奈何地说：

"有什么法子呢？能干什么就干什么呗。"

这时，一声巨响在屋子里发出，吓得我一下子就从床上跳了下来。那是有人跌倒在地上的声音，接着，又听见那人用手摸索着墙壁爬起来。

我抓起蜡烛，朝四面巡视，又生气，又害怕。她也下了地，想要拦住我，把我拽回去，转身对我说：

"没事，我的猫咪，我保证没事。"

可是，我发现了那一声怪响是从哪里发出来的。于是，我径直朝隐在我们床头边的一扇门走去，猛然把它拉开……我看见一个小男孩儿，脸色苍白，身子瘦弱，样子可怜，坐在一张麦秸靠背椅下，他就是从这张椅子上跌倒在地上的，他战战兢兢，睁着一双惊恐的亮晶晶的眼睛盯着我。

一见我，他就哭了起来，随即张开双臂，扑向他的母亲。

"这不能怪我，妈妈，这不能怪我。我刚才睡着了，就掉下来了。别骂我，这不是我的错。"

我转身问那个女人：

"这是怎么回事？"

她显得既慌张又伤心，吞吞吐吐地道出了实情：

"有什么法子呢？我挣的钱太少，不够送他去寄宿学校！只好把他留在我身边，可是，又没有钱另租一间房子。天啦，我没有客人的时候，他就跟我睡。客人如果只待一两个钟头，他就躲在壁柜里，他会乖乖地待着，这个他懂。但是，如果有客人像你这样要过一整夜，这孩子就得坐在椅子上睡觉，累得腰都支撑不了……这也不能怪他……我真想让你去试试……一整夜都坐在椅子上睡，你想想那是什么滋味……"

她越说越激动，越生气，竟怒吼了起来。

那孩子一直在哭泣。他瘦弱，胆小，样子可怜兮兮的。是的，他就是壁柜中的孩子，寒冷而黑暗的壁柜中的孩子，他只能时不时趁着空当暂时到床上去暖和一会儿。

这时，我也很想哭。

随后，我就回家去睡了。

港 口

一

　　1882年5月3日，三桅帆船"风中圣母号"从勒阿弗尔港出发，驶往中国海域。在海上辗转漂泊，历经四年，于1886年8月8日又回到了马赛。船上所载的第一批货物是在中国港口卸下的，而后又装上了一批货物，运往布宜诺斯艾利斯，从那里，再运一批货物去了巴西。

　　其后，又做了好几次其他航行，另外，不止一次在海上被损伤，多次翻修，再遇到几个月的无风期，还有被飓风刮离了航线，以及海上大大小小的事故，各种各样危难风险、接二连三的背运倒霉，等等，使得这条诺曼底三桅帆船长期远离故土，飘零于海上，最后才满载着美洲的黑白铁罐头，驶回了马赛。

　　当年出发时，除了船长与大副外，船上共有十四名水手，其中八个诺曼底人，六个布列塔尼人。回到马赛时，就剩五个布列塔尼人和四个诺曼底人了。途中，死掉了一个布列塔尼人，不同情况下，又有四个诺曼底人失踪，但补充了两个美洲人，一个黑人与一个挪威人。那个挪威人，是一天晚上在新加坡的小酒店里被连哄带骗地招募上船的。

这条船体积庞大，篷帆已被卸下，桅杆交叉成十字形，本港的一艘拖轮正拖拉着它，呼哧呼哧好不费劲。这时风停了，海浪也逐渐平复，三桅船在微风中缓缓从伊夫岛旁边驶过，而后，在灰色的峭壁跟前，穿过夕阳西照、笼罩在一片金黄色薄霭之中的锚地，进入了古老的港口。港口内，沿着码头，鳞次栉比地停满了来自世界各地的船只，式样不同，大小不一，装备也五花八门，乱糟糟的一团。在这过于狭小、满是浊水的海港里，拥塞在一起的船壳，就像一条条鱼泡在一盆普鲁旺斯鱼汤中一样。

"风中圣母号"停靠在一艘意大利双桅帆船与一艘美国双桅帆船之间，为了给后来的伙伴留出空当，两条船都各自向外挪了一挪。入海关与进港口的手续一一办完之后，船员发话，让三分之二的船上人员离船上岸，过了一个夜晚。

夜幕降临，马赛城万家灯火。在这炎热的夏夜，人声嘈杂，车水马龙，驱车扬鞭声不绝于耳，空气中弥漫着带有大蒜味的烹调气味，好一派南国都市的欢快氛围。

这十个水手连续在海上颠簸漂泊了好些个月，一旦上岸，走起来并不自在，他们两人一排，脚步迟疑，因为多年背井离乡，对城市生活颇有点儿不习惯了。

他们晃晃悠悠地往前走，边走边摸清方向，最近七十天的海上生活，使得他们体内对性的渴求日益炽烈，眼下正处于亢奋状态，一个劲儿地嗅出港口周边花街柳巷的通路。几个诺曼底人走在前面，为首的叫塞勒斯坦·杜克洛。他是个高高大大的小伙子，强壮而机灵，每次上岸，他都充当领队的角色，他善于找到享乐的好去处,玩得别出心裁,他很少卷入港口中司空见惯的水手斗殴事件,不过,一旦卷入,他是天不怕地不怕的。

一条条阴暗的街道,像阴沟似的通向海边,散发出浓重的浊气,即那种低级下流场所特有的气味。塞勒斯坦略为犹豫之后,进入了一条像走廊一样曲折的小街,街里每一家门楣上都点着一盏凸显出来的灯,彩色毛玻璃灯罩上标出了大字的门牌号。狭窄的门檐下,有一些身穿罩衫的女子,坐在草编的椅子上,像是女用人。她们一见有人走近,就赶忙站起来,迎上前去,走到街中间的水沟旁,截住这一行人的去路。水手们正慢慢走了过来,他们哼着唱着,笑着闹着,愈走近这一片妓区,就愈是兴奋。

在一个门厅的尽头,有一扇包着棕色软皮的第二道门,偶尔突然打开,出现一个只穿着内衣的胖女人,她粗壮的大腿与肥肥的腿肚,在粗网眼的白色紧身内衣里凸显无遗。她的裙子短得像一条松松鼓鼓的腰带;胸部、肩膀与双臂都是粉红色的肥肉,露在饰有金边的黑色天鹅绒上衣的外面,显得有些刺眼。她从远处招呼水手们:"漂亮的小伙子们,你们过不过来?"有时,她还亲自出马,上前抓住其中的一个,生拉硬扯,拼命往门里拽去,就像一只蜘蛛拖着一个比自己体积更大的虫子。那个水手在此香艳亲昵的拉拉扯扯中,兴奋起来,半推半就,其他几个伙伴也停步下来,观望等待,还拿不定主意,是立刻进到窑子里去,还是再往前走走,将自己的胃口吊得更足。那个妓女用尽吃奶的劲,好不容易将那个水手拖到自己的房门前,眼见其他伙伴也要跟随其后,鱼贯而入,那个对妓院了若指掌的塞勒斯坦·杜克洛猛然嚷了一声:"别进去,马尔尚,这一家不行!"

那个水手听从了劝阻,使劲一推,挣脱了妓女的纠缠。于是，这一行人又重新恢复原来的队形，继续往前走，那个气急败坏的妓女则在他们背后，用极为下流的脏话进行辱骂；这当儿，沿街的女人，听到这一阵吵嚷声，都跑出了自己的家门，她们用沙哑的嗓音跟水手们揽生意，做出种种承诺与保证。在这一条街上，前头是妓院女鸨招揽嫖客的一片甜言蜜语，后头是那些没有做成生意的妓女在进行谩骂或表示讥诮。水手们在前后两股声浪中前进，肉欲之火愈烧愈烈。时不时，他们还碰上另一些嫖客，有的是大兵，他们走着的时候，佩刀老碰在自己的腿上当当作响，有的也是水手，还有的是独来独往的市民以及商店里的伙计。整个街区交错着这种狭窄的小巷，处处都挂着这种昏暗的门灯，这一行人在这低级酒吧林立的迷魂阵里，在淌着脏水、滑溜溜的石块路上，走着走着，两边是女人排列成行的肉墙。

终于，杜克洛打定主意，在一家门面相当漂亮的妓院前停下来，要他的伙伴全都进去。

二

开怀畅饮，尽情狂欢！整整四个钟头，这十名水手饱尝了美酒与女人的滋味，他们六个月的工资也就花得一干二净。

在宽敞的咖啡厅里，他们大模大样地坐着，颇有敌意地瞟着坐在角落里的一张小桌旁的一些普通常客，那里正有几个没有陪客的姑娘，其中一个跑去伺候那几个客人，她打扮得像个大大的布娃娃，或者说，像演艺咖啡厅里的歌女，她忙着伺候了一阵后，就在那些客人旁边坐下。

水手们一来，每个人就挑了一个妓女作陪，整整一个晚上，都将她留在身边，要知道，平民百姓并不喜欢变换口味。他们将三张桌子合并在一块儿。满满喝完第一杯酒之后，这一行人的数目比原来增加了一倍，因为每个水手都找到了一个女人，她们排成队，成行地上了楼梯。一对对爱侣的四只脚，在楼梯上响了好一阵子，直到这一支爱的纵队通过一个狭小的门道，消失在各个房间里。

事后，他们又下楼来喝酒，喝完以后，又再上楼。

现在，他们几乎都要醉了，说话没谱，大叫大嚷，每个人眼睛发红，把心上人搂在膝上，有的唱，有的喊，有的用拳头捶桌子，有的一个劲儿往嗓子里灌酒，肆无忌惮地发泄出自己丑陋的本能。塞勒斯坦·杜克洛混在伙伴们之中，也紧紧搂着一个姑娘，含情脉脉地看着她，那姑娘是红脸蛋高个子，正骑在他的大腿上。他虽然并没有少喝，但还没有醉，脑子还算清醒。他生性重感情，想和这姑娘聊聊天儿。但他的思想已开始悠悠忽忽，难以集中，时隐时现，话到嘴边，却又倏忽即逝。

他笑着，一句话说了两遍：

"这么说来，这么说来……你在这儿已经待了很久啰？"

"六个月了。"那姑娘答道。

他对她流露出颇为满意的表情，似乎从她的答话里看出了她是个品行纯良的姑娘。他接着又问：

"你喜欢干这一行吗？"

她迟疑了一下，无可奈何地答道：

"习惯了，干这一行不见得比干别的差。当女佣也好，当妓女也好，反正都是下贱行当。"

看样子,他也认为她讲得在理。

"你是不是本地人?"他问。

姑娘摇了摇头,没有吭声。

"你老家离这里很远吗?"

她点了点头,仍然没有吭声。

"你从哪里来的?"

姑娘好像在思索,在回忆,然后喃喃地说:

"我是佩皮尼昂地方的人。"

他再一次显得很高兴,说:

"啊,原来如此!"

现在轮到她来发问了:

"你,你是水手吗?"

"是的,我的小美人。"

"你是老远的地方来的?"

"啊,当然。我到过很多国家,我到过很多港口。"

"你也许已经在全世界跑了一圈了吧?"

"你说得对,不止一圈,快两圈了。"

她又迟疑了一下,似乎在回忆中搜索某件已经遗忘的事情,然后,用较为严肃、与刚才略有不同的语气,问道:

"你在航行中遇见过不少海船吧?"

"是的,我的美人。"

"你有没有凑巧遇上过'风中圣母号'?"

他哧哧笑了一声:

"上个礼拜就遇上过。"

那姑娘脸色刷的一下变得煞白,急切地问道:

"真的？真的？"

"真的，就像我在跟你说话一样千真万确。"

"你总不至于在撒谎吧？"

他举起一只手，说：

"我向上帝发誓！"

"那么，那你知不知道，塞勒斯坦·杜克洛可在船上？"

他吃了一惊，隐隐感到不安，想在答话之前，摸清情况，做到心里有数。他问：

"你认识他吗？"

那姑娘也起了疑心。

"噢，我不认识，有一个女人认识他。"

"是这儿的一个女人？"

"不是的，是附近的一个女人。"

"就在这条街上吗？"

"不，在另外一条街上。"

"什么样的女人？"

"还不是跟我一样的女人呗！"

"那女人要找杜克洛干什么？"

"我说不清楚，大概是同乡吧。"

他俩互相对视着，都想从对方的眼睛里看出点儿什么东西，似乎预感到将有严重的事情发生在他们之间。

他又问：

"我能去看看那个女人吗？"

"你有什么要跟她说？"

"我跟她说……我跟她说……我说我见过塞勒斯坦·杜克

洛。"

"他至少身体还不错吧？"

"跟你我一样好，他是个挺结实的小伙子。"

那姑娘又不作声了，她正在专心想什么，接着，慢慢吞吞地问道：

"'风中圣母号'开到哪里去了呢？"

"就在马赛。"

她情不自禁地跳了起来：

"真的？"

"的的确确。"

"你认识杜克洛吗？"

"是的，我认识。"

她又迟疑了一下，低声自语：

"好，太好了！"

"你要找他干什么？"

"你听着，你去对他说……不，还是什么也甭说！"

他看着这姑娘，越来越感到不安了，他想知道究竟是怎么回事。

"你，你也认识杜克洛？"

"不！"她矢口否认。

"那么，你要找他干什么？"

那姑娘突然做出决定，她站起来，向老板娘坐镇的柜台跑去，抓过来一个柠檬，将它剥开，把汁液挤进一只玻璃杯里，再兑上清水，端了过来，对他说：

"把这个喝下去！"

"为什么？"

"让你醒醒酒，我有话要跟你说。"

他乖乖地喝下，用手背抹了抹嘴，说：

"好啦，我听你说。"

"我要你发誓，永不告诉他你碰见过我，也不告诉他，我这些话，你是从谁嘴里听说的。你得发个誓。"

他举起手来，神情有点儿表里不一：

"好啦，我发誓！"

"以天主的名义发誓？"

"以天主的名义。"

"好的，你就对杜克洛说，他爹已经死了，妈也死了，兄弟也死了，三个人死在同一个月里，都是得了伤寒病，到现在已经有三年半了。"

这一下子，他觉得全身的血液都在涌动，一时，他大感震惊，讲不出一句话来，但一转念，心里又产生了疑惑，问道：

"你所讲的确实吗？"

"确确实实。"

"是谁告诉你的？"

那姑娘双手按着他的肩膀，紧盯着他的两眼，说：

"你发誓不对别人乱说？"

"我发誓不说。"

"我就是杜克洛的妹妹！"

他情不自禁，脱口喊出了她的名字：

"弗朗索瓦丝！"

那姑娘又盯了他看了一阵，然后，像一个可怕的疯子，惊恐

万状地喃喃低语,几乎听不见声音:

"啊!啊!是你吗?塞勒斯坦?"

然后,他俩一动也不动,互相凝视着。

在他们周围,那些伙伴们一直在吵吵嚷嚷,玻璃杯相碰,拳头捶打桌子,用脚后跟打拍子伴唱,还有女人尖叫尖喊,所有这些噪音与歌声混成了一片。

他感觉到妹妹就坐在他身上,贴在他怀里,身子暖烘烘的却又充满了恐慌,这就是自己的亲妹子呀!他发出了一声悲叹:

"天啦,真糟糕,咱们干出了什么样的好事哟!"他声音极低,低得只有她才能勉强听得见,因为他害怕别人也听见。

姑娘眼里顿时充满了泪水,她结结巴巴地说:

"这难道是我的过错吗?"

他突然又问:

"这么说,他们都已经死了?"

"都死了。"

"爹、娘和弟弟,全都死了?"

"我已经告诉你,他们仨是同一个月里死的。当时,只剩下我一人,除了几件破衣外,什么都没有。因为欠了三个人的医药费与丧葬费,我只好把家具全都卖了还债。

"后来,我就到卡舍老板家当用人,就是你认识的那个瘸子卡舍。那时,我刚十五岁,你离家外出的那年,我还不满十四,我受他的骗,失了身,因为自己年轻,什么都不懂!后来,我又到一个公证人家里当用人,他又败坏了我,把我带到勒阿弗尔开了个房间,没多久,他就消失得无影无踪。我一连饿了三天,找不到谋生的路子,我只好像很多女人一样,进了窑子。我跑过不少码头,见过一些世面,唉,到处都肮脏得很!鲁昂、埃夫勒、里尔、波尔多、佩尼昂、尼斯,还有眼下我待的马赛,没有一个地方不脏!"

她一把鼻涕一把泪,泪流满面,一直流进了嘴巴。

她又说道:

"我以为你也死了,我可怜的塞勒斯坦。"

他说:

"我一点儿也没有认出你,你当时是那么小,现在你长大了!可是你,你怎么也没有认出我呢?"

她做了一个无可奈何的手势。

"我见过的男人太多了,在我眼里,所有的男人差不多都一个样。"

他继续凝视着她的脸,心里像是翻江倒海那样的难受,他真想号啕大哭,如同一个遭到了鞭打的孩子,他仍然将姑娘搂在怀里,让她骑在腿上,但两手松开了,垂在她的背上,他使劲地盯着她看来看去,终于认出了她的这位小妹妹,被遗留在故乡的小妹,正是他漂泊在海上的期间里,这小妹亲眼看见了自己的亲人全都死去。于是,他突然用他那双水手的大巴掌,捧住这张失而复得的脸孔,像吻骨肉亲人那样地吻着,随之,他发出一阵呜咽,一个男子汉的呜咽,它像海浪一样涌上喉头,连绵不断,听起来像是醉汉在打嗝。

他结结巴巴地说:

"是你呀,原来是你,弗朗索瓦丝,我的小弗朗索瓦丝……"

他突然站起来,开始抢天呼地,声音吓人,他抡起拳头,狠狠往桌子上一捶,把玻璃杯震落在地,摔得粉碎。他往前走了两三步,摇摇晃晃,伸出双手,脸朝下跌倒在地。他在地上打滚儿,哭哭啼啼,不停地乱捶乱踢;还发出一阵阵呻吟,像临终时的喘气。

他那些伙伴们看着他,笑得不亦乐乎。

"他醉得够呛了!"一个伙伴这么说。

"得叫他睡一觉,"另一个说,"他这么上街,准会有人抓他去监狱。"

因为他口袋里还有钱,于是,老板娘就供给他一张床。那些醉得也没有正形的兄弟们,就连拖带拽,经过狭窄的楼道,将他一直拖到刚才接待他的那个姑娘的屋里。姑娘坐在一张椅子上,就靠近着那罪孽之床,她跟自己的哥哥一样,哭个不停,直到第二天早晨。

一 次 郊 游

杜富太太芳名特罗妮，其华诞深受全家重视，早在五个月以前，家人远眺佳期冉冉将临，便开始张罗庆典了，他们要在那天到巴黎郊外去吃一顿午餐。对这桩大事，大家早已望穿秋水，因此，到了这天，一大清早就都起了床。

夫君杜富先生事先向送奶人借了一辆马车，由他亲自执鞭策马。这辆双轮马车，很是干净，四根铁柱支着顶棚，旁边的布帘都已卷起，以便观赏风景，只有后面的那块帘子仍然垂着，它随风飘动，像一面旗帜。杜富太太身穿樱桃色的丝裙，靓丽鲜艳，她坐在夫君身旁，笑逐颜开，心花怒放。后面两张椅子上，坐着老祖母与一个年轻姑娘，车尾，还露出一小伙子的一头黄发，由于座位不够，他就斜躺在那里，只露出了自己的脑袋。

马车沿着香榭丽舍大街行驶，过了马约门的城楼，大家就开始举目四望。

到了纳伊桥时，杜富先生宣称道："喏，这才算是乡下哩！"太太听到此宣示，全身心就融化陶醉在大自然之中了。

及至古尔博瓦圆形广场，眼前一望无际的视野，叫大家赞叹不已。右边，是阿尔让特伊镇，那里高高耸立着修道院的钟楼，而其尽头，萨诺瓦山冈与奥尔热蒙磨坊则清晰可见。左边，早晨明净的天空衬托出马尔利渡槽的轮廓，还可以望见远处的圣日耳曼王家花园的平台，正前方，绵延的山丘与一片翻耕了的田地相接，那儿是科梅伊新建的要塞，极目远眺，在地平线的远处，在平原与村落的尽头，可以依稀看见一片墨绿色的森林。

阳光照射在脸上，开始有火辣辣之感，尘土飞扬，不断干扰眼睛，大路两旁伸展着大片的田野，一望无际，光秃秃的，又脏又臭，像是遭受过麻风病的洗劫，这丑陋的病态，也侵蚀了附近的房舍，但见处处有被遗弃的建筑，破损不堪，只剩下了空骨架，有些小房子则是因建筑经费不足而停工的，只砌起了四面墙而尚未封顶。

在这一大片贫瘠的土地上，稀稀落落耸立着几根高高的工厂烟囱，像是这片腐臭田野上仅有的几株"树木"。春风吹过，可闻见一股石油味与页岩味，还混杂着某种更为恶臭的气味。

马车终于又一次驶过塞纳河，在桥上所见，则是一派赏心悦目的风光了，河水映照着阳光，水面因太阳的蒸熏而升起了一层薄霭。众人见此，顿觉心旷神怡，颇有沁透心脾之感，庆幸终于呼吸到了较为纯净的空气，虽说这里仍残留着工厂的烟尘与垃圾的恶臭。

这一片地方，从前被某位过客取名为：贝容。

马车停下，杜富先生在一家小饭店招徕顾客的告示牌前，念念那上面的广告词："布兰餐馆，诚献美味水手鱼、香酥油炸鱼，单间雅座，幽静小林，秋千荡漾，娱乐助兴。"他接着就征求寿星妻子的意见："喂，怎么样，我的太太，这儿行吗？你能拍板定案吗?"

他妻子也念了一遍:"布兰餐馆,诚献美味水手鱼、香酥油炸鱼,单间雅座,幽静小林,秋千荡漾,娱乐助兴。"念完,对这家饭店久久地打量了一番。

这是一家地道的乡村饭店,白色的房子坐落在大路边上。大门敞开,锌制的柜台台面闪闪发亮,台前站着两个穿假日服装的工人。

杜富太太终于做出决定,说道:"好吧,这儿挺好,而且景色不错。"

于是,马车驶进饭店后面一个高树环绕的宽阔场地,饭店与塞纳河之间,只隔着一条纤道。

大家下了车,丈夫先跳下来,然后张开手臂接他的太太。上下车的脚踏板只有两级,距离较大,杜富太太脚踩踏板时,下半截腿便露出在裙外,徐娘半老,昔日秀美的小腿已经风姿锐减,大腿上增生出来的脂肪则已迁延而下到了小腿。

乡野氛围已经使得杜富先生的本能有所萌动,他飞速地在太太的腿肚子上捏了一把,然后,双手伸进她的腋下,将她抱住,再沉沉地往地上一放,如像卸下一个重重的包袱。

杜富太太用手拍了拍自己的丝绸裙子,掸了掸尘土,这才观察了一下自己来到的这个处所。

她是个三十六岁左右的女人,体态丰满,生机怒放,容貌令人赏心悦目。她的胸衣束缚得太紧,使她呼吸有点儿急促,而且将她丰满胸脯上肥硕滚动的双乳挤压向上,直逼那厚厚的双层下巴。

那年轻姑娘随后也下了车,她一只手搭在父亲的肩膀上,自个儿轻轻跳到地上。黄头发的小伙子也脚踩车轮下来了,他帮杜富先生将老祖母搀扶下车。

接着,给马卸套,将它拴在一棵树上;于是车身向前倾斜,两根车辕触地。两位男士脱下外套,在一只桶里洗了洗手,随即去到两位女士跟前,她们这时已经在秋千架上了。

杜富小姐站在踏板上,想靠自己的力量荡将起来,但她冲力不够。这是一个将近二十岁的漂亮少女,像她这样的姑娘,走在街上,就足以引起行人的欲念,让人直到夜里还心猿意马、情欲亢奋。她有高挑的身材,款款的细腰,丰满的臀部,棕褐色的皮肤,大大的眼睛,乌黑的秀发,她全身丰腴的肌肤在连衣裙下隐隐可见,又因荡秋千时腰身使劲更是清晰凸显。她伸直双臂,紧握头上方的秋千绳,每次使劲一蹬,胸脯就傲然挺起。一阵风过处,将她的帽子掀翻,吹落在她身后,秋千越荡越高,每次荡回,她膝盖以下秀挺的双腿则显露无余,两位男士笑眯眯地从旁观赏,她裙子扬起的香风拂面而来,比美酒的香味更叫人沉醉。

杜富太太坐在另一架秋千上,不断地哼哼唧唧发出娇呼:"西普里安,你来推推我呀,你倒是来推一把嘛!"

杜富先生终于过去了,他就像要干重活儿一样,挽起袖子,使出了吃奶的劲,总算把太太推得荡来荡去。

杜富太太紧紧握住绳索,两腿绷得笔直,以免碰到地面,她享受着荡来荡去、飘飘欲仙的滋味。在此荡漾之中,她整个丰满柔软的肉体不断颤动,好像放在餐盘中的一块果冻。但荡幅越来越大,她就眩晕起来,感到害怕了,每当秋千往下一冲,她就大声尖叫,把当地所有那些淘气的孩子都招引来了;在荡摆之中,她依稀看见前方院子篱笆上面,露出一排淘气鬼的脑袋,个个嬉皮笑脸,做出各种各样的怪相。

一名女招待前来伺候，这一家人点了酒菜。

"一份油炸塞纳河鱼，一份嫩煎兔肉，一份生菜，再加一份甜点。"杜富太太以权威的架势一一点定。

"再加上两升啤酒，一瓶波尔多葡萄酒。"当丈夫的补充道。

年轻的小姐也加上一句："我们就在草地上用餐。"

老祖母见饭店里有一只猫，博爱之心大发，用最亲昵美妙的称呼来叫它，追逐在它后面足有十多分钟之久，但徒劳无功，白费了劲。那畜生得到这般青睐，心里肯定是美滋滋的，但它老是若即若离，在祖母身边转悠转悠，却总不让她够得上，摸得着，它不慌不忙地围着大树踱步，翘着尾巴，身子在树干上蹭来蹭去，喉咙里轻轻发出撒娇的呼噜呼噜声。

"嘿，看啊，这儿有两条船，好漂亮哇！"那个黄头发小伙子忽然叫起来，他一直在这附近东看看西瞧瞧。

大家闻声而去，只见在一个小木棚里，悬着两条华丽的小艇，做工精致，就像高档的家具。两条船船身细长，光彩夺目，并排横卧，犹如两个苗条妙美的少女，使人产生泛舟而游的雅兴：或优美安宁的黄昏，或清凉明丽的夏晨，沿柳暗花明的河道而行，见岸边的树木将柔枝浸润在河水之中，芦苇不停地轻微款摆，急速冲天而飞的翠鸟，如蓝色的闪电。

全家人都怀着敬意观赏这两条小艇。杜富先生认真凝重地称赞道："啊！不错，真漂亮！"他像一个行家那样，评头论足，还说，他年轻时，也曾划过船，即使事隔多年，如今仍是一把好手，谁都不在他眼里，说着，他做了一个划船的姿势。想当年，他在若安维尔划船比赛中，还赢过一个英国人哩；他还风趣地说，法文中"女士们"这个词，也指船上那两个固定船桨的木栓,因此说,划船手出行是非带"女士们"一道不可的。他夸夸其谈,越谈越起劲,非得要跟人打赌,说他来划这么一条船,每小时行驶六海里[1],那只是举手之劳,不在话下。

"饭准备好了。"女招待来到木棚门口请他们去用餐。大家立即就走过去,不料,杜富太太心里早已看中的那个最佳用餐位置,已经被两个青年人捷足先登了。他们无疑就是那两艘游艇的主人,因为他们都身穿划船的运动服。

那两人躺在椅子上,几乎是在睡觉,他们的脸被晒得黑黑的,上身只穿了件薄薄的棉织白背心,露出两只胳膊强健有力,像铁匠的一样,这是两个体格雄壮的青年,全身活力四射,一举手,一投足,都富有弹性,一看就是从体育运动中练就出来的,绝不像长年从事同一种重体力劳动的工人那样机械笨拙。

他们瞧见杜富太太,便迅速相视一笑,接着瞧见她的女儿,又互使了个眼色。其中一个说:"咱们把位置让给她们,这样,就能够互相认识了。"另一个立即响应,站了起来,手里握着自己那顶红黑两色相间的软帽,摆出骑士风度,把园子里唯一那块阴凉的地方让给了三位女士。杜富一家人接受了这份盛情,连声道谢,于是,全家人不用桌椅,就在草地上坐下来开始用餐,以追求田园情调。

两个青年让开几步,自己端着盘子继续吃饭,他们裸露的胳膊晃来晃去,那年轻的姑娘看着颇有一点儿尴尬,她甚至扭过头去,假装视而不见。倒是杜富太太开通而胆大,也许是出于女性的好奇心,而这种心理的深处或许就是情欲的萌动,她不时对那

---

[1] 1海里约为1.85公里。

两个青年瞧上两眼，心里将自己丈夫楚楚衣冠下的丑陋皮囊与这两个人的健美形体做比较时，无疑是深感遗憾的。

她软瘫在草地上，盘腿而坐，身子不停地扭来扭去，借口说有蚂蚁爬到了她身体的某个部位。杜富先生因有生人在场，又眼见他们对自己的妻女殷勤有加，而怏怏不乐，他想找一个舒适的座位却又没有找到，至于那个黄头发的年轻人，则像一个贪吃的恶鬼，一声不吭地在狼吞虎咽。

"今天天气真好哇，先生。"胖太太对其中一个划船青年说。既然人家刚才让了座，她就想友好相待，礼尚往来。

"是的，太太，"那青年答道，"您常来乡下吗？"

"才不呢，一年就来那么一两次，来这里透透气，您常来吗，先生？"

"我天天晚上来这里睡觉。"

"啊，那一定是睡得美滋滋的啰？"

"那是当然的，太太。"

于是，他描述起他每天的生活，讲得充满了诗情画意，足以拨动这一家市民的心弦，他们平日难得见到花草绿荫，享受不着乡间漫步的乐趣，终年守着自家店铺的柜台，对大自然的痴情傻恋真使得他们魂牵梦萦。

年轻的杜富小姐，也听得入神，为之动颜，她抬眼正视那个划船手；杜富先生也开腔说话了："这嘛，这就是一种生活。"接着，转向自己的夫人，说："再来一块兔肉，我的好太太。""不啦，谢谢，我的朋友。"

杜富太太又转向两个青年，指着他们的胳膊，问道："你们这么着，不觉得冷吗？"

两个青年都笑了起来，接着就讲述他们如何累得筋疲力尽，如何满身大汗就冲澡，如何在大雾弥漫的夜晚去跑步，叫这一家人听得目瞪口呆；他们还猛捶自己的胸脯，让人听听那结结实实胸肌的回声。杜富先生赞道："嚯，你们的身体真棒。"他再也不提自己战胜英国人的当年之勇了。

年轻的姑娘静坐一侧，从旁观察，那黄头发的小伙子喝酒时呛了一口，咳得挺厉害，酒点儿喷到杜富太太红色的连衣裙上，她恼怒起来，叫人立即拿水来洗掉污迹。

这时，气温骤升，热不可当，波光闪亮的河面就像一座炽热的炉膛，众人酒足饭饱，而酒劲上得头来，一个个也就晕乎乎，飘飘然了。

杜富先生猛然打了个饱嗝，全身为之一震，他已经解开了西服背心与裤子上的纽扣；他的太太也因喘气急促，而一点一点敞开自己的连衣裙。那个学徒小伙子则自得其乐地摇晃着一头蓬乱的头发，仍在一杯一杯给自己灌酒。老祖母自己觉得有了一点儿醉意，便强打精神，挺直腰板，端端正正坐着，而那年轻的姑娘，始终没有半点儿失态之处，唯有眼睛隐隐炽烈有神，棕褐色的脸蛋上泛起了一层玫瑰色的红晕。

喝完咖啡，就更为放浪形骸了。他们提议唱歌，于是每人唱一曲，其他人就发疯似的鼓掌。而后，他们又好不容易站了起来，准备另搞新的花样，两位女士还有点儿头晕，先站稳喘喘气；而两位男士已完全醉了，都没有自知之明偏要做起体操来。他们动作笨拙，疲软无力，吃劲地抓住吊环，想做引体向上却白费力气，满脸涨得通红，衬衣下襟从裤腰里脱落出来，像旗子一样迎风飘展。

这期间，两个青年划船手已经将他们的游艇放下水，他们走回来，彬彬有礼地邀请两位女士泛舟同游。

"杜富先生，你准许吗？求求你啦！"杜富太太大声问道。但是，那位当丈夫的醉眼蒙眬地瞅着她，压根儿就没有听个明白。这时，一个青年划船手拿着两根钓鱼竿走过来。能够自己钓上一条鲍鱼来，此乃所有小店主共同的理想也。杜富这位仁兄一见有钓鱼竿伺候，黯然无神的眼光立即为之一亮。他立即听从别人的一切安排，来到桥下一个阴凉的地方，在河边坐下，双脚垂在水面上；旁边有那个黄头发的小伙子做伴，但那学徒不一会儿就呼呼大睡了。

其中一个划船手甘愿为他人做嫁衣裳，先拣了份次活儿，将当妈的那位女士带上自己的小艇。"到英国人岛上小林子里去！"他喊了一声便划船而去。

另一条船划得慢一些。划船者盯着自己船上的小姐，目不转睛，脑海里除了她，只有一片空白，他内心非常激动，以致浑身发软，四肢无力。

姑娘坐在舵手的位置上，她沉浸在凌波而行的乐趣中，感到万念俱释，遍体舒畅，怡怡忘我，陶然沉醉，美不胜收。她脸蛋绯红，呼吸急促。酒后微醺，加以暑气热浪在她周围不断流动，更使得她头脑晕乎，颇有飘飘欲仙之感，竟觉得小艇过处，沿岸的树木仿佛都在向她弯腰鞠躬哩。夏日炽热，加温激活了她的肉体，热血涌动，行乐的欲望油然而生。此时此地，烈日当空，阒无人迹，仅她自己与一男子独处于水波之上，这男子对自己心仪有加，其目光一直在爱抚着自己的肌体，其欲火像太阳一样地灼灼逼人，此情此景，她岂不更加心境迷乱，神情恍惚。

两人相对,难以启齿,这使得内心的欲火更为骚动,于是,只好朝四周东张西望。终于,划船青年鼓足勇气,问她的芳名。

"我叫亨利埃特。"姑娘答道。

"多巧,我叫亨利。"青年回说。

听到了自己的对话声,两人的情绪有所平静,这时,他们关注起岸边的情况,见另一艘小艇正停在前方,看来是在等他们。那小艇上的划船手喊道:"这位太太口渴了,我们要一直划到鲁滨逊去,稍后我们再去小树林跟你们会合。"喊完,他又俯身划船,小艇飞驶而去,很快就消失不见。

有一阵持续的轰鸣声从远处传来,他们隐隐约约听见已经有好一会儿了,这时突然更为清晰逼近,甚至整个河道都在颤动,似乎那深沉的轰鸣,是从河床深处发出来的。

"那是什么声音?"姑娘问道。那是水坝泄流的声音,那小岛的尖岬处建了一座拦河大坝。划船手费劲地解说了一番,忽然,一阵悦耳的鸟叫声,从似乎是很远的地方,穿过了水坝泄流的轰鸣,传了过来,引起了他们的主意。"喏,"划船手说,"夜莺在白天鸣叫,这表明雌鸟正在孵蛋呢。"

一只夜莺!杜富家的小姐从来就没有听见过夜莺的啼叫,一想到自己能听见这种鸟儿的鸣唱,她心里就呈现出充满了诗情画意的优美景象。夜莺!它见证过朱丽叶在自己阳台上呼唤爱情幽会的来到,虽然它在剧中并未显形;夜莺,它是给世上所有的人拥抱亲吻时提供的伴奏,如天国之音美妙的伴奏;夜莺,它永远是人间一切缠绵悱恻浪漫曲的灵感引发者,而这些浪漫曲总能打开怀春少女柔软易启的心扉,给她们提供蓝色的爱情理想。

她很快就要亲自聆听夜莺的歌唱了。

"不要作声，"她的同伴说，"我们可以下船去林子里边，坐到离夜莺特近的地方。"

小艇仿佛是在水面上滑行。岛上的树林历历在现，岸堤甚低，可以一直望到密林的深处。小艇停了下来，船手将它拴在树上，亨利埃特挽上他的手臂，两人在枝叶丛中往前走。"请把腰弯下。"亨利提醒自己的女伴。姑娘便弯下了腰，于是，他们钻进了一个青藤、绿叶与芦苇密布的丛薮，这个难以发现的隐秘之所，肯定是这个青年划船手所熟悉的，他笑嘻嘻称之为"他的特殊密室"。

在他们头上方，有一只鸟栖歇在遮蔽着他们的一棵树的枝头，不停地鸣唱，它发出一声声颤音和漂亮的过门，接着就引吭高歌，歌声婉转清脆，沿着河流而远播，飞翔在平原上空，穿透了重压在田野之上的寥寂与炎热，直上云霄，闻声于天际。

他们都沉默不语，害怕将鸟儿吓跑了。两人紧挨着坐在一起，亨利的手臂慢慢地搂住了亨利埃特的腰身，轻柔地将她搂紧。亨利埃特不愠不怒，仅仅抓住这支大胆的手，将其推开。男的不断将手伸过来，女的不断推回去，动作亲昵，如此反复，双方都没有感到有什么难为情，本来嘛，君子好逑不怠，淑女半推半就，均属人之常情，再自然不过。

姑娘听着鸟儿的鸣唱，心醉神迷。她渴望幸福的到来，骤然觉得阵阵柔情染遍了全身，感悟到超凡脱俗的诗意，她的情怀心境已柔弱敏感到了极致，竟无缘无故地哭泣起来。这时，年轻的划船手已将她紧紧抱在怀里，她没有推开他，她也不想推开他。

夜莺的鸣唱突然停止，从远处传来一声呼唤："亨利埃特！"

"别答应，"艇手悄悄地说，"要不然会把那只鸟吓跑。"

少女压根儿就没有想要应声。

他俩就这么屏声静气地待了好一会儿，隐隐约约听见杜富太太大概是找了一个地方坐下，不时发出小声的尖叫，显然正在被另一个快艇手挑逗撩拨。

杜富小姐一直在哭泣，她内心充满了柔情蜜意，全身肌肤发热，有一种从未有过的酥麻之感。亨利把头靠在她的肩上，突然，他飞快地在芳唇上一吻。姑娘愤怒地做出了反抗，为了躲避这个男人，身子便朝后仰。但划船手又扑了上去，用整个身体压住她，姑娘不停地躲开他的嘴，他追逐了好一会儿，终于如愿得逞，吻个正着。姑娘神魂颠倒，欲念猛增，将划船手紧紧搂在胸前，回报了一吻，她完全放弃了抵抗，仿佛是被一个巨大的重量压垮了。

四周一片静寂。那只鸟儿又鸣唱起来，先是发出两三声优美动听的音符，那好像是对爱情的呼唤，接着，停顿了一下之后，就以低柔的声音，吟唱出悠悠的变调。

一阵微风拂过，唤起树叶的喃喃细语；从繁茂枝叶丛的深处，传出两声热烈的吟叹，同夜莺的歌唱、同树林的轻微声息交织成一片。

那只鸟儿越来越陶醉，它的歌声逐渐加快了节奏，好像大火越烧越旺，又像情欲越来越强，似乎还有下面林子里不断的接吻声在给它伴奏。那鸟儿更放开嗓子，发狂似的高唱，它在委婉悠长的音调中迷醉，在悦耳动听的乐曲里痉挛。

有时，它也停歇一下，只是轻吟两三声，而后突然又以高亢尖锐的音符收尾。有时，它一开唱就节奏奇快，如狂奔疾驰，其间，像喷泉一般的音阶、颤音、顿音疾射而去，犹如一曲狂野的爱歌，最后则是胜利的欢呼。

但是，那鸟儿听见下方林子里有一阵呻吟，便停止了鸣唱，那声音极为深沉，如一颗灵魂临终诀别的呼唤，持续了好一阵子，最后化为一阵呜咽。

这一对男女离开他们的绿色欢床时，面色都很苍白。在他们眼里，原来蔚蓝色的天空，显得黯淡了，火热的太阳也似乎冷却了。他们都感到自己是孤独的，寂寞的。他们靠近着走得很快，既不交谈，也不互相触碰，仿佛已成了不共戴天的仇人，好像在肉体上是互相厌倦，在心灵上是互相怨恨。

亨利埃特不时大喊一声："妈妈！"

一片灌木丛下传出一阵响声，亨利隐隐瞥见一条被撩开的白色衬裙急忙往一条肥胖大腿上一遮；而后，体态丰盈的杜富太太才现出了上身，神色有点儿羞窘，脸上红赧得厉害，眼睛媚亮闪光，胸脯剧烈起伏，与他的那个男伴靠得似乎太近，而她身边的那一位，无疑是因为刚才看见了某种滑稽有趣的什么，脸上还带有忍俊不禁的笑痕。

杜富太太亲热地挽上男伴的胳膊，一行四人又回各自的小船去。亨利与杜富小姐并排走在前面，他一直沉默不语，忽然，他仿佛觉得自己听见后面那一对闷声接了个长吻。

他们终于又回到了原来的出发地点贝容。

杜富先生早已酒醒，正等得不耐烦了。在离开这家饭店之前，那个黄头发的青年人又赶吃了一块点心。马车已经套好，停在院子里。老祖母已经上了车，正在那里嘀咕，担心天黑了在野外行车不安全，因为巴黎郊外不太平。

大家握手道别。杜富一家人乘车回府，那两个划船手喊道：

"再见！"车上回答他们的，是一声叹息与一滴眼泪。

两个月之后，亨利经过殉道者街，见一家店铺的门上写着：杜富五金制品店。

他推门而入。

体态肥胖的老板娘正伏在柜台上。双方立即就互相认出来了。寒暄客套之后，亨利便打听道："亨利埃特小姐，她好吗？"

"她很好，谢谢，她结婚了。"

"啊！……"

青年划船手心里一阵激动；他紧接就问：

"那是……同谁呢？"

"就是上次陪我们去郊游的那个青年人，您认识他呀，他现在接管这家铺子。"

"噢，那太好了。"

亨利满腹惆怅，也说不清是为什么，他正告辞离去，杜富太太却把他叫回来，她不好意思地问道：

"您的那位朋友好吗？"

"他很好。"

"请代我们向他问候，请告诉他，什么时候路过这里，要他来看看我们……"

杜富太太满脸涨得通红，又补充了一句："您就对他说，他来，会叫我很高兴的。"

"我一定转告他。永别啦！"

"啊，不……不久再见！"

第二年，一个非常炎热的星期天，亨利又独自回到他们在林子里的那个密室,他一直没有忘记去年的那次艳遇,其中的一切情景细节,这一天又忽然涌现在他脑海里,历历在目,栩栩如生,使得他旧情复燃,欲念陡生。

他钻进去一看,大吃一惊,亨利埃特正坐在绿茵上,神情忧郁,闷闷不乐,旁边,她的丈夫像一头牲畜似的呼呼大睡,他正是那个衬衣外面总是不加上装的黄头发青年。

亨利埃特一见划船手,脸色骤然变得苍白,看上去几乎要晕倒了。随后,他俩随便交谈起来,就好像他俩之间并没有发生过什么事。

但是,划船手对她坦言,自己很珍爱这个地点,星期天常到这里来休息,重温过去许多难忘的记忆,亨利埃特听着他这一番话时,久久地凝视着他的眼睛。

"我呢,每天晚上,我都想着这个地方。"她这么说。

"咱们走吧,我的好太太,"她的丈夫醒了过来,一边打哈欠,一边说:"我看时间不早了,咱们该动身回家啦。"

爱 情

猎人笔记三页

最近,我从报纸的社会新闻栏中,看到一个爱情悲剧的报道。有一个男子将自己的女人杀死,然后自杀,可见,这个男子一直是爱着这个女人的。在我看来,这个男子与这个女人何许人也,并无关紧要,我所看重的只是他们的爱情。这爱情之所以使我大感兴趣,不是因为它引起了我的怜悯,不是因为它使我深感惊奇。使我颇为感动,使我思索不已,而是因为它唤起了我青年时期的一段回忆,一段狩猎的回忆,在那次猎事活动中,爱情向我显示出它的真谛,就像十字架在天空中第一次向基督徒显灵一样。

我生来就具有原始人所有那些本能的感官,不过被文明社会的理性与情感磨去了棱棱角角。我酷爱打猎;一看见动物身上鲜血淋淋,羽毛上染满了血,我自己手上也沾上了血,我的心就兴奋得无法控制。

那一年,时届深秋,天气骤冷,我被表兄卡尔·德·罗维尔叫去,在黎明时跟他一道到沼泽地去打猎。

我的这位表兄,是一个四十岁的壮汉,满头红棕色的头发,体格硕健,胡须浓密,既是个乡绅,又是半个未开化的野人,生性乐呵,平日嘻嘻哈哈,天生有高卢人的机智幽默,其平庸凡俗的人品才得以显得有趣可爱。他的住宅是一座半农庄半城堡式的建筑,坐落在一条宽阔的山谷里,谷里有一条河穿流而过,其左右两岸的山丘上遍布着密密的树林,树林自古以来都归封建领主所有,其中还留存着好些参天壮丽的大树,那上面常栖有法国这一地区最为罕见的飞禽。人们常到这里来猎射老鹰;而那些从来不去人口稠密地区的候鸟,几乎毫不例外都来这些百年老树上栖歇,似乎它们认得并熟悉这古老森林里某个小小的角落,知道那是它们夜间短暂歇息的庇护所。

山谷里有一些大牧场,均能得到沟渠灌溉之利,被树篱隔成了一片又一片;较远处,河流与渠道疏通,铺陈为水网密布的广阔地带。这个地带是我所见过的最为理想的狩猎区,我的表兄倾心经营,将它保养得像一个公园。大片大片的芦苇覆盖在水网地带,飒飒作响,充满生气。如海浪一般起伏翻腾,人们在芦苇之中,辟出一条条狭窄的水道,平底船靠着篙撑,在静止不动的水面上行进,悄无声息,不时掠过芦苇的茎秆,惊走了那些在水草中游动的鱼儿,使得野水鸡黑黑尖尖的脑袋潜入水中,消失不见。

我爱水爱得不亦乐乎。我爱海水,尽管它过于浩瀚,过于激荡,难以调控;我爱河水,它如此美妙,虽然它奔腾、逃遁、一泻而逝;我尤其爱沼泽之水,那里面搏动着水生动物神秘莫测的生命。沼泽地,是地球上一个完整的特定世界,一个与众不同的世界,它有自己的生活,它有自己的常住居民,有自己的临时过客，它有自己的言语，自己的动静，特别是有自己的奥秘。没有什么地方比沼泽地带更叫人心神不定，更令人不安，更使人惊恐的了。为什么在这覆盖着水泊的低洼之地的上空，笼盖着恐怖？是大片芦苇的沙沙声造成的，还是星星点点、怪异闪烁的磷火？是被死寂夜幕包裹得严严实实的万籁无声？还是像尸衣般拖曳在芦苇丛上的神秘雾霭？要不然就是那难以察觉的汩汩声，它低微而轻柔，有时却又比人间的炮火或天上的雷鸣更令人恐慌，它使得沼泽地像梦幻之境，像令人畏惧的地方，深藏得不可知的危险的地方。

不，从沼泽地带之中还产生另一种东西，在它浓浓的雾霭里，还飘忽着另一种更深刻、更沉甸的奥秘，这也许就是大自然奥秘本身！因为生命最初的萌芽，就是滋生于停滞不动的泥浆之中，就是萌动、成长、绽放于温暖阳光的照耀下，滋润潮湿的泥土中。

傍晚时分，我来到表兄的家里。天气寒冷，石头都快冻裂了。

我们在大厅吃晚饭。大厅的餐具柜上、墙上、天花板上，都挂满了塞着稻草的飞禽标本，鹰、鹭、猫头鹰、夜鹰、鸢、猛禽、秃鹫、隼，无所不有，姿态各异，有的展开翅膀，有的栖息在固定的树枝上。表兄向我讲了讲他为当天夜里的安排。他穿着一件海豹皮做的礼服，本人就像冰寒地带的一头怪兽。

我们必须在凌晨三点钟出发，这样就可以在四点半左右到达事先选好的潜伏地点。为了稍许抵挡抵挡破晓前的寒风，那里早已用冰块砌成了一个隐蔽所。凛冽的寒风呀实在可怕，吹在肌肤上，如锯子在撕裂，如毒刺在狠扎，如刀片在切割，如钳子在猛绞，如烈火在灼烧，表兄搓着双手取暖，说："我从没有碰见过这么冷的天气,现在是傍晚六点钟,气温已经是零下十二度了。"

晚饭后,我立刻爬上床,在壁炉熊熊大火的亮光中睡着了。

凌晨三点整,有人把我叫醒。我也披上一张绵羊皮,而表兄则裹着一张熊皮。我们每人喝了两杯滚烫的咖啡,接着又干了两杯上等白兰地,然后就带着一个跟班和两条狗出发了,一条狗名叫普隆戎,另一条叫皮埃罗。

刚一走出屋子,我便感到寒气透骨。那个夜晚,大地仿佛已经冻死。冰冷的空气变得似乎坚硬可触,令人难受,它凝固成型,巍然不动,没有任何风吹能搅动它分毫;它撕咬、刺透、吸吮、扼杀所有的树木、植物和昆虫,即使是飞鸟也在劫难逃,它们冷得从树枝上坠落到坚硬的地上,在严寒之中,冻得像土地一样硬邦邦。

一弯下弦月挂在天边,苍白黯淡,在太空中显得疲软无力,再也难以移动,它悬在空中,也受到高处严寒的侵袭而冻僵了。它向人间洒下一片干涩而悲凉的光,每个月它行将消隐之前,总要将这种微弱苍白、奄奄一息的光,洒向人间。

卡尔与我,肩并肩、弯着腰向前走去,两手插在口袋里,猎枪夹在胳膊下。我们的皮靴外面裹着羊毛,为了在冰冻的水面上行走不打滑,并且踩地无声,不惊动猎物。跟随着我们的两条狗,气喘吁吁,不断呼出白色的雾气。

我们很快就来到了沼泽地带的边缘,走进一条干枯芦苇所形成的小道,这小道穿过一大片低矮的芦苇丛,向前伸展。

我们的手肘轻轻擦过一条条像饰带般的长芦苇叶子,在我们身后留下一阵轻微的飒飒声。沼泽地在我心里所引起的那种强烈的奇特的感情,一下就完全控制了我,这是我过去从未有过的。

这一片沼泽已经死了,被冻死了,既然我们穿过密密的干枯芦苇丛,走在它上面仍安然无恙。

突然,在小道的转弯处,我瞧见了那个事先砌好给我们当隐蔽所的冰屋。我走进去,因为那些居无定处的鸟儿要一个钟头以后才会醒来,我便钻进被子试图取暖。

我仰面躺着,开始观察那变了形的月亮,透过这间屋子略略透明的冰墙看去,我觉得它似乎有四只脚。

但是,沼泽地带的严寒,冰屋四壁的寒气,从天而降的冷气,很快就渗透进我的体内,我开始咳嗽了。

表兄卡尔开始惴惴不安,他说:"如果今天打不到什么,那就算我们倒霉,我可不想让你得感冒,我们这就生火吧。"说完,他就吩咐跟班去割干枯的芦苇。

我们在冰屋中央放了一堆芦苇,冰屋的顶盖捅了个窟窿,以便冒烟。当红色的火焰沿着水晶般明亮的四壁上蹿时,冰墙开始静静地逐渐融化,就像是冰块在出汗。卡尔待在冰屋外,他朝我喊:"你快来看吧!"我走了出去,一下就惊呆了。我们那圆锥形的冰屋,就像一颗中心燃着火光的巨大钻石,突然被置于沼泽地冰冻的水面上。而在钻石之中,则可以看到两个奇特的形象,那是我们带来的两条狗正在火旁取暖。

但这时,我们头上掠过一阵叫声,怪里怪气、嘈杂零乱而又飘忽不定的叫声,原来是冰屋里的火光把那些野鸟惊得乱飞乱叫。

这是有生之物在黎明发出的第一声聒噪,没有什么比这更使我心潮起伏了,这叫声你看不清发自何物,但它于冬日第一道曙光初现以前,在黑漆漆的天空里,迅速地向远方传播。我觉得,当此寒冽的拂晓时分,这乘着鸟儿的翅膀飞逝而去的叫声,仿佛是世界生灵的第一声叹息。

卡尔说了一声:"把火灭掉,天亮了。"

天空的确开始泛白,成群的野鸭在天际飞远,像是一长串黑点儿,瞬息即逝。

夜色之中闪出一束亮光,卡尔刚刚放了一枪,两条狗向前扑去。

于是,每当芦苇上空出现飞行群体的阴影时,我们便赶紧瞄准射击,有时是他开枪,有时是我。皮埃罗与普隆戎便兴高采烈、气喘吁吁跑去。把鲜血淋淋的飞禽衔回来,有时,垂死猎物的眼睛还瞧着我们。

天光大亮,这是一个晴朗的日子,天空一片蔚蓝,太阳从谷底冉冉升起,我们正要继续前进,有两只飞鸟颈脖直伸,双翅展开,从我们头上掠过。我开枪射击。其中一只几乎就坠落在我脚旁,那是一只腹部呈银灰色的野鸭。这时,在我头顶的上空,另一只还在叫唤,那是一种急促、反复而令人心碎的哀鸣。它幸免于难,却并未飞遁而去,而开始在我们头上那一片蔚蓝色天空中盘旋,同时盯着我提在手里的它那死去的伴侣。

卡尔跪着,枪扛在肩上,目光炯炯,直盯着剩下的那一只,等着它飞得靠近些。

"你打下的那只是雌的,"他说,"雄的那只不会飞走了。"

的确,它没有飞走,它一直在我们上空盘旋,围着我们不断哀号。这只可怜的生灵,在空中茫然若失,不断地发出凄厉的呼唤,悲痛的谴责,我从来没有听到过任何痛苦的呻吟比这更叫我心碎。

有时,在枪口瞄准的威胁之下,它也飞遁而逃,似乎准备独自向天空飞去,继续自己的行程。然而,它终究下不了决心,立刻又飞回来找失去的伴侣。

"你把打死的那一只放在地上,"卡尔对我说,"剩下的那一只马上就会靠近。"

果然,那一只全然不顾危险,飞了过来,由于对被猎杀的伴侣的怜爱而癫狂了。

卡尔开枪一射;似乎悬挂着那只鸟儿的绳索猛然被切断了,黑乎乎的它应声落地,我听见芦苇丛里那落地的响声。皮埃罗急忙蹿出,将鸟儿衔了回来。

我把这两只已经冰凉的鸟儿,塞进一只小猎物袋里……就在那一天,我动身回到巴黎。

一家人

开往纳伊的市内小火车过了马约门,正沿着林荫大道向塞纳河岸驶去。小车头拉着一节车厢,鸣着汽笛驱开挡路的车辆行人。它直喷蒸汽,像一个人在急速奔跑,上气不接下气,呼哧呼哧喘个不停。它的活塞里发出快节奏的响声,好似火车的铁腿在跑动。夏天傍晚的闷热笼罩着大道,虽然没有一丝风,路面上却扬起粉笔灰似的白色尘土,浓厚、呛人而且热烘烘的,还黏附在人的皮肤上,迷糊人的眼睛,甚至钻进人的五脏六腑。

家家户户的门口,都有出来透透气的居民。

车上的玻璃窗都大敞着,车速很快,窗帘在疾风中飘扬。车厢里的乘客寥寥无几,因为天气闷热,大多数乘客都爱待在顶层和车厢外的平台上。一部分乘客是打扮得俗里俗气的胖太太,属于住在郊区的小市民,就靠装腔作势来代替自身所缺乏的高雅气质。另一部分乘客是腻烦了办公室生涯的公务员,由于长期伏案工作,脸色蜡黄,腰弯背驼,肩膀一边高一边低。他们愁苦憔悴的面容,表明他们上有老下有小,负担沉重,经济拮据;也表明他们早年的希望已经彻底破灭,如今加入了衣衫破旧的穷人行列。他们在巴黎边缘当垃圾场用的田野安家，住在刷了白灰的破房子里，门口一块花坛就算是自家的花园，日子嘛，当然是省吃俭用，过得紧巴巴的。

紧挨车门，坐着一个矮矮胖胖的男子。他脸颊臃肿，大腹便便，直垂到双腿的叉开之处。他一身黑色服装，佩戴着勋章绶带，正在同一个身材瘦长的人聊天。此人不修边幅，穿一套脏乎乎的白色斜纹布服装，戴一顶旧兮兮的巴拿马草帽。那矮胖子说话慢吞吞的，有时真像个结巴，他是海军部主任科员卡拉望先生。那瘦高个子从前在商船上当卫生员，后来在古尔博瓦圆形广场附近定居，利用他漂泊了一生之后仅余的那点儿浅薄的医学知识，给当地穷老百姓治病糊口。他姓舍奈，要人家称呼他"大夫"。关于他的为人品行，当地颇有不少流言蜚语。

卡拉望先生一直过着公务员循规蹈矩的生活。三十年来，他天天早晨去办公室上班，走的是同一条路，在同一个时间，同一个地点，遇上同一批上班族，傍晚下班，还是走同一条路，遇上同一批眼见着日渐衰老的面孔。

每天早晨，他在圣奥诺雷区的大街口，花一个苏买一份报纸，再买两个小面包，然后走进部里大楼，那神态就像一个投案自首的罪犯。他急匆匆地赶到办公室，心里惶惶不安，总是担心自己的工作有什么疏忽而会受到斥责。

他这种单调的生活规律，从来没有发生过什么变化，因为除了办公室里的事务，除了升级与奖金，他什么都不关心。从前，他就不在乎嫁妆，娶了一位同事的女儿。长期以来，他不论是在部里还是在家里，都只谈论公务。他那点儿脑子，早已在办公室枯燥的日常事务中萎缩了，如今除了与部里有关的事情之外，他再也没有其他的计划、希望与梦想了。不过，虽然他对自己的公务员生涯知足常乐，但总掺杂着一种扫兴的苦涩感，那是因为一些海军军需官，军装上有几杠白条纹，被人称为"白铁匠"，光凭这一点，一调进部里就当上副科长或科长，对此，他与妻子都愤愤不平。每天吃晚饭的时候，他就大发议论，列出种种理由，证明将巴黎的官职如此轻易地给了那些本应航行在海上的人，无论从哪个角度来说，都是极不公平的。

韶光易逝，不知不觉中，他已经老了。早年，自打出了校门，就直接进了衙门，他在学校里见了就发抖的学监，后来换成了他怕得要命的上司。他只要一到那些办公室暴君的门口，就浑身上下直打哆嗦。由于长期处于这种惶恐不安的状态，他也就形成了猥琐可笑的举止习惯，见了人就局促不安、低声下气，说起话来则神经质地直结巴。

他对巴黎的了解少得可怜，不比那个每天由狗领到同一个门槛上乞讨的瞎子知道得更多。他从一个苏一张的小报上，也读到一些社会消息与桃色新闻，但认为纯系杜撰编造，是专供小职员消遣解闷的。他一贯奉公守法，是一个没有鲜明观点的保守派，但对"新事物"还是有强烈憎恨的。凡是报上的政治新闻，他一概跳过不看。不过，话得说回来，那份小报在这方面做报道时，总要为了某一方收买者的需要而歪曲事实。每天傍晚，他沿着香榭丽舍大街步行回家，望着熙熙攘攘的行人与川流不息的车马，那神情就像一个来自遥远国度的异乡旅客。

这一年，卡拉望先生按规定服务三十年的期限满了。一月一日那天，他因此而得了一枚荣誉团勋章。须知，在这种军事化的机关里，那些被缚在绿皮卷宗上的公文奴隶，经过长期悲惨的苦役，也就是"竭诚效力"之后，就会获得此种奖赏，这一出乎他意料的荣誉，使他对自己的才干刮目相看，评价更高，同时也彻底改变了他的日常习惯。从那以后，他不再穿杂色的裤子和不伦不类的上装，而换上黑色的礼服与裤子，这样才跟勋章宽宽的绶带般配协调，相得益彰。与此同时，他每天早晨都要刮脸，仔仔细细地修指甲，隔一天就换一件衬衫。总之，眨眼之间，卡拉望就像换了一个人，衣着整洁，神气十足但又平易谦和。而所有这一切，他都是出于对国家"勋位团"的尊重，出于一种合情合理的团体精神，要知道，他本人就是这团体中的一员呀！

他在家里，总喜欢把"我的勋章"挂在嘴边。他这种自豪感极度膨胀，甚至不能容忍别人在扣眼上挂任何别的勋章，见了外国勋章更是火冒三丈，他认为："根本就不应该允许他们在法国佩戴出来。"他特别反感每天傍晚在小火车上遇见的舍奈"大夫"，此人居然也总挂着一种勋章绶带，白不白蓝不蓝、黄不黄绿不绿的，说不上是个什么玩意儿。

从凯旋门到纳伊这一段路，他们两人交谈的话题大同小异。这一天与往常一样，先是谈论本地区的种种弊端，对所有这些，他俩都甚为憎恶，但区长却熟视无睹，不闻不问。接着，卡拉望把话题转到疾病方面来。与医生结伴同行，这是自然而然的，他指望在闲聊中能免费拾些牙慧，得些指点，只要不着痕迹，问得巧妙，说不定等于能得到一次诊断。何况，他近来很替他母亲的健康状况担心。她时常昏厥过去，隔许久才苏醒过来。她年已九旬，偏又不肯求医就诊。

母亲垂垂老矣，卡拉望一说起就要大动感情，他一再对舍奈"大夫"说："您能经常见到这么高寿的人吗？"说着，就喜滋滋地搓搓双手,这倒不见得是他希望老母亲永远活在世上,而是因为他母亲的长寿,也是他本人将长寿的预兆。

他接着说:"哈哈,我们家的人都长寿,因此,我敢肯定,如果不出意外,我会活得很老。"

老卫生员向身边的这位伙伴投去怜悯的一瞥,再打量打量对方红光满面的脸,肥嘟嘟的脖子,垂在两条肉乎乎大腿上的大肚子,还有那容易中风的圆滚滚的体型,然后掀了掀扣在头上的那顶灰不溜秋的巴拿马草帽,嘿嘿地一笑,回答说:"老兄,不见得吧,令堂身体干瘦干瘦,而您却胖得像个皮球。"卡拉望窘得发慌,便一声不吭了。

这时,小火车到站了。两个同伴下了车。舍奈先生提议到对面他俩常去的那家环球咖啡馆去,请卡拉望喝一杯苦艾酒。老板跟他们挺熟,隔着柜台上的酒瓶伸出两根手指,他们握了握,然后走过去,瞧瞧从中午起就一直在那里玩多米诺骨牌的三个牌友。大家彼此热烈地互致问候,又少不了打听打听"有何新闻"。然后,牌迷们继续玩牌。待这两位告辞时,他们头也不抬,只把手伸过来,他俩握了手,就各自回家吃晚饭了。

卡拉望住在古尔博瓦广场附近的一所三层小楼里,楼下开了一家理发店。

他的住宅里有两间卧房、一间饭厅和一个厨房,几把修理过的椅子要按需要在几个房间里搬来搬去。卡拉望太太的时间几乎都花在打扫房间上了。十二岁的女儿玛丽·路易丝与九岁的儿子菲利普·奥古斯特,则整天在街边的泥坑里,跟本街区的顽童嬉闹玩耍。

卡拉望的母亲被安置在楼上。她在附近这一带以小气而出名,而她本人又精瘦精瘦的,所以有人说,上帝把他老人家自己精打细算的原则全都用在她身上了。她脾气很坏,没有一天不跟人吵架,不大发雷霆的。她从窗口里大骂站在自家门前的邻居,大骂蔬菜贩子、清道夫与孩子。孩子们为了报复,就在她出门的时候,远远跟随其后,高声叫喊:"老——妖——精,老——妖——精!"

家里雇了一个女佣,专干家务活儿。她是个矮小的诺曼底人,粗心大意得令人难以置信。她睡在三楼,就在老太太的旁边,以防老人有三长两短。

卡拉望回到家中时,他那有洁癖的妻子,正在用一块法兰绒擦拭那几把散放在空荡荡的几间屋里的红木椅子。她总是戴着线手套,头上扣着一顶便帽,缀在帽子上的五颜六色的缎带,时时滑落到一侧耳朵上,她老是打蜡呀、擦拭呀、洗呀、刷呀,每逢被人撞见时,就总是这么说:"我不是有钱人,我家里的陈设很简单,我的奢华就是洁净,这可不亚于其他种类的奢华。"

她生来就讲求个实在,而且固执己见,在大大小小的事情上,都是她向丈夫发号施令。每天晚上,先是在饭桌上,而后又在床上,两夫妻都要喋喋不休地议论办公室的事。虽然丈夫比妻子大二十岁,但是如同向神父做忏悔一样,什么事都告诉她,并且还得遵照她的意见去行事处世。

卡拉望太太从来就没有漂亮过,她原本又矮小又干瘦,现在更称得上是丑陋了。这也怪她不会打扮,如果穿戴得体,她那点儿很有限的女性特征,也可以巧妙地有所凸显,然而现在却被她自己的不当弄得不见踪影。她的裙子总是穿歪了,扭向一边。她还爱在身上东抓抓西挠挠,不管是什么地方,也不管是什么场合，这种习惯已经成为了一种怪癖。在家里，她通常戴着一顶软帽，帽上缀着一大簇丝绸彩带，她觉得这是唯一适合她的打扮，自认为这样很美。

一瞧见丈夫回来，她立刻站起来，亲了亲他的颊髯，说："亲爱的，你还想去波坦百货店吗？"他原本答应过妻子到那店里为她办一件事，这是第四次忘得一干二净了。妻子一问，他简直就吓坏了，一下就倒在椅子上。他说："太糟了，这件事我惦记了一整天，可是没有用，一到后半晌还是忘掉了。"看他的确是一副很难过的样子，妻子就安慰道："你明天别忘记就是了。怎么，部里没有什么新闻吗？"

"怎么会没有呢？又有一个白铁匠被任命为副科长了。"

他妻子的神情猛然一下肃穆起来：

"是哪一科？"

"国外采购科。"

妻子立即就火了：

"这么说，是接替拉蒙的职位啰？这正是我想要你得到的位子。拉蒙呢？他退休了吗？"

卡拉望讷讷地答道：

"他退了。"

妻子火冒三丈，头上的软帽滑到了肩头上，她泄愤着说：

"完了，瞧吧，这个鬼地方，现在一点儿指望也没有了。你说的那个军需官姓什么？"

"博纳索。"

她把存放在手边的海军年鉴拿过来一查，念道：

"博纳索。——上校。——一八五一年生。——一八七一年任见习军需官,一八七五年任助理军需官。"

"他出过海吗?"

卡拉望听此一问,愤愤的情绪消释了,笑意骤然而生,直乐到心坎里去了。他答道:"同巴兰一样,同他的上司巴兰完全一样。"接着,放声笑了起来,讲起他那个部的人都觉得妙不可言的笑话:"派他们俩去视察黎明军港,千万别走水路,他们即使乘小火轮,也会晕船的。"

但妻子仍然板着脸,对这个笑话似乎充耳不闻。过了片刻,她慢吞吞地搔着下巴,喃喃道:"要是认识一个议员就好了,一旦议会了解部里发生的这一切,部长非下台不可……"

从楼梯口传来一阵吵闹声,打断了她的话。玛丽·路易丝与菲利普·奥古斯特从街上的泥坑里回来了。姐弟俩每上一级,都要你打我一个耳光,我踢你一脚。母亲大为恼火,冲了过去,抓住两人的胳膊,使劲摇晃,一把将他们推进屋里。

两个孩子一见父亲,立即就扑了上去。父亲慈爱地搂着他们亲了亲,然后,让他们坐在他膝上,跟他们谈心。

菲利普·奥古斯特是个丑孩子,头发蓬松,像堆乱草,从头到脚都脏乎乎的,而且一脸傻相。玛丽·路易丝长得像母亲,说话也像母亲,爱重复她的话,甚至还模仿她的手势。小姑娘也这么发问:"部里有什么新闻吗?"而做父亲的,则快快活活地答道:"丫头啊,你的朋友拉蒙,也就是每月都来吃饭的那位先生,很快就要离开咱们了,有位新任副科长要接替他的职位。"小女孩儿抬眼看了看父亲,以早熟孩子那种同情的口吻说:"这么说,又有一个人踩着你的后背爬上去了。"

父亲收起笑容,未做回答,接着就岔开话题,问正在擦玻璃窗的妻子：

"妈在楼上好吗？"

卡拉望太太停下来，转过身去，把滑到背上的软帽扶正，嘴唇颤动着说：

"哼！好吧，咱们来谈谈你妈吧，她可真给了我个好瞧的！你想想看，理发匠的老婆勒博丹太太，上楼来找我借一包淀粉，正巧那时我出去了，你妈就骂人家是'要饭的'，把人家撵走了。我回来就把老太婆狠狠说了一顿。她跟往常一样，别人一说到她的不是，就装聋作哑，其实，她不见得比我耳背，是不是？她那是在装蒜。我这么讲是有根据的。她当时什么话都不说，立刻就赌气上楼回自己房间去了。"

卡拉望甚为尴尬，沉默不语。这时，女仆跑来通知饭已准备好了。于是，卡拉望拿起藏在墙角的一根扫帚把，往天花板上捅了三下，通知老母下楼就餐。然后，大家来到餐室里，卡拉望太太把汤分好，等老太太下来。可是，等得汤都凉了，还不见下来，他们就只好先慢慢吃了起来。每人的汤喝完了，他们又等。卡拉望太太一不耐烦，就真的火了，便拿丈夫撒气："你瞧瞧，她是在成心闹别扭，可你老是偏袒她。"卡拉望左右为难，没有办法，于是打发玛丽·路易丝去请奶奶，自己则垂着目光，坐在那里没有动。他的妻子则气鼓鼓地用餐刀的尖端，不断敲打着酒杯的杯脚。

门突然打开，只有小女孩儿一个人跑回来，脸色煞白，惊慌失措地说："奶奶倒在地上啦！"

卡拉望一下蹦了起来，把餐巾往桌上一扔，跑了出去，楼梯上响起了他嗵嗵嗵的脚步声。他太太认定婆婆是在玩花招儿，轻蔑地耸耸肩,慢吞吞地跟着上楼。

老太太直挺挺地趴在房间中央。儿子将她的身子翻过来,只见她那张面孔毫无知觉,没有表情,皮肤发黄,遍布皱纹,双目紧闭,牙关紧咬,一动也不动,那干瘦的躯体已经僵硬了。

卡拉望跪在她身边,呜咽着:"我可怜的妈妈呀!我可怜的妈妈呀!"

但是,他的妻子仔细端详了一会儿,蛮有把握地说:"得啦,没有什么事,又是昏过去了。不用说,就是不想让我们吃晚饭!"

夫妇二人把老太太抬到床上,脱掉衣服,再加上女用人,一齐给她按摩,费了半天的劲,仍不见她苏醒过来。于是,他们便打发女用人罗萨莉去请舍奈"大夫"。他住在河边,靠近苏雷恩,路很远,等了好久,他才赶到。他检查了一番,号了号脉,拍了拍老太太,大声宣称:"人不行了!"

卡拉望扑到母亲身上,号啕大哭,哭得全身直发抖。他拼命吻母亲僵硬的脸,大颗大颗的眼泪,像下雨一样纷纷落在死者的脸上。

卡拉望太太的悲痛发作得适度而又得体,她站立在丈夫的身后,轻声地哭泣,用手揉着眼睛。

卡拉望的脸肿胀得更大了,稀疏的头发也全乱了,悲痛欲绝使得他的面相显得十分丑陋。他猛然站起来,说:"真的……大夫,您有把握……您绝对有把握吗?……"

卫生员连忙走过去,以行家里手的熟练动作摆弄着尸体,就像商贩夸耀自家的货物一样,说道:"喏,老兄,你瞧瞧这眼珠嘛。"他翻开老太婆的眼皮,手指下露出的那颗眼珠,看上去并无变化,只不过瞳孔好像大了一点儿。

卡拉望心如刀割,吓得浑身发软。舍奈"大夫"先抓起老太婆那肌肉已经缩拢的胳膊,用力掰开她的手指,就像面对一个抬杠者那样气冲冲地对卡拉望说:"您自己瞧瞧这只手嘛,尽管放心吧,我是绝对不会看走眼的。"

卡拉望又扑到床上打滚儿,哭得像牛在哀号。这当儿,他妻子一边装作仍在啜泣,一边料理她该做的事。她将床头柜挪过来,铺上一块台布,放上四根蜡烛,点着以后,又从壁炉台上取下吊在镜子后面的一根黄杨树枝,搁在四根蜡烛之间的一个盘子里。没有圣水怎么办,盛满在盘子的清水就算是吧。不过,她略微考虑了一下之后,又捏了一小撮盐放进清水里。毫无疑问,她以为如此这般,就算是完成了临终法事。

她布置了灵堂之后,就站在那里不动了。卫生员帮她摆这摆那安排停当后,低声提醒她说:"应当把卡拉望先生拉开。"她点头同意,走到一直跪在那里痛哭的丈夫身边,同舍奈先生一人架一只胳膊,将他搀扶起来。

两人先扶他坐在椅子上。妻子吻了吻他的额头,便开导起他来。卫生员也在旁边帮腔。他们劝他要认从天命,要节哀自持,要坚强振作,殊不知他们开出的这几味药,正是大悲大痛的人难以消化的。于是,这两人又重新搀起他,把他领出去。

他像一个胖孩子一样,抽抽噎噎,浑身绵软,双臂耷拉着,两腿无力。他跟着他们走下楼,却浑然不知自己在做什么,只是机械地迈着脚步。

他们扶他坐在他平日吃饭坐的那把椅子上,餐桌上还放着几乎空了的汤盆,汤匙仍浸在汤脚里。他坐在扶手椅上一动也不动，眼睛直勾勾地盯着酒杯，脑子里一片空白。

卡拉望太太在角落里跟舍奈先生谈话，打听该办哪些手续，了解办丧事方方面面的事情。舍奈好像还在期待着什么，最后他抓起帽子，说他还没有吃晚饭，行了个礼表示要走，卡拉望太太高声地表示意外：

"怎么，您还没有吃晚饭吗？那就留下来，留在这里吃吧！有什么吃什么，不必客气，您知道，我们家从来都吃得很简单。"

"大夫"婉言推辞，卡拉望太太执意留客：

"您这是为什么呢？请您还是留下来吧。在这种时刻，有朋友在身边，真是万幸；再说，您劝劝我丈夫，他也许会吃点东西，他真需要补充补充，恢复点儿气力才行呀。"

"大夫"躬身从命，把帽子放回家具上，答道："既然如此，太太，我就只好领情啦。"

卡拉望太太向吓昏了头的罗萨莉吩咐了一番，自己也坐到餐桌前，说是要"陪陪大夫"，自己"装装样子，也得吃点儿东西"。

他们把已经凉了的剩汤都喝掉了。舍奈先生还添了一次。接着，端上来一盘里昂风味的牛肚，散发着一股洋葱的香味，卡拉望太太也决定尝一尝。舍奈"大夫"赞道："好吃极了。"主妇笑了笑说："是不错吧？"然后扭头对丈夫说："你也吃点儿吧，我可怜的阿弗雷特，哪怕只是垫垫肚子也得吃点儿呀，想想吧，你还得熬夜呢！"

卡拉望驯服地把餐盘拿过来，开始吃了，现在，他凡事顺从，既不抵制也不思考，即使是让他上床去睡，他也会听命照办的。

舍奈"大夫"自己动手，往自己盘子里添了三次；卡拉望太太也不时用叉子叉一块牛肚，装出心不在焉的样子吃下去。

接着又上了满满一盆通心粉，"大夫"再次喃喃赞道："哟，这真是好东西！"这回，卡拉望太太给每人都足分了一份，连小孩儿的盘子里也都盛满了。两个孩子就搅和着往嘴里塞，有时趁人不注意，还偷喝原汁葡萄酒，并且在桌子底下互相踢脚。

舍奈先生突然想起罗西尼喜爱意大利通心粉，没头没脑来了这么一句："咻，还挺押韵的呢，可以写一首诗嘛，就这么开头好了：

罗西尼这音乐家
爱吃通心面粉条……"

谁也没注意他在说什么。卡拉望太太忽然间心事重重，她在考虑这次突发事故会引起哪些后果。她丈夫则把面包一块块揪下来，搓成一个个小面团，摆在餐桌上，然后两眼死死地盯着，全然一副白痴的神情。他觉得嗓子眼儿里干得火辣辣的，于是，一次又一次地把斟得满满的葡萄酒一饮而光。他的脑子经受了这场打击与悲痛，本来就已经是乱糟糟的，现在更是晃晃悠悠，就像暴饮暴食后肠胃壅塞、昏昏欲睡之时飘飘然的那种感觉。

舍奈"大夫"不再客气了，喝起酒来像个无底洞，他显然已经醉了。卡拉望太太经过这一阵子神经紧张之后，不免焦躁不安、心烦意乱，虽然只喝了些清水，却也感到脑袋晕乎乎了。

舍奈先生闲聊起几户人家死了人的情况，在他看来，那都很不近人情的。因为在巴黎郊区，住的全是外省人，他们还保留了乡下人对死者的那种冷漠的态度，即使死的是自己的亲爹亲娘。固然，在乡下人中，这种对死者的不敬、这种自己也没有意识到的冷酷无情，是极为常见、不足为奇的，但在巴黎就十分罕见了。他说道："喏，我就碰上了，上周，普托街有户人家来请我，我连忙赶去，一看，病人已经咽气了。可是，家属们却在床榻旁边喝茴香酒，那是头天晚上专为临终病人买来给他过瘾的，这一家子人还非得从从容容喝光这一瓶才肯罢休。"

然而，卡拉望太太根本没有在听，她心里正在想着遗产这桩大事。卡拉望脑子里则一片空白，舍奈先生所讲的，他什么也没听懂。

咖啡端上来了，为了提神，咖啡煮得很浓，每个杯子里还兑了白兰地，一旦下肚，人人的面颊上就泛起了一层红晕，脑子里仅存的那点儿模糊意识，也都被搅乱了。

最后，"大夫"又猛然抓起酒瓶，给每人斟了一点儿白兰地涮涮杯子。他们不再说话，慢慢地啜着加糖白兰地在杯底和成的淡黄色甜浆，一个个沉湎在消化美食时的甜蜜温馨之中，而美酒则更使他们像动物一样，在酒足饭饱的舒适感里沉沦若失。

两个孩子都睡着了，罗萨莉把他们送上了床。

卡拉望像所有遭遇不幸的人一样，机械地顺从一种要使自己变得麻木的下意识，又接连几次喝了白兰地，他那呆滞迟钝的眼光居然炯炯有神了。

"大夫"终于起身要走了，他抓住朋友的胳膊，建议道：

"来，跟我一道出去，透透空气对你会有好处的；一个人有了烦恼，不应当闷在家里不动。"

卡拉望听从了这个建议，他戴上帽子，拿起手杖，随"大夫"出去了。两个朋友挽着胳膊，在星光灿烂的夜空下，朝塞纳河走去。

温熏的晚风徐徐吹送着阵阵花香。在这个季节里，附近一带的花园苗圃都开满了鲜花。百花的芬芳白天里似乎都在沉睡，到了黄昏才渐渐苏醒，由丝丝微风散发在幽暗之中。

宽阔的大街上静寂无声，不见人迹，只有两行煤气街灯，一直延伸到凯旋门。巴黎市区那边，红尘笼罩，传来一片喧闹的市声，有如一种持续不断的隆隆滚动声。而在远处，时而又有火车的鸣笛遥相呼应，那是一列开足了马力的火车，在原野上狂奔疾驶，也许要穿过外省朝大西洋海岸驶去。

户外的空气扑到脸上，使他们有种异样的感觉，"大夫"几乎失去了平衡，而卡拉望从吃晚饭时就已经晕晕乎乎，这时就晕得更厉害了，恍若在梦中行走，脑子昏昏沉沉，浑身发软乏力。这时，揪心的哀伤似乎已经过去，他在精神上正处于一种麻木状态，也就不再有痛苦之感了，再加上夜色中弥漫着温煦的花香，更使他感到如释重负，得到了解脱。

两人走到桥头，便朝右拐，清风从河面上扑面而来。岸边高耸着一排白杨树，河水静静而忧郁地流淌着，星星随流水而荡漾，似乎在水里游泳。对岸的河堤上飘荡着轻淡的白色雾霭，人呼吸到一股潮润的气息。卡拉望骤然停步，河岸的氛围强烈地触动了他，唤醒了在他心中沉睡了多年的记忆。

他蓦地又看见了自己的母亲，如他童年时所常见的音容那样：在遥远的故乡庇卡底的家门口，她弯着腰，跪在流经园子的小溪边上，正在洗身边的一大堆衣服。他恍惚听见寂静的田野上，响起母亲的棒槌声与呼喊声："阿弗雷特，快给我拿块肥皂来。"此时此刻,在巴黎的河岸上,他又闻到了同样的流水气息,又看到了同样笼罩着潮湿地带的轻雾。本来,故乡沼泽地上的水霭蒸汽就一直存留在他内心深处,永远难忘,而现在,恰巧在母亲去世的这个晚上,他又如身临其境,回到了儿时的故乡。

他伫立不动,绝望的情绪又猛然袭上心头,好似一道闪光突然照亮了他整个的不幸,一股飘忽不定的气流将他投进了无可缓解的大悲大痛的深渊。他感到自己的心被这次永远的离别撕得粉碎,他的一生从此也就被拦腰切成了两截;他的整个青年时期,由于母亲的亡故而永远消失了。"以往"这个概念再也没有了。年少时光的记忆全都烟消云散了;再也没有人能同他回顾往事,谈谈他从前认识的人,谈谈他的故乡、他本人以及他过去生活中的琐事。他的一部分存在已经终结,现在轮到他另一部分存在走向死亡了。

一件件往事浮现在他眼前,纷至沓来。他又看见年轻时的"妈妈",穿着旧衣服,长年累月没得更换,仿佛已同她本人合二为一,分割不开了。他接着又连连在早已遗忘的一些情景中看见了"妈妈",重温了她那些已经模模糊糊的形貌:她的举止、声调、习惯、癖好、愤怒、脸上的皱纹、瘦指头的动作以及今后再也不会有的那些惯常的姿态。

于是,他伏在"大夫"身上痛哭起来。他那绵软乏力的双腿在发抖,整个身子随着哭泣而颤动,泣不成声地喊着:"妈,我可怜的妈呀!我可怜的妈呀!"

然而,他这位朋友一直醉意甚浓,眼下正打算到他常去偷乐的地方乐一个夜晚呢,见卡拉望的悲痛又一次大发作,就不耐烦了,便扶他到河边坐在草地上,借口要去看一个病人,随即就撤下他走了。

卡拉望哭了很久，眼泪都流干了，痛苦大为减缓，心境重新变得轻松，并感受到一种意想不到的安宁。

月亮升起来了，以它温柔的幽光沐浴着大地。高挺的白杨树银光闪闪，平原上的雾气像浮动着的白云。河水里不再有星星游泳了，但似乎铺盖着一层珍珠，仍流淌不息，泛起了闪闪发亮的涟漪。空气温和，微风送来阵阵芬芳，大地进入了温馨的梦乡。卡拉望尽情品尝着夜色的柔美，他畅怀地呼吸着，觉得随着清新的空气，宁静与无上的欣慰也被吸进他的体内，直达五脏六腑、神经末梢。

不过，他仍不断地抵制这种油然而生的舒适感，一遍又一遍地重复：

"妈呀，我可怜的妈妈呀！"

他用忠厚老实人的良心来激励自己再哭下去，但他再也哭不出来了，甚至不再有任何悲痛触他动情、使他像刚才那样号啕大哭了。

于是，他站起身来，慢慢地往回走，沉浸在大自然对人间万事皆无动于衷的那种超脱宁静里，他的心境也在不知不觉之间平复下来了。

走到桥头，他望着即将出发的末班小火车的灯光，望见环球咖啡馆背面一排灯火明亮的窗户。

他忽然觉得需要找个人诉说诉说自己的不幸，以得到别人的同情与关心。于是，他哭丧着脸，推开咖啡馆的门，见老板正站在柜台前。他便走了过去，原以为大家见他这副样子，都会站起来，迎着他来跟他握手，并且问道："咦，您是怎么啦？"不料，没有一个人注意他脸上悲痛的表情,他就趴在柜台上,双手抱着脑袋,喃喃自语地说:"哎呀,上帝啊!上帝啊!"

老板打量了他一眼,问道:"您生病啦,卡拉望先生?"

他答道:"我没生病,是我母亲刚刚去世。"

对方心不在焉地"哦"了一声。这时,店堂里端有顾客在叫:"来杯啤酒!"老板立即大声应道:"噢,来啦!……马上就来啦!"便急忙奔过去倒酒,抛下了目瞪口呆的卡拉望。

三个牌迷仍坐在晚饭前的那张桌子周围,一动也不动,正在聚精会神地玩多米诺骨牌。卡拉望凑上去,想引起他们的同情,但他们似乎都没有看见他,于是,他干脆自己先开口,对他们说:"刚才那一会儿,我遭了一场大祸。"

三个牌友同时都把头略微抬起,不过眼睛仍然盯着各自手里的牌。

"怎么啦,什么大难?"

"我母亲去世了。"

"嗯,真糟糕。"其中一个咕哝了一声,他一副假伤悲的表情,实际上是漠不关心。

第二个牌迷找不出什么话好说,便摇了摇头,嘘了一声,表示伤感。

第三个的注意力又回到牌上去了,那样子分明是在说:"不就这么回事吗。"

卡拉望本期待着听到一两句体己的话,见他们如此这般,便愤然走开,他恨他们对朋友的痛苦竟然无动于衷,尽管他这份痛苦此时已经消释,甚至他自己也感觉不到了。

他走出了店门。

他妻子正在家里等他,穿着睡衣坐在敞开的窗户旁的一把矮椅上,心里盘算着遗产的事。

"快脱衣裳吧,"她说,"咱们到床上再谈。"

他抬起头,望了望天花板,说:"可是,楼上……什么人也没有呀。"

"怎么没有人呢,罗萨莉不就守在妈身边吗,你先睡一小觉,凌晨三点再去替换她。"

不过,他怕万一会发生什么意外情况,没有脱下衬裤,头上还扎了一条围巾,然后才跟着太太钻进被窝。

夫妇二人并排坐了一会儿。太太在想着心事。

即使是在就寝时刻,她的睡帽上还缀有粉红色的蝴蝶结,且戴得稍稍歪向一侧耳朵,就像她戴便帽那样,这似乎是她戴任何帽子时难以改变的习惯。

她突然转过头来问丈夫:"你知道你妈立过遗嘱没有?"

卡拉望迟迟疑疑地答道:"我……我……我想没有……她一定没有立过。"

卡拉望太太盯着丈夫的脸,低声却恼火地说:"喏,你瞧,这也太不通情理了,我们千辛万苦侍候她,供她住,供她吃,算起来已有十年!你妹妹就不肯这么干,我要是早知道会得到这种报答,我也绝不肯干!真的,她如此薄情寡义,是她生前的不光彩!你也许会对我说,她付了食宿费,这不假,但晚辈对老人的侍候,那是用钱付不清的,应当在死后用遗嘱来回报,凡是体面的人都这么办。而我呢,我算是白忙乎、白辛苦了一场!哼!真是妙啊!真是妙不可言!"

卡拉望心烦意乱,不知所措,连连说道:"亲爱的,亲爱的,我求求你，我求求你。"

发泄了一顿之后，太太也平静下来了，她用往常每天那种语调发号施令："明天一早，你去通知你妹妹。"

卡拉望一下跳了起来："真的，这事我怎么没有想到！天一亮，我就去打电报。"

他妻子凡事都想得周到，马上拦住他："不用那么早，等到十点至十一点之间，再打电报不晚，这样，在她来到之前，咱们有时间做好安排。从夏朗东赶到这里，最多两个钟头就够了。我们可以解释说，你吓昏了头。反正上午发出通知，就绝不至于落个埋怨！"

然而，卡拉望又拍了拍自己的脑门，怯声怯气地说："还应当向部里说一声呀。"部里那位上司，他总是一想起就全身发抖，一说起声音就变了。

他妻子反驳道："凭什么要跟部里说？遇上这种事，即使忘了报告，也是情有可原的。听我的，甭理他，你那位上司没法儿说什么，这回你正可以晾晾他。"

"好的，就这么办，"卡拉望说，"他见我没去上班，一定会大发雷霆。是的，你说得对，这主意真妙，等我一向他宣布我母亲去世，他就不得不把自己的嘴巴闭上。"

预想能这么取笑上司一次，卡拉望科员乐不可支，他一边搓手，一边想象科长那副嘴脸。这当儿，在楼上，女用人正躺在老太太的遗体旁边呼呼大睡。

卡拉望太太忽然又心事重重起来，似乎有什么事情缠绕心头，不吐不快，却又难以启齿。最后，她终于下决心开口："那架少女玩球的座钟，你妈早就说过是给你的，对不对？"

卡拉望回想了一会儿，说："对，对，她是跟我说过，那可是很早的事了，还是她刚住到我们家来的时候。当时，她这么说：'只要你好生照顾我，这座钟将来就归你。'"

卡拉望太太放下心来，脸色也就放晴了："既然这么说过，喏，咱们就该把座钟从楼上搬下来，要知道，你妹妹一来，就不会让咱们搬了。"

卡拉望犹疑不决地说："你要这么办？……"

太太恼火了："我当然要这么办，只要神不知鬼不觉地搬了，那就归咱们所有了。她房间的那个五屉柜也是一样，就是有大理石面的那个，从前有一天，她碰上高兴，就答应过给我。咱们就一起搬下来得啦。"

卡拉望好像不大相信，说："不过，亲爱的，这事关系重大呀！"

太太转过身来，气冲冲地说："哼！你这人也真是，狗改不了吃屎的毛病，你就情愿让咱们的孩子饿死，也不愿干点儿实事？那个五屉柜，既然她已经给了我，那就属于咱们，对不对呀？如果你妹妹不乐意，那就让她冲我来吧，我才不在乎你妹妹哩。好啦，起来吧，咱们就去把你妈给咱们的东西搬下来。"

卡拉望无以应对，只好颤颤巍巍地下了床，刚要穿裤子，就被太太阻止了："不用穿了，走吧，穿衬裤就行了；喏，我不就这么去吗？"

夫妇二人穿着内衣，悄悄登上楼梯，小心翼翼地打开房门，走进屋里。但见老太太直挺挺地躺在那里，仿佛只有浸着黄杨树枝的盘子旁那四根燃着的蜡烛在给她守灵，而罗萨莉早已睡着了，她躺在扶手椅上，伸着两腿，双手交叉在裙子上，脑袋朝一侧偏斜，身子一动也不动，张着嘴巴在轻轻打鼾。

卡拉望赶紧抱起座钟，它跟帝国时代很多艺术制品一样，颇有点儿怪里怪气。钟上有个镀金的少女铜像，头上装饰着各种花朵，手里执着一个接球玩具，而那个球就是钟摆。

"把座钟给我，你去搬柜子上的大理石面。"她太太吩咐道。

他照办不误，费了九牛二虎之力，直喘着气，才把大理石柜面扛到肩上。

两夫妇搬着东西往外走，出门时，卡拉望弓着身子，颤颤巍巍地下楼。他太太则倒退着走，一只手抱着座钟，一只手端着烛台给丈夫照路。

回到自己的房间，卡拉望太太深深地舒了一口气，说："最难搬的已经搬好，咱们再把剩下的搬过来吧！"

但是，五屉柜里装满了老太太的衣物，得找一个地方收放这些东西才行。

卡拉望太太立刻想出个好主意："你快去把门厅里那只杉木板箱子搬来，它值不了四十个苏，把它放在这里正好。"

木箱一搬来，他们就开始把柜里的东西往箱里倒腾。躺在他们身后的这老太太所有的破旧衣物，套袖啦，领巾啦，衬衣啦，便帽啦，等等，全都从五屉柜里掏出来了，然后，又一件件整整齐齐地放进木箱里，以便蒙骗次日将要来奔丧的另一个后人布罗太太，亦即卡拉望的妹子。

衣物清理完后，他们先把抽屉搬下去，然后又两人各抬一头，把柜子搬下去。夫妇俩琢磨了许久，不知安放在什么位置最为合适，最后才决定放进他们的卧室，摆在床对面的两扇窗子之间。

五屉柜刚摆好,卡拉望太太就立刻把自己的日用衣物放进去。座钟则摆在餐室的壁炉上,两夫妇审视了一番,看看布置的效果如何,最后都十分满意。太太说:"这样挺好!"丈夫应声附和:"是的,挺好的!"两人这才安心上床。太太吹灭了蜡烛。不久,这座小楼的两层房间里,人人都进入了梦乡。

卡拉望睁开眼睛时,已经是大天亮了。刚刚醒过来时,他的脑子还昏昏沉沉的,过了几分钟才回忆起家里发生的大事,于是觉得胸口似乎又重重地挨了一拳。他跳下床来,心里一阵酸痛,几乎又要大哭一场了。

他急忙上楼去,进屋一看,罗萨莉仍在呼呼大睡,保持着昨晚的那个姿势,竟一觉睡到大天亮。他打发罗萨莉去干活儿,自己动手将燃尽了的蜡烛拔下来,再一次端详自己的老母,头脑里转悠着一些看上去似乎高深莫测的思想,那全是些宗教的、哲学的凡俗之见,智力平庸者一面对死者,总要受这类思想的困扰。

这时,他听见太太在叫他,就立即下楼。卡拉望太太开了一个清单,把上午该办的事全部一一列出。卡拉望接过来一看,不禁吓了一跳。他逐条看下去:

1. 到区政府登记;
2. 请医生验尸;
3. 定做棺木;
4. 去教堂联系;
5. 去殡仪馆联系;
6. 去印刷所印讣告信;
7. 打电报通知亲属。

此外，还有许许多多要办的琐事。于是，他戴上帽子，出门去了。

消息早已传开，这时，邻居们纷纷登门，要看看死者的遗容。

在楼下的理发店里，正在给顾客刮脸的理发师，说起这家的丧事，还跟妻子拌了一场嘴。

妻子一边织袜子，一边低声念叨："又少了一个，少了一个世上罕见的小气鬼。说老实话，我一直就不喜欢她，不过，还是应当去看看。"

丈夫一边在顾客的下颏抹肥皂，一边嘀咕道："听听，全是些怪念头！只有女人才想得出来。她们活着的时候烦你个没够，死后也不叫你安宁。"

妻子听了，倒也并不动气，接着说："我控制不住自己，非去看看不可。从一大清早，我就惦记着这件事，要是不去看看她，恐怕我这一辈子都不会了却这桩心事，等仔细看了，记住她的遗容之后，我就心安理得了。"

手里拿着剃刀的理发师耸了耸肩膀，低声对那位修脸的先生说："我倒要请教您一下，这些该死的娘儿们，怎么会有这么一些莫名其妙的念头！而我，我可没有兴致去瞧一个死人！"

他妻子听了这一番抨击，一点儿也不恼火，只说："我就是这样嘛，就是这样！"说着，把手里的活儿往柜台上一撂，就上楼去了。

有两位邻居太太已经先来了，主妇正在同她们谈论这次不幸的意外事故，她详细地讲述了事情的经过。

她们都朝灵堂走去。四位太太轻手轻脚地走进来，挨个儿蘸了点儿盐水洒在被单上,又跪下来,一边画十字,一边咕噜咕噜地做祈祷,然后都站起来,瞪着眼睛,半张着嘴,久久盯着遗体。这当儿,死者的儿媳妇一直用手巾捂着脸,装出伤心痛哭的样子。

她正要转身出去的时候,忽瞧见玛丽·路易丝与菲利普·奥古斯特两姐弟站在门口,都穿着衬衣,在好奇地观看。于是,她就忘了假装出来的悲痛,扬起手扑了过去,气急败坏地嚷道:"淘气鬼,你们还不快滚!"

十分钟之后,卡拉望太太又陪同另一批女邻上楼来,她同样又在老太太身上挥洒黄杨树枝,又祈祷了一番,又哭泣一番,总之按原来的程序又尽完一遍孝道。这时,她又发现两个孩子仍跟在她身后,于是就狠狠掴了他们两巴掌。不过,到了第三次,她就懒得再管那两个小家伙了。这样,每次有人来致哀,两个孩子总是跟在后面,同样也跪在一个角落里,惟妙惟肖地模仿母亲的每一个动作。

一到中午,前来吊丧的好奇的妇女就大为减少,过了不久,再也无人上门了。卡拉望太太回到自己的房间,急急忙忙为出殡做准备;让死去的老太太孤零零地躺在楼上。

那房间的窗子大敞着,阵阵热浪挟着团团尘土涌进来。四支蜡烛的火苗,在灵床旁边跳跃,尸体平躺,纹丝未动。在老太太双目紧闭的脸上,在她伸出被床的两手上,有一些小苍蝇爬来爬去、飞来飞去,一次又一次来拜访这个死者,同时也在慢慢接近自己的死亡。

这时,玛丽·路易丝与菲利普·奥古斯特又跑到街上瞎玩去了。他俩很快被一群孩子团团围住,其中的那些小姑娘特别精灵刁钻，很快就能嗅出生活中的种种隐秘。她们一本正经像成年人一样提问："你祖母去世了吗？""是的，昨天晚上死的。""死人是什么样子？"玛丽·路易丝于是就进行解释，她讲到蜡烛、黄杨树枝、死人的面孔。孩子们听了，都产生了强烈的好奇心，纷纷要求上楼去瞧一瞧。

玛丽·路易丝立即组织了第一批参观者，五个女孩儿和两个男孩儿，都是年龄最大的，也是胆子最壮的。组织者要求他们非脱掉鞋子不可，以免被人发觉。这个参观团溜进了小楼，敏捷地爬上楼梯，就像一支老鼠队伍。

一溜进房间，玛丽·路易丝就学她母亲那样，循规蹈矩地组织吊唁仪式。她严肃认真地领着小朋友们下跪，画十字，动动嘴唇，再站起来，往灵床上洒圣水。然后，参观团一行人挤成一团，走向灵床，怀着害怕、好奇而又兴奋的心情观看死者的脸和手。而这时，玛丽·路易丝则突然用小手绢捂住眼睛，也假装哭泣。但她一想起门口还有一些小朋友在等着参观，悲痛立即消失得无影无踪。她赶紧连蹦带跑地送走这一批参观者，又把第二批带上来，接着又是第三批，一批一批，络绎不绝。这一带的顽童，甚至还有衣衫褴褛的小乞丐，都闻讯而至，都要尝尝这种新奇的乐趣。而玛丽·路易丝每次都把她母亲那一套仪式模仿一遍，模仿得很是到家。

时间一长，她就玩累了。孩子们也都散了，去玩别的游戏了。老太太又孤单单地被撇下，被人遗忘。

房间里阴影重重。随着蜡烛火苗的晃动，她那干枯而布满皱纹的脸，时明时暗。

将近八点，卡拉望上楼来把窗户关好，换上蜡烛。这次进来，他心态平静，似乎那尸体停放在那里已有数月之久，他已习以为常，熟视无睹了。他还注意到尚无丝毫腐烂的迹象。上桌吃晚饭时，他便把自己的观察结果告诉他太太。太太答道："可不，她像根木头，也许可以保存一年。"

他们喝汤的时候，一句话也不说。两个孩子疯玩了一天没人管，都疲倦到了极点，便坐在椅子上睡着了。全家人都不出声。

突然，灯光暗了下来。

卡拉望太太把灯芯往上拧了一拧，可是油灯发出一种燃油枯竭的声响，哗哗响了一会儿，随即就熄灭了。竟然忘了买灯油！到杂货铺去打油吧，势必要耽误吃晚饭，还是去找几支蜡烛来吧。但楼下已经没有了，只有楼上床头柜上还有几支。

卡拉望太太行事一贯果断，立即就打发玛丽·路易丝上楼去拿两支下来。大家就在一片黑暗中等着。

小姑娘上楼的脚步声清晰可闻，接着，静寂了几秒钟，她急匆匆地跑下楼来，推开房门，惊慌失措，比前天晚上更为恐惧，上气不接下气，报告了一个灾难性的消息："哎呀，爸爸，奶奶在穿衣服！"

卡拉望霍地一下跳了起来，势头真猛，竟把椅子撞倒在墙边，他结结巴巴地问："什么？……什么……你说什么？"

但玛丽·路易丝紧张得语不成句，仍在重复："奶……奶……奶奶在穿衣服……就要下楼啦。"

卡拉望发疯似的冲上楼梯，后面跟着惊呆了的太太。但是，一到三楼的房门口，他又站住了，胆战心惊，不敢进去。他会看见什么情景呢？太太比他胆大，扭动了门把手，便走了进去。

房间似乎变得更暗了，中央有个又瘦又高的身影在晃动。老太太已经站在地面上了。她一从昏迷中苏醒过来，在尚未完全恢复神志之前，就已经靠一条胳膊撑起躯体，赶忙转过身，把点在灵床旁边的蜡烛吹灭了三支。而后，慢慢恢复了气力，她就下床找自己的衣服，却发现五屉柜不见了，不免有些纳闷儿。不过，她终归还是在木箱里找到了自己的衣物，就不慌不忙地穿了起来。她倒掉盘子里的水，把黄杨树枝仍挂到镜后，又把椅子搬回原位，正要下楼的时候，她的儿子和儿媳进来了。

卡拉望冲过去，抓住母亲的双手，满含着眼泪亲她。他太太站在身后，虚情假意地连连说："真是大喜事呀！啊！真是大喜事！"

然而，老太太对此无动于衷，那神情像是没有搞清楚究竟是怎么回事。她身子僵直，像块石雕，眼神冰冷，只问了一句："晚饭快好了吗？"儿子还没有缓过神来，含含糊糊地答道："好了，好了，妈妈，我们正等着你呢。"接着，他一反常态，殷勤地挽住母亲的胳膊，他太太则端着蜡烛走在前面，倒退着一步一步下楼，好把路来照亮，就像昨天半夜丈夫扛着大理石板时她所做的那样。

下到二楼，她差点儿撞着正要上楼的人。原来是住在夏朗东的一家亲戚赶来了，卡拉望的妹子布罗太太在前，她的丈夫紧跟其后。

那女人又高又胖，挺着一个大肚子，像害了鼓胀病，上身往后仰着。她吓得直瞪着眼睛，准备拔腿就逃。她丈夫是个信奉社会主义的鞋匠，个子矮小，满脸的胡须几乎淹没鼻子，看上去像只猴子。他却毫不惊慌，只喃喃自语："嘿，怪啦，她怎么又活过来了？"

卡拉望太太一见是他们，沮丧地摆摆手示意，大声说道："哎哟，怎么啦！你们来了，真没有想到！"

然而，布罗太太已吓昏了头，没有听懂这话的弦外之音，低声答道："是你们打电报叫我们来的，我们还以为人不行了呢。"

她丈夫在背后捏了她一把，叫她住口，接着，胡须里藏着一个奸笑，补了两句："承蒙你们盛情邀请，我们急忙就赶来了。"此话影射了两家人长期以来的敌对情绪。当老太太下到楼梯最后两级时，他便赶紧迎上去，用密布满脸的胡须在她脸上蹭了蹭，又对着她那不灵光的耳朵喊道："这一向可好？母亲，身子骨还是那么硬朗？"

布罗太太本是前来奔丧，不料看到人活得好好的，简直吓得发呆，甚至不敢去亲亲自己的母亲。她挺着大肚子，挡在楼梯口，使得别人也无法走动。

老太太惶惑不安，心里暗自生疑，但始终没有开口。她扫视周围这些人，那锐利而严峻的灰色小眼睛，时而盯着这个，时而又盯着那个，看得出来她脑子里在想什么，这颇使在场的人尴尬难堪。

卡拉望想解释一下，说道："母亲确实有点儿不舒服，现在已经好了，完全好了，对不对呀，妈？"

老太太继续往前走，并且以微弱的、像从远处传来的声音回答说："确实是晕过去了一阵子，但那段时间你们在做什么，我都听见了。"

接着，是一阵令人难堪的冷场。大家走进餐室，坐下来吃饭。晚饭甚为简陋，是临时张罗起来的。

在座的唯有布罗先生稳坐钓鱼台，轻松自如，他那张像猩猩一样凶恶的脸做出种种怪相,说起话来,话里有话,弄得大家都很尴尬。

偏偏门铃时不时就响起来,罗萨莉不知如何应付,总来找卡拉望。于是,他总要扔下餐巾跑出去。他妹夫甚至问他,这天是不是他会客的日子。他支支吾吾地回答:"不是,没有什么,是送定货来的。"

不久,又送来了一包东西,卡拉望冒冒失失地把它拆开了,原来是印着黑框的讣函,他满脸涨得通红,连忙重新包上,塞进自己的马甲里。

老太太没有看见这个插曲,她死死地盯着她那个座钟,它正摆在壁炉上,镀金的球棍还在不停地摆动着。在一片冷冰冰的沉默中,尴尬难堪的气氛越来越浓重了。

老太太把她那张像巫婆一样皱皱巴巴的脸,转向自己的女儿,对她说:"下星期一,把你的小丫头带来,我想见见她。"

布罗太太立即喜形于色,高高兴兴地应道:"好的,妈妈。"卡拉望太太的脸色顿时变得惨白,急得差一点儿晕过去。

这时,两个男人渐渐聊起天儿来,但为了一点儿鸡毛蒜皮的小事,他们竟然进行了一场政治论战。布罗拥护多种革命学说与共产主义理论,他激昂慷慨,两眼在胡须密布的脸上炯炯发光。他高声嚷道:"说到财产,那是从劳动者身上榨取来的;——土地,是属于所有人的——继承遗产是卑鄙可耻的事!……"但说到这里,他猛地闭口,就像一个人说了蠢话似的,自己慌乱地想要改口,随即,他用温和的口气改变腔调说:"当然,现在不是争论这个问题的时候。"

房门打开了,舍奈"大夫"走了进来。一看屋里的情景,先是有点儿惊愕,很快就镇定下来了。他走到老太太面前,说道:"哈,哈,老大妈,今天还不错嘛,嗯!我早就料到会好的。就在刚才上楼的时候,我心里还在想,她老人家准又起来了,我敢打赌!"他轻轻拍了拍老太太的后背,接着说:"这身子骨,就跟巴黎的新桥一样结实;大家等着瞧吧,她会参加我们这些人的葬礼。"

他坐下来,接过递给他的咖啡,很快就参加了那两个男人的争论。他赞同布罗的观点,因为他本人就曾牵连在巴黎公社的案件里。

这时,老太太感到疲乏了,想回房休息。卡拉望赶紧前去搀扶,但老太太两眼死死地盯着他说:"你呀,你马上给我把五屉柜和座钟搬上去!"儿子结结巴巴应道:"好吧,妈妈……"老太太却不等他说完,就挎着女儿的胳膊上楼去了。

这一来,卡拉望夫妇就一败涂地,全局崩溃了,他们惊慌失措,张口结舌,木然呆立在那里,而布罗则慢慢呷着咖啡,还得意扬扬地搓着双手。

突然,卡拉望太太怒上心头,疯狂发作,她扑向布罗,冲着他尖声大嚷:"你这个贼,你这个无赖,你这个流氓……我要吐你一脸唾沫……我要吐你……吐你……"她气得喘不过气来,想大骂却又找不到词儿。可是,布罗却笑眯眯的,仍在喝他的咖啡。

这时,恰巧布罗太太回来了,于是卡拉望太太又冲着小姑子去了。这一对姑嫂,一个人高马大,肥胖的肚子咄咄逼人;一个瘦小干枯,气势汹汹歇斯底里,两人都气得全身发抖,声音变调,你一句我一句,互相破口大骂。

舍奈与布罗上来劝解。布罗推着他老婆的肩膀,把她推出房门,朝她大声嚷道:"快滚,你这头蠢驴,你叫得太过分了!"

可以听见,这两口子到了街上仍在争吵,声音渐渐远去。

舍奈"大夫"也告辞离去。

卡拉望夫妇待在那里,相对无言。

后来,丈夫颓然倾倒在椅子上,两鬓渗出了一阵冷汗,他喃喃自语道:"这事,我怎么去向科长交代呢?"

修软椅的女人

献给雷翁·艾里克

为欢祝狩猎期开张大吉,贝尔特朗侯爵府里举行了晚宴,酒足饭饱之余,十一位狩猎者,八位妙龄妇女与当地的医生,围桌而坐,桌上灯火辉煌,摆满了水果与鲜花。

众人高谈阔论,正谈着男女之间的那个情字,于是,七嘴八舌,争论不休,争的还是那个永恒的话题:一个人究竟只能真心实意地爱一次呢,还是也能爱多次?有的人列举只认真爱过一次者为证,有的人则援引那些多次爱得死去活来的人为例。在座的男士大都认为,激情犹如病毒,会多次袭击同一个患者,如果他在用情路上碰到难以逾越的障碍,这种病毒就会害得他呜呼完蛋。男士们这种看法尽管言之成理,但女士们的意见往往关注浪漫诗情而疏于人性观察,她们认定,爱情,真挚的爱情,伟大的爱情,一辈子只能有一次,而且,这种爱情如像雷电霹雳,某颗心一旦被它击中,就会被掏空,被洗劫,被烧成灰烬,任何其他强烈的感情,甚至任何迷人的梦想,都休想在其中萌芽茁长。

侯爵先生饱经情海沧桑,故极力反对女士们的这种信念,他说:

"我个人,奉告诸位,一个人满可以爱上好几次,每次都爱得死去活来。诸位举出那些为情而死的人作为例子,证明不可能有第二次热恋。我却认为,如果他们不是傻里傻气去自寻短见,他们本可以心病康复,创伤愈合,再次投入爱河,一次之后又一次,直到他们寿终正寝,但一遇挫就自杀,那日后的机会就彻底葬送了。坠入爱河的人好有一比,好比嗜酒成性的酒徒,喝上瘾的老想喝,爱出滋味的老想爱。这呀,就是人的本性。"

争论双方请老医生进行裁决,他原来在巴黎行医,上了年纪才退隐乡下。

他却偏偏没有主见,说:

"正如侯爵先生所言,这是人的禀性问题;至于我嘛,倒是知道有那么一桩热恋,它持续了五十五年,从没有间断过一天,直到生命的最后一刻。"

侯爵夫人拍手称妙:

"这种爱情多美呀!能得到这种爱,正是咱们梦寐以求的,整整五十五年之久,都浸泡在如此热烈、如此感人的爱情之中,那该有多大的福分啊!得此厚爱的那个男人是多么幸福呀!他真该赞叹人生,感谢上苍。"

老医生微微一笑,说:

"夫人,这一点倒给您说对了,如此被爱的正是一个男人。这个人,您还认识哩,他就是镇上的药房老板舒盖先生。至于那个女人，您也认识，就是每年都到府上来修软座椅的那个老婆子。我还是仔仔细细讲给你们听吧。"

太太们一听此话，兴趣一落千丈，脸上都流露出厌恶的表情，这等于是啐出了一声"呸"，似乎是说，爱情只是给那些情趣雅致、出类拔萃的人士来消受的，他们才值得上流社会予以关注。

老医生接着往下讲：

三个月前，我被叫到这个老婆子身边，她已经是奄奄一息了。前一天，她坐着自己的马车来到当地，那辆车也就是她的家，拉车的那匹劣马，诸位都曾见过，跟她来的，还有两条大黑狗，就算是她的朋友兼警卫。当时，本堂神父已经到场。老婆子让我们做她的遗嘱执行人，为了使我们理解她的遗愿，她讲述了自己的一生。我不知道世上还有什么比她所讲述的更非同寻常、更令人心碎的了。

她的父母都是专门给软座椅填麦秸的工匠，她从来就没有一个固定的家。

从小她就四处颠簸，居无定所，衣衫褴褛，满身虱子，肮脏不堪。一家人来到某个村子，就在村口的沟边安顿下来，卸下车，喂上马；狗则趴在地上睡觉，把自己的鼻子搁在爪子上；小女孩儿在草地上打滚儿，她的父母就在路边的榆树下，修理当地所有的旧座椅。在这个四处流浪的家庭里，大家都少言寡语，难得开口。为了决定由谁去挨家挨户吆喝一声"修椅子啰"。他们之间也偶尔说一两句最必要的话，然后便又开始面对面或者肩并肩去搓麦秸。当小女儿跑得太远，或者要去和村里的顽童接近时，做父亲的便怒喝一声"你快给我回来，臭丫头！"这是她小时候所能听到的唯一一句慈爱的话。

待她稍稍长大以后，父母就打发她去收集破破烂烂的旧椅垫，于是，每到一处，她就结识几个男孩子，不过，这就轮到她的新朋友的父母对自己的孩子厉声喝道："你快给我滚回来，淘气鬼，我看你还跟穷要饭的说话！……"

常常，有一些调皮鬼向她扔石块。

也有一些太太赏她几个小钱，她就仔仔细细地收藏好。

她十一岁时，有一天路过本地，在墓地后面碰上了小舒盖，他正因为一个同学偷了他两个钱币而在哭泣。小姑娘是个无家无业的苦命儿，从她那个小脑袋瓜里想来，一个小店主家的孩子本该老心满意足，快快活活才是，因此小舒盖的眼泪使她感到非常惊奇。她走近他身边，知道他哭泣的原因后，就把自己所有的积蓄，一共七个苏，全都倒在他的手上，小舒盖擦擦眼泪，自然而然就收下了。这时，小女孩儿受宠若惊，欣喜若狂，竟然壮着胆子吻了他一下。小舒盖正全神贯注盯着手中的钱币，也就任她胆大妄为。她见自己既未被拒绝，又没有挨打，就得寸进尺，又再吻了一次，将舒盖紧紧搂在自己怀里，热烈亲过后就跑了。

她可怜的脑袋里在想什么呢？她爱上了这小子，是因为自己向他献出了一个流浪儿的全部财产，还是因为自己把第一个温柔的吻给了他？小孩子亦如成年人，同样有自己的难解之谜。

一连好几个月，她念念不忘墓地的那个角落和那个男孩。她盼望重新见到他，为此，开始偷她父母的钱，这儿偷一个子儿，那儿偷一个子儿，有时在收修椅费的时候，有时在购买东西虚报账目的时候。

她再来找舒盖时，口袋里有了两个法郎，但她只能远远地看见这个药铺老板的儿子；他穿得整整齐齐、干干净净，站在父亲店铺的玻璃窗后，一边是盛着药水的红色短颈瓶，另一边是装着绦虫标本的容器。

这一景象使得她对小舒盖更为倾心，更为爱慕，她被那些五颜六色的药水和闪闪发亮的玻璃器皿诱惑得感动得心醉神迷。

她心底一直保持着那难以磨灭的回忆。第二年，她在学校后面遇见舒盖正和同学们玩弹子，便扑将上去，一把搂住他，拼命地亲呀吻的，吓得他哇哇大叫。于是，为了使得他静下来，她又把自己的积蓄给了他，三法郎二十生丁，那小子瞪着两只大眼看着，这可算得上是一大笔钱呀。

他把钱收下，任凭她随意温存。

接连四年，她把自己一笔又一笔积蓄全都交在舒盖的手上，这小子心安理得地将钱一一揣进腰包，作为交换，默许她跟自己亲吻。一次是三十个苏；一次是两个法郎；一次是十三个苏，这次，她因为出手甚少而羞惭得哭了。但这一年确实生意不好，收入有限；最后一次，则是五法郎，一枚又大又圆的钱币，舒盖见钱眼开，高兴得笑了。

她心里只装着舒盖一个人。他呢，多少也有点儿急切地等着她再来约会，一见她前来，就跑去迎着她，这使得可怜的小姑娘高兴得心口怦怦直跳。

后来，舒盖消失了。他被送进了中学。小姑娘千方百计才打听出他的下落，于是，费尽心机，想方设法施加影响，使得舒盖的父母改变行程路线，在假期里路过此地。她总算获得成功，但却足足费尽了一年的心计。她已经有两年未见过舒盖，差不多认不出他了，他变化很大，个子长高了，相貌更俊秀了，穿一身带金色纽扣的学生装，显得神采奕奕。舒盖假装没有看见修椅女，趾高气扬地从她身边走过。

为此，她哭了两天，从此以后，痛苦绵绵，缠绕不休。

每一年，她都回到本地，从舒盖面前走过，却又不敢打招呼，而那无情无义的男子，则不屑于看她一眼。她疯狂地爱着这个男人，她对我这么说："大夫，在我眼里，世上只有他这么一个男人，大夫，我根本就不知道世上还有其他的男人。"

她的父母相继去世。她继续干他们那个行当，但养了两条狗，而不是只养一条，两条狗都凶狠得可怕，无人敢惹。

一天,她又回到自己魂系梦绕的这个镇子,看见舒盖挎着一个年轻女子的胳膊,从自己的药房走出来,那是他的妻子。他已经结婚了。

当天夜晚,她跳进镇公所广场上的那个池塘。一个深夜迟归的醉汉,将她从水中救起,抬进了药房。舒盖少爷穿着睡袍下楼来救治,他装作不认识,给她脱了衣服,进行按摩,然后,厉声对她说:"你简直就是疯了!真不该傻到这种地步!"

这就足以救活她,叫她病痛全无,舒盖少爷终究跟她说话啦!为此,她有好长一段时期都感到幸福。

当时,她坚持一定要付医药费,但舒盖怎么也分文不取。

她的一生就这么过去了。她一边修软椅,一边思念舒盖。每年,她都从玻璃窗外看见他。她经常到他的药店里买点儿零星的常备药,这样,她就可以就近看看他,和他说说话,还可以付钱给他。

我一开始就告诉了你们,她是今年春天去世的。临终前,她把自己这个伤心史讲给我们听了后,要求我把她这一生的积蓄,全部交给她苦苦爱恋的那个人。因为,照她的说法,她劳碌了一辈子,仅仅是为了他,有些时候,甚至节衣缩食地攒钱,就想让他至少在她死后会想念她一次。

她当面交给我两千三百二十七法郎。她咽气后,我给神父留下二十七法郎作为安葬费,把其余的钱全都带走了。

第二天，我去了舒盖夫妇家。他们刚吃完午饭，面对面坐在那里，两人红光满面，体形富态，散发出药房的味道，显得心满意足，自命不凡。

他们请我坐下，递给我一杯樱桃酒，我接过来后，便开始说明来意，我讲起来声调很激动，满以为他们听了会感动得流泪。

舒盖刚一听到我说那个流浪的女人、那个修软椅的女工匠、那个不正经的女人爱过他，立即暴跳如雷，那架势就好像那个女人竟盗窃了他美好的名声、玷污了他正人君子的尊严、损害了他的私人荣誉，那可是他生命中最为宝贵的东西呀。

她的太太也和他一样火冒三丈，嘴里骂个不断："这个婊子！这个婊子！这个婊子……"找不出别的话来解气。

舒盖怒气冲冲地站起来，大步地在桌子后面走来走去，睡帽歪到了一边的耳朵上。他唠唠叨叨地说："大夫，这真叫人莫名其妙！竟让我碰见这么可怕的事！怎么办？怎么办？要是我在她活着的时候就知道这件事，非得让警察来把她抓进监狱不可，她一辈子休想出来！我可以向您担保。"

我愣住了，没想到好心换来驴肝肺，一时，我不知说什么好，不知做什么好。但我受人之托，总得善终其事才行呀，于是，我又说："她托我把她全部的积蓄交给您，总共是两千三百法郎。既然我刚才讲的事情好像使您极不愉快，也许最好的办法是把这笔钱施舍给穷人。"

两夫妇都大吃一惊,呆呆地望着我。

我从口袋里掏出那一堆钱,有各个国家各个地区的,有各种标志的,有金币,也有零子儿,清点完毕,我问:"二位决定怎么办?"

舒盖太太先开口:"既然是这个女人最后的遗愿嘛……我看,我们就很难拒绝啦。"

当丈夫的略微有点儿尴尬,也跟着说:"我们至少可以用这些钱给我们的孩子买点儿东西。"

我冷冷地说:"随你们的便。"

丈夫又说:"那就把钱给我们吧,既然她委托您这么做,我们也会想出办法把钱用于某项慈善事业。"

我把钱交给了他们,便告辞走了。

第二天,舒盖来找我,劈头就问:"她把自己那辆车留在这里了……那个女人。您打算如何处理?"

"没有什么打算,如果您想要,那就拿走吧。"

"太好了;正合我意,我想把它放在菜园子里当窝棚用。"

他正要走,我又叫住他,说:

"她还留下一匹老马和两条狗。您要不要?"

他听了一愣,说:

"啊,不要,不要,我要它们有什么用?您想怎么处理就怎么处理吧。"

他笑了笑,向我伸出手来,我只好握了一下,您说，我有什么办法呢？在同一个乡镇，低头不见抬头见，医生与药剂师是不能结仇的。

我把两条狗留在我家。神父要了那匹马，因为他家有一个大院子。那辆车被舒盖拿去当窝棚了；那笔钱，他则用来买了五张铁路债券。

这就是我一生之中所见到的唯一一次至死方休的爱情。

老医生讲完了故事。
侯爵夫人眼里满是泪水，长叹一声，说：
"毫无疑问，这种女人才懂得爱。"

欢迎你从《羊脂球》进入

读客经典文库

不同的精神成长书单,为你提供更多选择

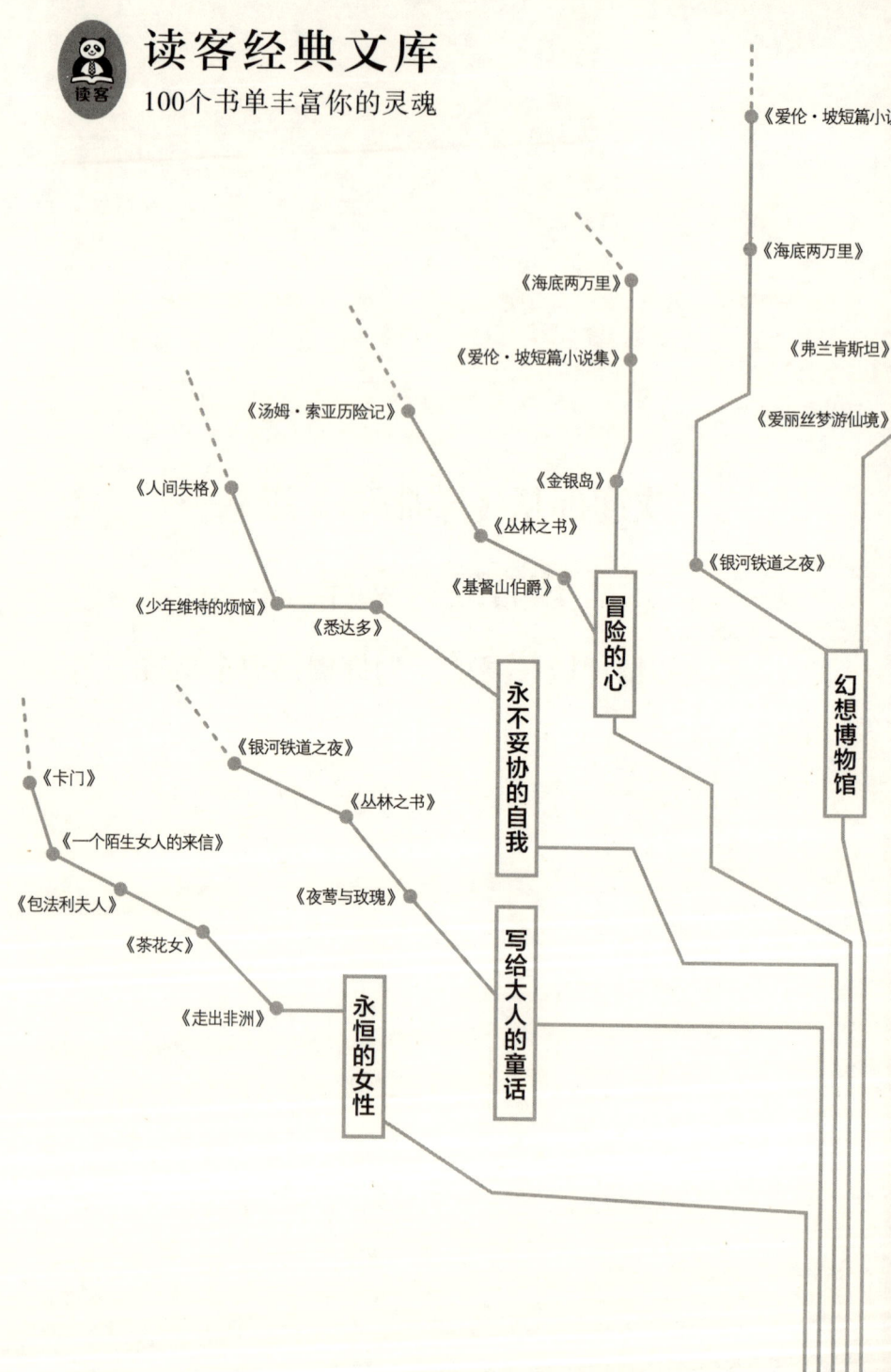

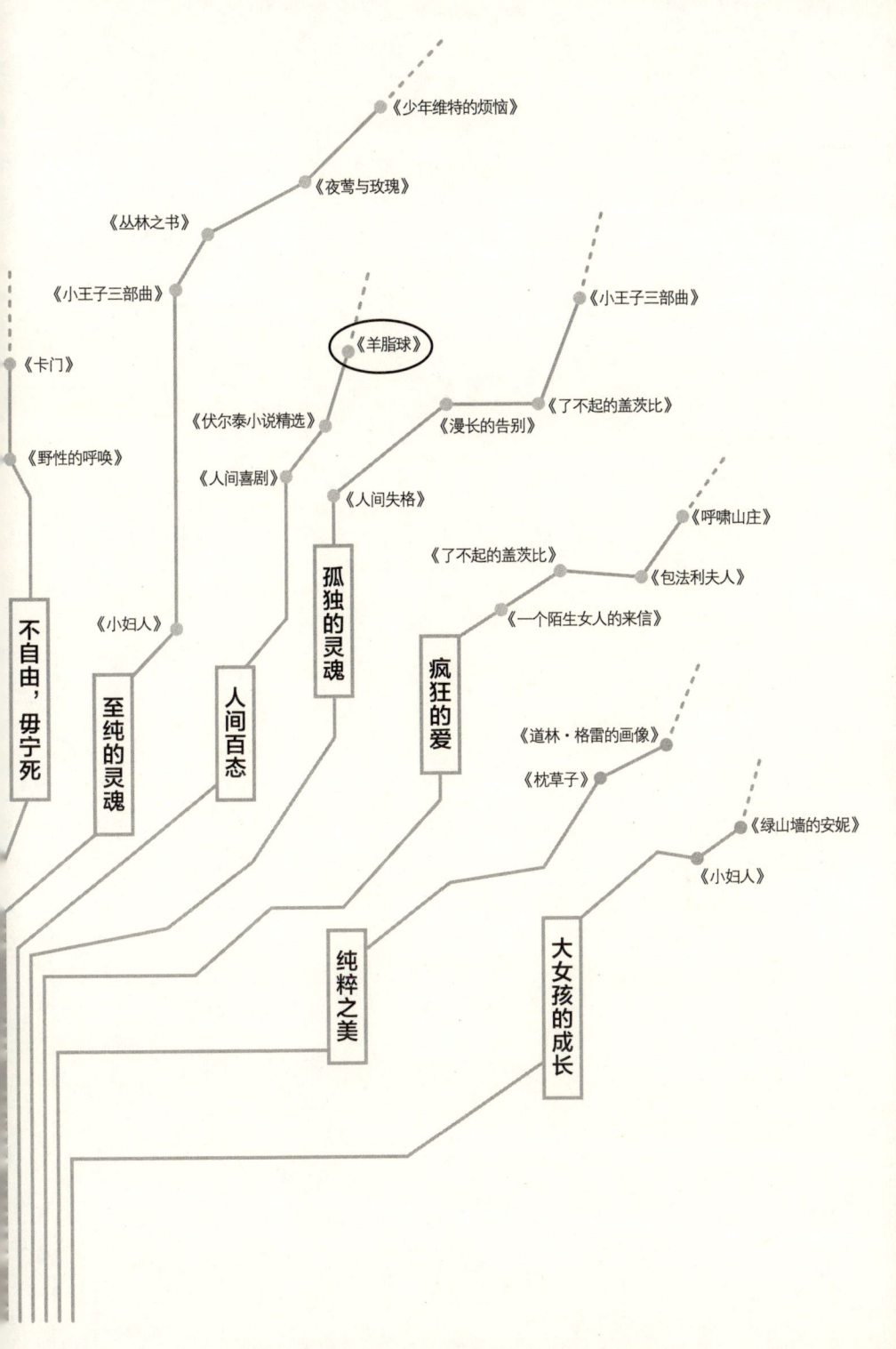

激发个人成长

多年以来,千千万万有经验的读者,都会定期查看熊猫君家的最新书目,挑选满足自己成长需求的新书。

读客图书以"激发个人成长"为使命,在以下三个方面为您精选优质图书:

1、精神成长

熊猫君家精彩绝伦的小说文库和人文类图书,帮助你成为永远充满梦想、勇气和爱的人!

2、知识结构成长

熊猫君家的历史类、社科类图书,帮助你了解从宇宙诞生、文明演变直至今日世界之形成的方方面面。

3、工作技能成长

熊猫君家的经管类、家教类图书,指引你更好地工作、更有效率地生活,减少人生中的烦恼。

每一本读客图书都轻松好读,精彩绝伦,充满无穷阅读乐趣!

认准读客熊猫

读客所有图书,在书脊、腰封、封底和前后勒口都有"**读客熊猫**"标志。

两步帮你快速找到读客图书

1、找读客熊猫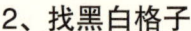

2、找黑白格子

马上扫二维码,关注**"熊猫君"**

和千万读者一起成长吧!

图书在版编目（CIP）数据

羊脂球：莫泊桑短篇小说选 /（法）莫泊桑著；柳鸣九译. -- 上海：文汇出版社，2018.7
 ISBN 978-7-5496-2452-2

Ⅰ. ①羊… Ⅱ. ①莫… ②柳… Ⅲ. ①短篇小说－小说集－法国－近代 Ⅳ. ①I565.44

中国版本图书馆CIP数据核字（2018）第058609号

羊脂球：莫泊桑短篇小说选

作　　者 /（法）莫泊桑
译　　者 / 柳鸣九

责任编辑 / 徐曙蕾
特邀编辑 / 陶　旎　叶启秀
封面装帧 / 谢鑫丽

出版发行 / 文汇出版社
　　　　　 上海市威海路755号
　　　　　 （邮政编码200041）
经　　销 / 全国新华书店
印刷装订 / 北京盛通印刷股份有限公司
版　　次 / 2018年7月第1版
印　　次 / 2018年7月第1次印刷
开　　本 / 890mm×1270mm　1/32
字　　数 / 282千字
印　　张 / 13.75

ISBN 978-7-5496-2452-2
定　　价 / 49.90元

侵权必究

装订质量问题，请致电010-87681002（免费更换，邮寄到付）